·惺亭文会·

当代中国的文化想象与社会重构

Dangdai Zhongguo De Wenhua Xiangxiang Yu Shehui Chonggou

张慧瑜 / 著

·广州·

版权所有　翻印必究

图书在版编目（CIP）数据

当代中国的文化想象与社会重构/张慧瑜著.—广州：中山大学出版社，2014.9

（惺亭文会）

ISBN 978-7-306-05011-3

Ⅰ.①当… Ⅱ.①张… Ⅲ.①群众文化—研究—中国—现代 Ⅳ.①G249.2

中国版本图书馆 CIP 数据核字（2014）第 203372 号

出 版 人：	徐　劲
策划编辑：	邹岚萍
责任编辑：	邹岚萍
封面设计：	曹巩华　林绵华
责任校对：	杨文泉
责任技编：	黄少伟
出版发行：	中山大学出版社
电　　话：	编辑部 020-84111996，84113349，84111997，84110779
	发行部 020-84111998，84111981，84111160
地　　址：	广州市新港西路 135 号
邮　　编：	510275　　传　真：020-84036565
网　　址：	http://www.zsup.com.cn　E-mail：zdcbs@mail.sysu.edu.cn
印 刷 者：	广州家联印刷有限公司
规　　格：	787mm×1092mm　1/16　17 印张　274 千字
版次印次：	2014 年 9 月第 1 版　2014 年 9 月第 1 次印刷
印　　数：	1～3000 册　定　价：40.00 元

如发现本书因印装质量影响阅读，请与出版社发行部联系调换

目　录

导　论 ··· 1

第一章　历史记忆的改写与主流文化的重建 ························· 7
第一节　主旋律的叙述困境 ··· 8
一、三种电影格局的出现 ·· 8
二、1990年代主旋律电影的叙述类型 ······························ 10
第二节　从"泥腿子"将军到"无名英雄" ··························· 14
一、"泥腿子"将军与"大国崛起"的主体想象 ······················ 15
二、暧昧的"新中国"与"谍战"故事 ······························ 18
三、被杀死的"纯洁/信仰"与中产阶层主体 ······················ 21
第三节　主流大片的认同机制 ·· 24
一、主旋律与商业片的融合 ·· 25
二、弥合历史的伤口 ··· 29
三、与"革命"握手言和 ·· 31
第四节　革命历史记忆的偿还与重建 ································ 35
一、墓碑与记忆 ·· 36
二、革命历史与当下的内在耦合 ···································· 38
三、询唤新的历史主体 ··· 41
第五节　"重写历史"与缝合1980年代 ······························ 43
一、20世纪中国的历史想象 ·· 43
二、重构世界史 ·· 45
三、"复兴之路"的历史功效 ·· 47

第二章 公民社会的想象与社会主体的置换 ………… 50
第一节 关于汶川大地震的媒体表征 …………………… 50
一、谁的爱,奉献给谁 ………………………………… 52
二、公民社会及其"公民想象" ……………………… 60
三、批判的位置,甚或尴尬 …………………………… 72
第二节 社会"主体"的想象与"体制化"规训 ……… 75
一、几则新闻报道 ……………………………………… 75
二、社会的主体与客体 ………………………………… 79
三、体制外的想象与体制的重建 ……………………… 82
四、主持人/中间人的位置与法律的功能………… 85
第三节 模范公民的故事:"拳头"、"谁"与"冒犯者" …… 87
一、"公民之年"和"中产之殇" ……………………… 87
二、"拳头"的故事 …………………………………… 90
三、这个"谁"是"谁" ……………………………… 94
四、公民韩寒=冒犯者=意见领袖=模范公民 …… 98
五、"我们"与主流说法的合谋 ……………………… 103
第四节 为何"进不来",为何"回不去" …………… 104
一、"迟到"的命名 …………………………………… 104
二、"进不来","回不去" …………………………… 107
三、一个老故事 ………………………………………… 110
第五节 旧瓶装新酒:从"学习雷锋好榜样"到
"法治的力量" ………………………………………… 113
一、"榜样的力量是无穷的" ………………………… 114
二、旧瓶如何装新酒 …………………………………… 118
三、"法治人物"的"除魔术" ……………………… 123

第三章 中产阶层的"隐身衣"与"文化中国"的想象 ………… 127
第一节 悬疑故事的另一种讲述版本 …………………… 128
一、谁在"惹尘埃" …………………………………… 128
二、中产阶层的"午间之马" ………………………… 131
三、"掀开遮盖物":批判可能吗 …………………… 136
第二节 文化"隐身衣"与音乐的政治学 ……………… 142

一、穿着"隐身衣"的手艺人 …………………… 142
　　二、"我""隐身"了什么 …………………………… 143
　　三、"腹黑"版的启示 ……………………………… 145
　　四、音乐/声音的政治（阶级）学 ……………… 147
　第三节　舌尖上的视觉"乡愁" ………………………… 149
　　一、"文化中国"的想象 …………………………… 149
　　二、舌尖上的"秘密" ……………………………… 151
　　三、"美食家"的登场 ……………………………… 153
　　四、"幻象"的功能 ………………………………… 155
　第四节　与"孔夫子"的文化和解 ……………………… 157
　　一、"孔夫子"的文化"软着陆" ………………… 157
　　二、"新国博"的重修 ……………………………… 160
　　三、"发现你的心灵" ……………………………… 163
　　四、与"孔夫子"的政治和解 …………………… 165
　　五、孔夫子的幽灵 ………………………………… 168
　第五节　民国想象，谁的民国 …………………………… 169
　　一、"民国范儿"的写法 …………………………… 169
　　二、民国好风光 …………………………………… 171
　　三、民国想象的文化功能 ………………………… 173

第四章　双重社会主体与治疗伤口的方法 …………………… 175
　第一节　从三个作家看三个时代 ………………………… 175
　　一、顽主与1980年代 …………………………… 176
　　二、"特立独行的猪"与1990年代 ……………… 177
　　三、《小时代》与"同一个世界"的出现 ……… 179
　第二节　新中产与新工人的浮现 ………………………… 181
　　一、"中国道路"与双重主体的登场 …………… 181
　　二、去工业化与再工业化 ………………………… 183
　　三、工人阶级的衰落与废墟的故事 ……………… 184
　第三节　他者的"魅影"与视而不见的主体 …………… 186
　　一、"闯入者"的身影 ……………………………… 186
　　二、工人阶级的"冰火两重天" ………………… 188

三、无法说出的故事 …………………………………………… 189
　第四节　"社会伤口"的遮蔽与呈现 ……………………………… 191
　　一、一则公益广告 ……………………………………………… 191
　　二、"伤口"的彰显 …………………………………………… 193
　第五节　一块布的寓言：社会创伤与精神治疗 …………………… 195
　　一、心灵的"怪味" …………………………………………… 195
　　二、抚平伤口的工作 …………………………………………… 197
　　三、批判知识分子的位置 ……………………………………… 198

第五章　草根的"显形术"与屌丝逆袭故事 ……………………… 200
　第一节　草根明显的文化功能 ……………………………………… 200
　　一、"我是草根，我怕谁" …………………………………… 201
　　二、从"人民艺术家"到"草根艺人" ……………………… 205
　　三、从"傻根"到"许三多" ………………………………… 208
　　四、"见证奇迹的时刻" ……………………………………… 212
　第二节　屌丝是如何炼成的 ………………………………………… 215
　　一、忽然"屌丝"，忽然"逆袭" …………………………… 216
　　二、潘晓的"路" ……………………………………………… 218
　　三、从英雄梦到"密室"想象 ………………………………… 220
　　四、雷锋为何不需要逆袭 ……………………………………… 223
　第三节　"梦想"背后 ……………………………………………… 224
　　一、"限娱令"的"正面"功效 ……………………………… 225
　　二、"既懂娱乐，又懂政治" ………………………………… 227
　　三、综艺电视节目搅动娱乐产业 ……………………………… 229
　　四、梦想去哪儿 ………………………………………………… 231
　第四节　甄嬛启示录与职场腹黑化 ………………………………… 235
　　一、甄嬛的逆袭 ………………………………………………… 236
　　二、职场故事的腹黑化 ………………………………………… 238
　　三、"回不去"的时代 ………………………………………… 241
　第五节　"小时代"在哪里 ………………………………………… 243
　　一、"小时代"的命名方式 …………………………………… 243
　　二、"占领"陆家嘴 …………………………………………… 245

三、从"蚂蚁"到"小小的星辰" …………………… 247

结语　穿越后工业的文化"雾霾" ………………………… 250
　　一、两个中国，两个世界 ……………………………… 250
　　二、后工业时代的工业废墟 …………………………… 252
　　三、平行世界的"战争" ……………………………… 254

参考文献 …………………………………………………… 257

后　　记 …………………………………………………… 261

导 论

新世纪已经悄然过去了十多年，就像经历1980年代风云激荡的人们很难想象1990年代中国会走向经济高速起飞之路，亲历1990年代社会转型危机的人们也难以预料新世纪以来中国的猝然崛起。从世纪之交成为世界制造业加工厂到2008年北京奥运盛大召开，再到2010年GDP超过日本成为全球第二大经济体，中国的巨变带来多重社会文化效应。1980年代的文化伤痕、1990年代的发展之痛，开始在新世纪被重新收编、改写为新的文化图景。中国如此，世界又何尝不是峰回路转、险象环生。八九十年代之交，近半个世纪的"冷战"铁壁从社会主义阵营内部瓦解，就在人们欢欣鼓舞地沉浸在1990年代全球化的美梦之时，2001年"9·11"事件敲响了世纪转折的警钟，直到2007年美国金融危机彻底撕开了经济全球化的帷幔，随之引起共振的则是陷入泥淖的欧债危机以及动荡不安的中东社会革命。关于当下中国与世界的故事呈现两幅图画，一幅是和平崛起与中华民族的伟大复兴，一幅是反恐战争与经济危机。乐观也好，悲观也罢，一种不同于20世纪的历史大幕已然拉开，正如生活在"一战"前夕的人们（主要是欧洲）无法想象迎接20世纪的是如此剧烈的历史风云，那么当下的人们面对21世纪猝不及防的开场依旧没有做好充分的准备，"新"的世纪究竟又会上演何种剧目？

从1980年代开始，以电视剧、电影、流行歌曲等为代表的港台大众文化开始进入内地，尽管这些"靡靡之音"不时被指责为黄色文化或资产阶级自由化的体现，但并未阻止这股南来的清新之风刮遍大江南北。1990年代，随着邓小平南方谈话后市场化改革的展开，新兴都市媒体成为大众文化全面勃兴的平台。与此同时，这种市场化的媒体也被给予一种代表公众利益的、自由而独立的公共空间。新世纪以来，在文化产业化改革的背景下，市场化成为文化生产的主流逻辑，一方面，文化事业单位逐步向公司化、集团化转型；另一方面，如电影、电视剧、电视节目等文化行业向民营资本开放，文化创意产业也成为后工业大都市发展的主导方向之一。大众文化在内地的兴起有着清晰的文化地理学传播路径，1980年代的港台文化深受日本文化影响，而日本文化又受到"二战"后以好莱坞电影、摇滚乐为代表的美国文化的影响。如果考虑到1980年代日本影视剧传入中国，以及1990年代好莱坞以分账大片的模式重新回到中国，这些曾经作为"冷战"对立面的文化形式成为改革开放时代中国文化与"世界"接轨的重要方式。在这种背景下，一种1950—1970年代形成的依靠计划经济体制运行的工农兵文艺逐渐转变为市场经济体制支配下的大众文化工业。

这两种文艺生产体制的转轨使得文化的社会功能也发生了巨大的变化。在1980年代中后期浮现、1990年代成型的大众文化，改变了20世纪历史中文化所曾经具有的"政治"能量，一种不同于1950—1970年代工农兵文艺的商业文化成为主流文化。如果说从五四到"文革"再到1980年代，文化承载着政治实践的功能，如1980年代的文学、电影等艺术实践通过反思1950—1970年代的文艺政治化来开启新的改革时代，那么，随着"冷战"终结、全球化的到来，1990年代的大众文化则以去政治化的、消费化的方式实现了文化功能的转变，文化不再担负现代民族国家的启蒙、革命、救亡的任务，而转变为文化产业和文化创意经济学。

新世纪以来，文化的产业化改变了文化的基本形态，主要体现在以下四个方面：

第一，消费主义文化的功能在于实现文化的去政治化，化解20世纪历史中存在的彼此对立、对抗的文化表述，把那些裹挟在文化意识形态战场上的姿态、立场都凝固化为一座"和谐"的文化博物馆，这尤为体现为后现代主义文化中使用拼贴、戏仿的方式来消解"冷战"时代的政治符号。2013年岁末上映的冯小刚贺岁喜剧片《私人订制》第三个故事《有钱》中有一个场景，河道清洁工丹姐走过白色别墅的大厅，正好穿越一组人物雕塑群，这些穿着戏服如蜡像般玲珑鲜活的塑像所扮演的正是20世纪政治文化史的核心角色，既有地富反坏右等牛鬼蛇神，也有革命领袖斯大林、红卫兵小将等，这个一闪而过的镜头可以说是对 1988 年"王朔电影"《顽主》中三 T 文学奖颁奖典礼上模特表演的呼应,军阀、八路军、国民党、地主、汉奸、土匪、贫下中农等历史人物一起迈着"猫步"擦肩走过狭窄的 T 型舞台,这些彼此冲突的各色人等一起载歌载舞,成为 1980 年代末期最为怪诞又最为恰当的文化隐喻,历史人物背后所代表的政治含义在"告别革命"的氛围中完全非政治化,种种意识形态对抗达成黑色幽默式的和解。20 多年后,这些活蹦乱跳的历史人物彻底变成博物馆中静止的藏品,丹姐问"他们是谁",心灵麻醉师马青随口说出"他们是一些不想扮演自己的人"。这句不经意间说出的话,不仅流露出顽主们把 20 世纪轰轰烈烈的政治理解为一种非个人化的表演或者说戏仿行为,而且也勾连出顽主们与他们所不屑的 20 世纪政治之间的密切关系。

第二,这种去政治化的文化可以变成可供消费、展览的文化风景线。如旅游产业是文化产业中最重要的组成部分之一。这些年,地方政府为了开发有地方特色的旅游资源,纷纷打文化名人的旗号,出现了对文化名人的争夺战,如关于孙子故乡、老子故乡的争论,还有的挖空心思寻找文化名人,如考证花果山所在地,甚至雷锋、刘胡兰等英雄人物也被开发为红色旅游资源。在被作为旅游消费符号的意义上,孔子、老子、孙悟空、西门庆、雷锋是没有实质性差别的。文化产业化有效地"磨平"了这些不同历史文化背景下文化资源的鸿沟,诸如曾经激烈对抗的传统文化和现代文化、中国文化和西方文化都可以"握手言和",非物质文化遗产、红色旅游、民间宗教仪式也可以并行不悖,就像一个漂亮的、多元化的文化拼盘,这本身呈现了后现代"文化政治"的包容性和虚伪性。一方面,包容差异的多元主义文化本身是全球化时代的主流价值观;另一方面,曾经布满政治裂痕、历史污渍的异质、他者的文化符号被"培育"成了无公害的、易保存的绿色有机快餐。还比如许多地方政府采用办音乐节(尤其是摇滚音乐节)、电影节(或独立电影节)等文化演出的方式来提升文化旅游产业的知名度,这些在 1990 年代被作为独立的、地下的艺术与新的社会体制达成了文化和解,更不用说曾经作为先锋艺术的当代艺术在新世纪以来的文化市场中成为资本追逐和收藏的宠儿。如果说 1990 年代地方政府多采用"文化搭台,经济唱戏"的方式来招商引资,那么文化产业提供了另外一种"经济搭台,文化唱戏"的新发展模式,这与中国社会尤其是东部发达地区从制造业加工厂的实体经济升级转型为以文化产业、金融产业为代表的第三产业有关。

第三，消费主义文化所询唤出来的社会主体是消费者。有研究者指出美国是一个虚拟国家，因为美国没有实体经济，只剩下虚拟经济，尤其是金融经济，这就造成消费主义成为美国最为重要的意识形态，即使没有消费能力的人也要贷款消费，哪怕勒紧裤腰带也要"消费为先"，否则中国生产的产品会因为消费不足而使得这种全球产业分工陷入困境。有趣的或许不是美国中产阶层成为"可怜"的除了消费只能消费的消费者，而是中国社会内部在这十几年中也迅速催生出比例甚小却数量惊人的小资、白领及中产消费者。这就使得中国社会本身成为当下世界的微缩版本。一方面，中国经历着高速工业化、城市化进程；另一方面，中国大都市又迅速完成了去工业化的进程，尤其是以"北上广"为代表的国际大都市成为典型的消费主义城市。后工业社会完全改变了以生产为中心的现代及工业秩序，消费主义成为后工业社会的核心逻辑，这尤其体现在城市空间的改造中。像"首钢"这种有着悠久历史、为新中国钢铁事业作出重大贡献的企业，在后工业社会的目光中成为"落后产能"的代表和人人厌恶的污染源（都市"雾霾"的罪魁祸首），必须从国际化大都市的北京搬迁出去。这些曾经作为现代化、工业标志的工厂建筑被改造成布满广告牌的购物广场或步行街。昔日热闹的厂区变身为空荡荡的废墟、遗迹，抑或"变废为宝"为文化创意工厂。

第四，支撑消费主义文化的主流消费群体变成了青少年。如电影、文学、网络游戏等都是年轻的观众在消费，这就使得消费主义文化往往呈现出一种幼稚化和低龄化的现象，因为真正愿意或有"消费"欲望的消费者是这些越来越年轻的青少年，以至于动漫、网络游戏在文化产业中占据着格外重要的位置，尽管很多年轻人并没有足够的消费能力，但不妨碍消费主义成为他们的价值观。好莱坞电影自1970年代以来就清楚地意识到，电影再也回不到电视机普及之前的"全民电影"的时代，青少年才是看电影的主流群体，这也成为好莱坞开始追求奇观影像、动作场面、快速剪辑的内在动力。比如，这十几年来风靡全球的大众文化文本就是英国女作家J. K. 罗琳创作的儿童读物"哈利·波特"系列，一代青少年与哈利·波特在魔法学校中共同成长；同样在英语世界创造销售神话的流行小说也是高中校园版的吸血鬼故事"暮光之城"系列。还比如，这几年中国流行的"穿越剧"大多从网络小说改编而来，当下的穿越剧表达了一种超越历史和空间秩序的症候，之所以从当下穿越到清朝而不会产生任何"异样"，是因为在这些青年观众看来，现代社会与封建王朝没有什么本质区别，历史被扁平化、空洞化了。从这个角度看，消费主义已然改写了我们对于文化的理解，而这与全球化、新自由主义的产业分工是高度吻合的。对于这种略显保守、犬儒的后现代文化生态，我们迫切需要重新思考文化的社会功能和现代价值。

这种消费主义时代下的文化逻辑，是一种特定社会形态和历史结构的产物，是随着"二战"后欧美进入后工业社会才出现的现象，这种社会形态的形成密切联系着欧美发达国家把制造业等实体经济转移到第三世界的历史。随着制造业的转移，以美国为代表的发达国家出现了去工业化和产业中空化的问题，这也就造成服务业等第三产业成为美国的支柱产业，而文化产业又是第三产业的重要组成部分。好莱坞已经成为美国除了军工出口之外的第二大出口产品，好莱坞不仅仅是一种美国的文化商品，更关乎美国的国家利益。以好莱坞为代表的文化产业化有一个突出的特点，这也是好莱坞自身的转变，那就是从1970年代开始好莱坞进入奇观大片的时代，出现了《大白鲨》、《星球大战》等获得高额票房的带有视觉冲击力的电影。人们谈论电影的方式发生了重大改变，只剩下对这些电影高票房的惊叹了，从此票房成为媒体、影评人关注电影最重要的标签和噱头。文化被"产业化"并非从来都是如此，只不过是近些年发达国家开始把文化作为支撑产业以弥补产业中空化的问题，正如英国从1990年代才把创意产业、创意经济学作为国家重点推动的产业，而中国也基本上是新世纪以来才凸显文化产业在产业布局中的位置，从这里也反证出中国的消费主义也是1990年代急速推进市场化改革以来才出现的现象。

与此同时，1980年代形成文学、文化批评的方式也很难适应1990年代市场下的文化生态，在此背景下，已经在西方学院（尤其是在英国、美国）方兴未艾的文化研究开始进入中国人文知识分子的视野，这种研究大众文化工业的新方法成为新世纪之交人文学科的新显学。十余年来，文化研究式的文化批评已经成为人文学者研究文学史、大众文化现象的基本方法，其对文化身份、认同政治、差异政治的关注也打破了1980年代以来回到纯文学、回到审美自身的纯学术想象。从五四新文化运动到1980年代的思想解放，文学、文化一直充当着格外重要的角色，如五四新文化运动、"文化大革命"就是以文化的名义进行的，政治本身被再现为一种文学和文化的形式。1990年代以来或者说"20世纪终结"的标识之一，就是文化实现了去政治化，文化开始与政治脱钩。其实，人们很少从另外的角度来思考，1980年代以经济建设为中心的改革开放，也是政治离开、抛弃文学的过程，是政治"去文学化"的过程，政治变成了中性的、没有意识形态区分的、中立的技术理性和管理科学。在这个意义上，"文化"从来没有像今天这样重要过——"文化"无处不在，也从来没有像今天这样无足轻重过——因为"文化"不再与一种政治实践相关。因此，文化批评的任务就是重新赋予文化一种政治的含义，以及重建一种关于政治的想象。

大众文化工业不仅是一种新的文化艺术生产方式，更重要的是也承担着塑造主流文化价值观的功能。本书是对新世纪以来中国大众文化现象的观察与反思，透过热播电视剧、电影、电视节目、报纸杂志或新闻事件等文本来呈现中国社会与文化的变迁，格外关注历史记忆尤其是红色历史的改写（第一章）、公民社会的话语建构（第二章）、中产阶层的文化表述（第三章）、双重社会主体的呈现（第四章）以及危机时代的主体想象（第五章）等问题。如何回应新世纪以来中国社会的巨（剧）变以及主流文化的重建，是每一个关心中国社会和从事文化研究的工作者不得不面对的迫切问题。

第一章　历史记忆的改写与主流文化的重建

主旋律是 1980 年代末期出现的一种文化现象，在新时期以来的文化景观中处于特殊位置，1990 年代主旋律创作与文化市场之间存在裂隙，这本身是主流文化内在困境与危机的症候。新世纪以来，有一批新革命历史剧获得高收视率和观众的普遍认可，并成为社会讨论的热点话题，如《激情燃烧的岁月》中对革命军人日常生活的重写，《亮剑》中所呈现的"逢战必亮剑，狭路相逢勇者胜"的亮剑精神。与此同时，一些主旋律电影也在电影产业化改革的背景下获得市场认可，如《集结号》、《十月围城》、《唐山大地震》等。与八九十年代关于红色革命历史的反思、伤痕不同，这些新的主旋律文化不仅正面讲述红色革命历史，而且实现了革命历史故事与文化市场的融合。这种对革命历史的重新诠释，也使得讲述近代以来中华民族伟大复兴和"大国崛起"的大故事获得内在支撑。本章主要从五个方面来论述这种主流文化重建的过程，第一节集中讨论主旋律电影 1980 年代、1990 年代的叙述困境；第二节以新革命历史剧和谍战剧为例，分析红色题材影视剧成功的文化动因；第三节是以主流大片为例，探讨主旋律与商业片"嫁接"的叙事策略和认同机制；第四节是关于 2009 年国庆 60 周年献礼片的文化解读；第五节以电视专题片、奥运开幕式和大型音乐舞蹈史诗为例分析"大国崛起"、"复兴之路"等宏大历史叙事的建构过程。

第一节 主旋律的叙述困境

一、三种电影格局的出现

"主旋律"的出现与20世纪七八十年代之交的意识形态转折密切相关，在"拨乱反正"的背景下，文化/意识形态政策走出"文艺为政治服务"的教条，一方面回归到1950年代提出的"双百"方针，另一方面则提出"文艺为人民服务、为社会主义服务"的"二为"方向，在文艺创作上不再坚持"政治第一，艺术第二"的说法。1980年代前期，电影研究界展开了对"丢掉戏剧的拐杖"、"电影和戏剧离婚"、"电影与文学分家"的争论，这种对电影"本体"的讨论（以追问电影究竟是以什么的方式来完成）使得电影/文化开始从作为意识形态/政治宣传的角色转化为不受政治干预的具有独立艺术风格的作品（体现为以导演中心制为基础的第四代、第五代创作，也恰好是第五代使得"导演/艺术家"拥有了电影署名权）和商业价值的娱乐产品（借助香港合拍片内地再次出现娱乐片），这也就是在1980年代前期出现的对抗政治宣传电影的探索片和娱乐片。1984年启动城市经济体制改革，电影行业像其他经济部门一样开始变身为自负盈亏的企业，统购统销的计划经济式的电影生产、放映体系也开始松动，国营制片厂开始面临市场压力（拷贝数目直接决定着电影票房），1987年中国电影迎来了第一次娱乐片高潮（1980年代初期曾短暂出现以《神秘的大佛》、《少林寺》、《武林志》为代表的商业片），出现《神鞭》、《京都球侠》、《黄河大侠》、《二子开店》等作品。曾经借重原有制片厂制度庇护的探索片遭遇票房滑铁卢，以至于1988年第五代的几位主要导演纷纷拍摄商业片（如张艺谋的《代号美洲豹》、田壮壮的《摇滚青年》等），但并不成功。当时，电影界也展开娱乐片大讨论，为娱乐片"正名"。

就在娱乐片刚刚获得合法性之时，1987年初中央发布了《关于当前反对资产阶级自由化若干问题的通知》，两个月后在全国电影制片厂厂长会议上率先提出"弘扬主旋律，坚持多样化"的口号，"会议将'主旋律'规定为弘扬民族精神的、体现时代精神的现实题材和表现党和军队光荣业绩的革命历史题材作品"①，不久就成立"重大和革命历史题材"领导小组②，政府及其文化/宣传部门把有中国特色的社会主义文化命名为"主旋律"，承担着讲述中国改革开放合法性的文化功能。可以说，主旋律是在主流意识形态遭遇危机的状态下出现的，也是电影在1980年代去政治、去革命的背景下出现的再政治化，只是此"政治"已经与1950—1970年代文化政治斗争的"政治"发生了巨大的转移，是一种掏空了阶级斗争、工农兵主体的去经典社会主义政治的政治。新时期以来，通过把1950—1970年代及其革命历史叙述为伤痕、负面的方式来为改革开放确立合法性，以断裂的形式宣告新时期的开始。1980年代在新启蒙主义及"告别革命"的意识形态实践中把中国近代史及其革命史叙述为一种不断遭遇挫折的悲情叙述，以确立一种现代化的拯救之途。但是，这种去革命的逻辑又与中国革命的合法性在意识形态上产生了巨大的裂隙，这种裂隙使得1950—1970年代获得合法性叙述的革命历史故事很难被正面讲述。这也就造成1980年代以来的主流说法存在着内在的叙述危机，即革命历史故事所负载的左翼政治实践与以经济建设为中心的现代化叙述成为相互冲突、彼此纠缠的说法。这种在娱乐片冲击下提出"主旋律"的应对之策看似要重新讲述革命历史故事，其实是建立在对1950—1970年代革命历史叙述的反思之上。为了适应新的主流说法，主旋律始终处在一种动态的调整和协商之中，正如"弘扬主旋律，坚持多样化"这个口号所呈现的某种悖论状态，主旋律既要吻合于改革开放的新事业，又不能违背四项基本原则的底线。

人们提到主旋律时，经常使用这样的表述："古今中外无论什么样的国家，什么样的社会，处于什么样的时代，都有自己历史发展的主

---

① 章柏青、贾磊磊主编：《中国当代电影发展史》（下册），文化艺术出版社2006年版，第527页。

② 1987年成立了重大革命和历史题材领导小组。所谓重大革命和历史题材就是"凡以反映我党我国我军历史上重大事件，描写担任党和国家重要职务的党政军领导人及其亲属生平业绩，以历史正剧形式表现中国历史发展进程中重要历史事件、历史人物为主要内容的电影、电视剧，均属于重大革命和历史题材影视剧"（《中共中央宣传部解放军总政治部广播电影电视部文化部关于重大革命历史题材影视作品拍摄和审查问题的规定》中宣通〔1990〕16号）。

潮，都有反映这一主潮的时代精神。"① 这种"一言以蔽之"的笼统说法恰好忽视了"主旋律"出现在1980年代中后期的特殊文化语境。如果把主旋律作为一种"时代的主流精神或价值观"，那么1950—1970年代以及1980年代中前期，并没有出现"主旋律"这样的命名。在1950—1970年代尽管存在着"文革"十年和"十七年"的内在冲突，但是在文化生产作为意识形态斗争核心的社会主义实践中（相比经典马克思主义经济基础决定上层建筑，毛泽东时代尤为强调文化/生产关系对于经济基础/生产力的改造功能），电影生产本身成为文化/社会斗争的重要场域，因此，1950—1970年代多次因电影而引起的批判运动会波及整个社会。1980年代中前期基本延续这种文化/电影作为意识形态社会斗争的想象，正如伤痕、反思、改革文艺与新时期之初的意识形态转型配合密切（虽然1970年代末期已经在批判政治工具论的文艺生产方式，但这种批判本身恰好得益于所批判的文化生产机制）。然而，在1980年代中后期电影体制改革的背景下，关于电影/文化的想象出现了根本性的变化，娱乐片被认为是一种不承担意识形态宣教色彩的影片（这种认识本身来自于对电影工具论的批判），而主旋律则成为与娱乐片相对应的承担着讲述改革开放意识形态功能的叙述样式。可以说，主旋律是在电影/文化丧失"政治/意识形态"功能的背景下出现的，也是制片体制、文化生产方式转向市场经济的产物。如果说1987年张艺谋的《红高粱》获得柏林奖为中国探索片（艺术电影）找到了一条并非坦途的生存之路，那么自此中国电影生产呈现三足鼎立的格局：娱乐片（面对市场）、主旋律（政府资金扶持）和艺术电影（走向国际电影节）。

二、1990年代主旋律电影的叙述类型

上述三种电影生产格局也是1990年代中国电影的基本形态。一方面是1993年中国电影发行体制进一步打破垄断、开放社会资金进入影片制作以及1994年引进10部"分账式大片"，尽管如此，在此背景下，中国电影票房仍旧"保持"1980年代中期以来的下滑趋势，从

---

① 张家滨：《奏响时代最强音——浅议主旋律与电视剧》，《中国电视》1994年第9期，第2页。

1991—1992年，全年票房收入从23.6亿元下降到19.9亿元；另一方面，1990年代之初，以张艺谋、陈凯歌、田壮壮为代表的第五代导演集体获得国际电影节的认可（《霸王别姬》获得1993年戛纳金棕榈大奖，《蓝风筝》获得1993年东京电影节最佳影片奖，《活着》获得1994年戛纳评委会大奖），国际电影节成为艺术电影的重要出路；再者，1990年代以来政府对主旋律的生产和管理采取更多支持和鼓励，一是设立电影专项资金，如1990年设立"国家电影事业发展专项资金"，1996年实施"电影精品九五五〇工程专项资金"等①；二是1992年中宣部设立精神文明建设"五个一工程奖"②，同一年广电总局主办中国电影华表奖（与电视剧"飞天奖"、电视节目"星光奖"并列为广电总局主办的三大政府奖），是中国电影界的最高荣誉政府奖（与专家投票的金鸡奖、观众投票的百花奖并列为中国电影三大奖项），还有1994年中宣部颁布《爱国主义教育实施纲要》，推荐百部爱国主义教育影片。正是在这些政府专项资金和奖项的支持下，促进主旋律创作成为各级宣传、文化部门的职责，许多主旋律题材由地方政府出资拍摄，随着新世纪以来中国经济水平的提高，这种地方政府出资、以获得国家政府奖项为目的的方式成为主旋律生产的重要机制。

简单地说，1990年代以来主旋律大概呈现以下几种叙述类型：

第一种是"重大革命历史题材"。经历八九十年代的转型，主旋律进入第一次创作高峰，在政府资金支持下，1989年先后拍摄了《开国大典》、《大战宁沪杭》、《南线大追歼》、《解放大西北》、《席卷大西南》、《平津战役》、《辽沈战役》、《淮海战役》、《秋收起义》、《四渡赤水》、《南昌起义》、《开天辟地》、《大转折》、《百色起义》等"重大革命历史题材"影片。这些电影由国家出资，动用大量人力、军力、物力拍摄完成。比如八一电影制片厂拍摄的《大决战》系列片，中央军

---

① 1996年召开新中国成立以来规模最大、规格最高的电影长沙会议，提出实施精品战略的"九五五〇"工程，从1996—2000年的"九五"期间，每年生产100部电影，其中有10部精品，5年推出50部精品影片。

② "五一个工程"评奖活动，自1992年起每年进行一次，评选上一年度各省、自治区、直辖市和中央部分部委，以及解放军总政治部等单位组织生产、推荐申报的精神产品中五个方面的精品佳作。这五个方面是：一部好的戏剧作品，一部好的电视剧（或电影）作品，一部好的图书（限社会科学方面），一部好的理论文章（限社会科学方面），一首好歌。

委投资过亿元、调动部队 15 万人以上，用如此宏大、全景式的方式呈现国共三年内战的历史可以说是八九十年代才出现的新现象。

早在新中国成立 10 周年就有献礼片，如《林则徐》（1959）、《青春之歌》（1959）、《林家铺子》（1959）、《五朵金花》（1959）、《我们村里的年轻人》（1959）等电影，这些影片不仅题材多样，而且像 1950—1970 年代对革命历史的叙述一样，强调人民史观、工农兵主体和基层生活，即使偶然涉及长征等重大事件［如《万水千山》（1959）］，也不凸显领袖的作用，而是把普通士兵、人民作为历史的动力和主角。在 1978 年第三代导演谢铁骊执导的《大河奔流》中，新中国领袖第一次登上银幕，1984 年庆祝新中国成立 35 周年的大型音乐舞台史诗《中国革命之歌》的结尾部分扮演五大领袖的特型演员走向舞台，从这个角度可以看出 1980 年代末期出现的重大革命历史题材是一种新的叙述革命历史的方式，革命不再是董存瑞、雷锋等普通士兵参与的事业，而是历史伟人创造功绩的舞台。正如《大决战》等影片把国共历史书写为两大政治集团尤其是两大政治集团的精英人物之间的楚汉战争。这些影片用大人物的高超智慧来决定历史走向，用小人物、普通战士的英勇善战来呈现战场的细节，为 1990 年代中后期出现的帝王大戏提供了叙述和想象历史的新方法。这些影片已经开始尝试借重人性、日常生活等在 1980 年代获得合法性的叙述策略来书写领袖及革命故事，只是由于整体的思想文化氛围对革命文化的拒绝，使得这些主旋律陷入没有市场票房的困境。这种主旋律叙述的内在困境，不仅仅因为自身叙述缺少娱乐或商业色彩，更为重要的是，以革命历史为核心的主流意识形态讲述还无法整合改革时代以市场经济为主的现代化共识，从而呈现一种与时代脱节的状态，直到新世纪新革命历史剧的出现才克服这种主旋律的叙述困境。

第二种是"英雄劳模片"。与重大革命历史题材不同，1990 年代初期从《焦裕禄》开始，出现了一种对 1950—1970 年代以及当下英雄模范人物的传记片，试图通过对英雄的重建讲述，在个人生活及日常体验中实现一种断裂历史的延续。在这批以《焦裕禄》（1990）、《蒋筑英》（1993）、《孔繁森》（1995）为主角的电影中，基本上采取了一种主旋律苦情戏化的叙述策略，多以悲情为基调，以唤起观众的同情和认同，正如研究者所指出的："苦情戏的社会功用，刚好在于它能以充裕的悲苦和眼泪，成功地负载并转移社会的创伤与焦虑。"① 1990年代中期，紫禁城影业公司（由政府出资的市场化运营的企业②）投资拍摄了小成本电影《离开雷锋的日子》（1997），成为1990年代少有的票房获得成功的主旋律影片，同时也创作了一种叙述方式，即不再直接讲述英雄或劳模的故事，而是讲述"离开"雷锋之后的故事，讲述后人如何继承雷锋精神的故事，甚或讲述作为雷锋精神的当代传人如何适应当代社会的故事。这部影片以雷锋战友乔安山在雷锋墓前诉说"离开雷锋的日子"为叙述结构，雷锋的故事则以黑白影像的方式镶嵌在后人的回忆当中，雷锋/英雄的墓碑被作为一种隔绝、阻断，同时也是一种精神的延续。影片与其说讲述了雷锋精神在当代的意义，不如说继承雷锋精神衣钵的乔安山处处遭遇误解和难堪，并被当成疯子、怪人和傻瓜。影片结尾部分把雷锋精神与一种人道主义志愿者服务精神"耦合"在一起，从而弥合了1950—1970年代与当代社会的断裂，实现了一种历史的对接和延续："雷锋没有死，雷锋还活着"。

第三种是红色商业片。作为革命后代的导演叶大鹰曾经在1990年代中期创作了两部红色电影《红樱桃》（1994）和《红色恋人》（1998），前者是1990年代少有的票房获得成功的红色电影，而后者则首次尝试使用香港明星来出演革命故事，但票房惨败，这两部电影呈现了1990年代红色影片的叙述策略和基本困境。如果联系冯小宁的《红河谷》（1996）、《黄河绝恋》（1998）等影片，这些试图走向市场的主旋律作品，纷纷采取一种特殊的讲述红色及革命历史故事的方式，就是把中国革命历史放置在一个西方人（如《红河谷》男主角是一个英国远征军的青年传教士，《黄河绝恋》是参与"二战"的美国飞行员，《红色恋人》则是上海的美国医生）的目光中来讲述，或者把革命故事放置在异国他乡（如《红樱桃》中的苏联）或陌生的空间（如《红色

---

① 戴锦华：《隐形书写——90年代中国文化研究》，江苏人民出版社1999年版，第51页。

② 1997年由北京电视台、北京电视艺术中心、北京市电影公司和北京文化艺术音像出版社四家单位（这四家单位分属两个局主管：北京电视台和北京电视艺术中心属于北京广播电视局主管，北京电影公司和北京文化艺术音像出版社属文化局主管）联合成立北京紫禁城影业公司，注册资本3200万元，是一家集影视策划、制作、营销为一体的大型专业影视制作公司。其中《红色恋人》、《离开雷锋的日子》、《紫日》等都是该公司制作的。

恋人》发生在1930年代上海；1950—1970年代的上海被作为腐朽堕落的半殖民地、半封建的空间，而1980年代又被作为中国近代以来唯一实现了现代化的"飞地"中来讲述。这些影片选择西方/他者的目光为自我的视点及特异的时空，既可以保证一种个人化的叙述视角，又可以把革命历史故事他者化和陌生化。这在某种程度上是为了解决左翼文化叙述的内在困境，通过把自己的故事叙述为他者眼中的故事，使得革命故事可以被讲述为一段他者眼中的异样故事而产生接受上的某种间离和陌生效果，尽管在西方之镜中所映照出来的是一个中国女人的形象或一处被自然化和审美化的地理空间。

这样三种主旋律的叙述样式，除了《红樱桃》、《红河谷》、《离开雷锋的日子》等之外，大部分影片并没有获得市场认可，其票房主要依靠行政命令，即通过红头文件的方式组织企事业单位进行爱国主义教育，这种主旋律的窘境与观众的主体位置和情感结构有很大关系。1980年代对左翼叙述的反思使得1950—1970年代变成异质性存在，这就造成人们在1980年代以来主流叙述的内在冲突中也处在一种主体分裂的状态，甚至经常处在一种与体制、主流相背离的主体位置上，这种主体位置也恰好吻合于否定左翼文化呼唤改革开放的主流意识形态，这也正是主旋律在八九十年代很难获得市场成功的根本原因。

第二节　从"泥腿子"将军到"无名英雄"

新世纪以来，红色题材影视剧的热播成为重要的大众文化现象。这些电视剧主要有《激情燃烧的岁月》（2001）、《历史的天空》（2004）、《亮剑》（2005）、《狼毒花》（2007）、《我是太阳》（2008）、《光荣岁月》（2008）、《人间正道是沧桑》（2009）、《我的兄弟是顺溜》（2009）等新革命历史剧，以及2006年"意外"热播的《暗算》和2009年成为公共话题的《潜伏》等谍战剧。自《暗算》取代《亮剑》以来，谍战剧成为电视荧屏上格外受到青睐的影视剧。早在2007年就有媒体担心如此多的谍战剧会使观众产生"审美疲劳"，以至于有专家指出投资谍战剧已属高风险行为①,但是因为其良好的收视率,又刺激了更多的资金投拍谍战剧。就在电视荧屏被谍战片所挤满之际,最大的民营影视公司华谊兄弟在2009年国庆期间把谍战剧搬上大银幕,自此影院里也《风声》"谍"起,《秋喜》、《东风雨》等谍战片陆续登场。由2001年《激情燃烧的岁月》所开启的这类红色题材影视剧的热播,具有重要的文化症候意义。改革开放以来红色革命故事或主旋律尽管进行了诸多尝试,但很少能获得市场/观众的认可。在这种背景下,新革命历史剧和谍战片成为新世纪最为重要的流行文化现象本身说明革命历史讲述与市场经济的"隐形书写"②之间的内在冲突的弥合,说明革命历史故事也可以为市场经济下的观众所接受。

一、"泥腿子"将军与"大国崛起"的主体想象

2001年《激情燃烧的岁月》所带动的革命历史剧与世纪之交即火爆荧屏的康乾、盛唐、秦皇、汉武的历史剧交相呼应,并最终取代后者而成为至今热播荧屏的主要剧种③。与1990年代初期开始的政府全资支持的主旋律创作不同,这些电视剧基本上都是由民营影视公司以及有港资背景的公司投拍的电视剧。这些电视剧使得革命历史故事获得了重新讲述,尽管这些文本在多重意义上把革命历史改写为去革命、去政治

---

① 《今秋荧屏处处抓特务 反特剧会否沦入俗套?》,《华西都市报》2007年10月22日;赵文侠:《谍战剧已成高风险投资 雷同剧情令观众审美疲劳》,《北京日报》2009年8月31日;章琰:《电视荧屏谍战剧俗套多多 网友总结七大"俗"》,《羊城晚报》2009年7月23日;庞建:《走出谍战剧的类型桎梏》,《人民日报》2009年9月11日;叶青林:《同质化的谍战剧让人审丑疲劳》,新华网江西频道,2009年10月30日。

② "隐形书写"是戴锦华在《隐形书写——90年代中国文化研究》一书中提出的概念,借此描述1990年代配合市场经济体制的意识形态,虽然是一种"隐形"的,但实际上是起支配作用的文化形态。

③ 关于热播的情况粗略整理如下:《激情燃烧的岁月》创下了一年内回放六次的记录,"全国有101个频道在放《幸福像花儿一样》,有50多个频道同时在播《暗算》,《亮剑》在江西卫视回放7次,在重庆台播了8次,每次收视率都高于该时段其他剧目的全年平均收视率。"电视《激情燃烧的岁月》仅在北京台的回放也高达9次之多,首播收视率12%,回放收视率4.7%(《军旅电视剧激情燃烧的背后》,《新华日报》2007年5月14日);《亮剑》在中央一套播出之后,根据中央电视台索福瑞的收视率调查结果,《亮剑》播出第一周收视率平均11.42%,最高13.7%,平均收视率10.3%,成为2005年中央电视台收视冠军;《狼毒花》创下平均收视率8.74%的佳绩。

的历史，并使用传奇性（草莽英雄的故事）、爱情故事（革命的动力变成了爱情）以及国家叙述（借用抗战叙述来整合国共意识形态的内在冲突）来消解这段历史的政治色彩。但是，与1980年代中后期出现的新历史小说对革命及近代史的去革命化改写（用民间及日常伦理以及亘古不变的乡村与历史来对抗和拒绝那种革命到来所造成的历史断裂）以及1990年代中后期出现在21世纪之初曾一度流行的红色经典改编不同，这些新的革命历史剧不只是在消解英雄，而是重建一种英雄与革命历史的讲述。从这个角度来说，这种对革命历史的再叙述，其重要的意识形态功能在于，把曾经异质化的革命历史尤其是1940—1950年代被冷战所分裂的历史（国共之争）和1950—1970年代中的"文革"历史，以非异质的方式连缀起连续的20世纪历史，并借助"泥腿子"将军的"英雄传奇"得以把曾经拒绝或无法讲述的革命历史缝合进破碎而断裂的20世纪中国历史。

这些新革命历史剧所采取的策略是把传奇式的人物与现当代的历史变迁联系起来，在某种意义上带有英雄史诗的色彩；这些革命军事剧也让人们联想起1950—1970年代的"革命历史小说"，尽管彼此之间存在着多重意义上的改写，但基本上可以把这些电视剧作为对革命历史小说的新版本或"后革命"版本。与对革命历史题材的红色改编不同，这些电视剧都是根据新创作的小说改编，又被称为"红色原创剧"、"新英雄主义剧"或"新革命历史剧"[1]，它们具有相似的情节模式，借用一篇报道中的描述，这些传奇英雄都是"草莽出身，投身行伍，娶了一个'小资情调'的革命女青年，引发诸多家庭矛盾，'文革'遭难、复出……从《激情燃烧的岁月》中的石光荣，到《历史的天空》中的姜大牙，再到《亮剑》中的李云龙，当红色经典翻拍剧屡遭滑铁卢时，将主旋律'另类'了一把的红色原创剧却为我们开创了一个荧

---

[1] 一些文学批评文章把《我是太阳》（邓一光）、《亮剑》（都梁）、《历史的天空》（徐贵祥）等军旅小说命名为"新革命历史小说"，如刘复生：《蜕变中的历史复现：从"革命历史小说"到"新革命历史小说"》（左岸网站）、《新革命历史小说的身体修辞——以〈我是太阳〉、〈亮剑〉为例》（《文化研究》第五辑）、赵洪义：《新革命历史小说的身体凸显及暴力美学》（《大庆师范学院学报》2006年第4期）、邵明：《"新革命历史小说"的意识形态策略》（《文艺理论与批评》2006年第5期）等。

屏'新英雄主义'时代"①。可以说，从《激情燃烧的岁月》中的石光荣开始，一种满口粗话、嗜好战争、血气方刚的将领形象延续到《历史的天空》中的姜大牙、《亮剑》中的李云龙和《狼毒花》中的常发（《军歌嘹亮》中的高大山和《军人机密》中的贺子达也有类似的性格特点）。这种英雄序列的变迁并不是一蹴而就的，而是经过了1980年代新历史小说和1990年代红色怀旧的双重改写。而《亮剑》、《历史的天空》中土匪式的英雄更多地受到新历史小说的影响，尽管英雄传奇在1950—1970年代的革命历史小说中也是重要的类型，但经过新历史小说的改写，这些英雄形象的匪气和草莽气息更为凸显，以至于这种形象成为男性英雄的内在特征。

这些被作为民族/国家英雄的"泥腿子"将军最为重要的特征就是出身农民和没有文化，以至于在退休后的石光荣要在自家院子里种地以消磨时光。这种农民出身的军人形象固然与中共的历史有关，但凸显这种没有文化、"土"、不讲卫生的泥腿子形象并非偶然，这与1980年代以来把中国革命叙述与农民起义有关。新时期以来"农民"已经从工农联盟的历史主体变成了需要被启蒙的愚昧庸众，这种泥腿子、农民的身份也迎合了1980年代对"文革"及中国革命作为封建法西斯专制的文化阐释。在这些电视剧中，这些土气的、没有文化的、不入流的"泥腿子"将军却成为不按常理打仗的常胜将军，是正面的英雄形象，这种"运兵真如神"的"泥腿子"将军在重大革命历史题材《长征》、《井冈山》和《红色摇篮》等电视剧中也成为中青年毛泽东的基本特征，遭受共产国际排挤和党内不同派系打击的毛泽东被书写为不屈不挠地、越挫越勇地寻找中国革命出路并最终取得胜利的成功者。

这些革命历史剧以种种方式抹平革命历史中的异质性而达成某种和解，可是对于观众来说，这种"泥腿子"将军以什么方式与他们发生耦合呢？观众从这种"泥腿子"将军中认同的又是什么呢？在观众看来，石光荣、李云龙、常发等不守规矩、经常违背上级命令却能屡建奇功的英雄与其说是民族/国家英雄，不如说是这个时代最成功的CEO。李云龙挂在嘴边的话，打仗永远不吃亏的生意经，也早被人们看成是这

---

① 《你拼你的绝活，我找我的娱乐》，《中国青年报》2005年12月12日。

个时代最有商业头脑的职业经理人①。正如《激情燃烧的岁月》和《亮剑》更为热播的原因是因为这两部剧提供了两种更有效的与当下嫁接的方式,前者达到了"在一个市场化的环境下,它再次证明了理想的价值和激情的含义"②,后者则贡献了"亮剑"精神,按照李云龙的说法:"面对强大的对手,明知不敌,也要毅然亮剑,即使倒下,也要成为一座山,一道岭!"亮剑精神就是明知失败也要勇往直前的精神,这种精神很快被成功地转化为团队精神、职业培训和励志教育③。

从这里可以看出这些被作为新革命历史剧所建构的主体位置具有多重的耦合能力,既可以以革命者的位置顺畅地讲述革命历史故事,又可以象征当代社会成功人士的主体位置。联系到电视专题片《大国崛起》、北京奥运会开幕式以及《复兴之路》的系列文本,曾经在1950—1970年代的历史中获得主导和霸权位置的革命文化和历史叙述被改写成为一种国家/民族的"现代"神话,中国呈现为一种作为民族国家的"现代主体"的位置,一个拥有悠久历史和传统并在近代遭遇挫折与创伤的历史中逐渐实现了现代化的新主体,而"泥腿子"将军成为支撑这种民族国家崛起叙述的主体想象。

二、暧昧的"新中国"与"谍战"故事

曾经在1980年代被拒绝和受到批判的左翼历史故事,借助新革命历史剧重新获得了人们的认同。这些"激情燃烧"的故事所带来的不仅是一种历史记忆的怀旧,而且是对七八十年代之交的历史转折的修复

---

① 徐磊:《〈亮剑〉提醒中国式管理》,博客中国,2005年12月8日;张莉:《从〈亮剑〉之李云龙看4E管理者》,《理财》2008年第4期。

② 《新周刊》,2002年度新锐榜,《激情燃烧的岁月》是年度最佳电视剧,2003年第4期。

③ 比如已经有"亮剑拓展培训中心"成立,从下面一些新闻标题中可以看出"亮剑"是如何被挪用到各个领域的(选自《中国青年报》):《TQP出鞘:一汽大众亮剑人才工程》(2007年12月20日)、《华中数控:自主创新更要市场上"亮剑"》(2007年5月30日)、《中国男排的亮剑精神尚未铸成》(2006年11月22日)、《"反盗版百日行动"对盗版出版物亮剑》(2006年9月)、《上汽通用五菱国Ⅲ产品亮剑上海》(2006年3月23日)、《理工大学工院300余名毕业学员"亮剑"演练场》(2006年4月28日)、《云山森警亮剑西双版纳》(2006年3月3日)等。在这个意义上,《闯关东》中的闯关东精神,《士兵突击》中的"不抛弃、不放弃",也可以使人们在市场经济中挣扎、竞争获得某种想象性表述。

和弥合，是一种历史解构之后对历史记忆的重新建构。2006年前后新革命历史剧被另一种红色题材类型谍战剧所取代，这些剧通过讲述国共地下斗争的故事来实现新的历史和解。2009年新中国成立60周年，新谍战故事也承担着特殊的意识形态功能。

谍战剧的出现有着更为直接的原因。2004年4月针对"红色经典"的"戏说"所带来的负面效应（通过对原有红色经典文本中添加商业元素如感情戏来颠覆或削弱革命故事，使"红色经典"变成"粉色经典"和"桃色经典"），广电总局发布通知"禁止戏说红色经典"①。在此禁令之前，广电总局也发布过禁止在黄金时段播放带有暴力色彩的涉案剧。这种背景下，谍战剧成为一种取代涉案剧和戏说红色经典剧的新类型，这些曾经在1950—1970年代兼具"冷战"意识形态和商业色彩的反特剧成为电视剧市场的新宠儿。正如许多谍战剧的制作人员坦言，之所以选择谍战剧，是对涉案剧的一种替代类型，那些在涉案剧中经常出现的惊险、侦探、悬疑等手段也完全适用于谍战剧②。不仅仅如此，新革命历史剧以及"红色经典"重拍中所使用的诸多改编策略（如爱情戏、酷刑等暴力情节）同样可以被谍战剧采用，可以说，红色经典的戏说并没有被真正禁止。从这里也可以看出，之所以禁止戏说红色经典，与其说是为了维系红色经典所具有的革命历史叙述的正典位置，不如说在对原本的戏仿与改编中更容易暴露改编者的冒犯意味。在这些新创作的革命历史剧及反特剧中，这种被允许的冒犯不仅更能获得观众的认可，而且达成了主旋律与商业性的更为完美的结合，从而使得1980年代以来主旋律与商业片之间的内在冲突也被有效克服。因此，既可以说这些谍战剧中的商业元素，一方面改写了红色革命的意识形态，另一方面，这些主旋律所负载的意识形态价值也可以借谍战剧获得有效讲述。而谍战剧之所以能够在2007年以后取代新革命历史剧，几乎成为唯一的红色剧样态，还在于这些"谍中谍"的故事实现了新革命历史剧所"无法完成的任务"。

在新革命历史剧中，往往通过一种草莽英雄式的人物（如姜大牙、

---

① 裴艳：《广电总局禁止戏说红色经典 〈林海雪原〉等遭点名》，《每日新报》2004年4月21日。

② 俞亮鑫：《被限涉案剧变身"反特剧"畅通播出》，《新民晚报》2007年3月21日。

李云龙、常发等）来讲述革命历史故事，这种英雄人物得以正面表述的合法性在于他们是民族英雄、抗日英雄，在国族的意义上整合国共双方的意识形态分歧。这也就是造成这批新革命历史剧关于中国现代史的讲述一方面聚集在抗日战争时期，另一方面对国共内战往往采取省略或避而不谈的策略。正如《亮剑》中李云龙刚参加内战就负伤去医院养病，其岳父作为开明士绅对李云龙最大的指责也是"中国人为什么打中国人"。这种国族叙述与1980年代以来以现代化为核心的叙述以及新世纪以来以民族国家为主体的"大国崛起"的叙述具有内在一致性，其功能在于整合国共之间的"冷战"裂痕，但留下的问题在于无法正面讲述国共内战的历史。一方面，中国革命历史最为重要的组成部分是国共内战，另一方面，临近2009年新中国成立60周年的纪念日，要叙述新中国成立的历史就不得不面对内战的问题。在这个背景中，这批谍战片所扮演的意识形态功能恰好是使得1945—1949年之间的内战历史获得了某种讲述的可能，国共之间在正面战场的斗争被转换为一种地下斗争，借助隐秘战线来完成对这段内战/"冷战"的叙述（国共内战已然被裹胁在"二战"后即开启的"冷战"结构之中，是确立美苏"冷战"分界线的热战之一）。

  对于2009年众多讲述1949年转折时期的献礼剧来说，基本上没有采用国共之间三次大决战的内战历史来讲述"新中国"的故事（《大决战》的故事正好是八九十年代之交最为重要的主旋律书写方式），而更多的是借助国共谍战的故事来呈现1949年的大对决。正如许多电视剧选择"北京"和平解放的历史作为三年内战的缩影（如《战北平》、《北平战与和》、《东方红1949》等），就连"战争"也可以被放置在电视"剧"之外。也正是在这个背景下，在2009年年初播放的《人间正道是沧桑》中，与正面战场有关的都是北伐、抗日战争，而一旦涉及国共破裂的时刻就更多地以谍战的方式来呈现，并尽量避免杨立仁与杨立青兄弟在正面战场上碰面，三年内战中仅有的兄弟交锋也集中在解放东北的谍战上。与借助国族即国共都是中国人来整合"冷战"裂隙不同，这些谍战剧借助国共作为兄弟的关系来修复"冷战"的裂隙。这种国共"相逢一笑泯恩仇"式的兄弟情谊，不仅仅是为了迎合2005年以来逐渐缓和的海峡关系，更是在中国文化内部清理"冷战"的债务。

从这个角度来说，当下的谍战片与"冷战"议题有着密切的关系。从把国民党指称为"女特务"到转变为"兄/长"，这种置换与其说是对国共在现代中国历史中本是同根生的"真实"写照，不如说是新世纪以来包括谍战剧在内的新革命历史剧所形成的书写策略。在1950—1970年代的反特片中，国共之间的关系往往呈现为一种英勇俊俏的男地下工作者与妩媚妖娆的国民党女特工的关系。那些耳熟能详的侦探英雄与女特务的形象有《寂静的山林》中王心刚扮演的冯广与风韵犹存的中年女特务、《英雄虎胆》中于洋扮演的曾泰与女特务阿兰、《羊城暗哨》中冯喆扮演的侦察员与女特务八姑等。这些"冒名顶替"的侦察员要经受住女特务的欲望观看，而其间的情绪张力也成为1950—1970年代少有的情爱场景（阶级之恨被呈现为一种对异性之爱的拒绝）。这种性别化的"冷战"叙述在1980年代初期已经开始出现调整，而新世纪以来的新革命历史剧把"本是同根生"的国共书写为一种兄弟关系。如《亮剑》中的八路军李云龙与国军楚云飞成为惺惺相惜的挚友，《人间正道是沧桑》中的大哥杨立仁与杨立青更是"同胞兄弟"。谍战片也借用了这种新革命历史剧中把国共书写为兄弟的叙述。如《暗算》中的戴主任与钱之江的关系，不仅是上级与下级的关系，更是英雄惜英雄；《潜伏》中的余则成与李涯也是各自忠诚于信仰的人；《秋喜》也一样，夏惠民是晏海清的上级和兄长，在影像叙述中，导演也让夏惠民与晏海清基本上只出现在双人中景中，他们共同分享同一个空间，"情同手足"。而在少有的几个对切镜头中也完全是一种对视的关系，如影片结尾处双方拔枪对射，夏惠民说你不过是我的镜子，也就是说晏海清和夏惠民互为镜像，彼此对立又处在完全对等的位置上。

三、被杀死的"纯洁/信仰"与中产阶层主体

如果说新革命历史剧形塑了一种"泥腿子"将军，其对革命、信仰的理解往往被遮掩在一种打鬼子和对鬼子仇恨的朴素情感之中，那么这些成功的谍战剧却试图讲述一种为了国家利益而牺牲的精神以及为了信仰而甘愿潜伏的故事，安在天、钱之江、余则成、晏海清等都是具有知识分子特征的文质彬彬、有勇有谋的男英雄，这些"战斗在敌人心脏"的"地下尖兵"们是一群有信仰、有理想的无名英雄。如同《亮

剑》中的李云龙被白领观众读解为最为成功的 CEO，这些忠于职守的地下英雄如钱之江和余则成们，也成为白领们的职场楷模。这种对理想、信仰、灵魂的固守和强调也成为一种中产阶层的道德自律，这也是这些谍战剧所试图完成的最为有效的意识形态询唤及教化功能。

2006 年播出的《暗算》并没有大张旗鼓地做宣传，却在口耳相传中成为当年的公众话题，按照导演及主演柳云龙的说法："我们今天整个社会经济已经非常好了，但现在我们缺失的是文化，我们需要一种信仰，但是信仰是需要文化支撑的，如果没有文化，就没有信仰。这可能就是我拍这部戏的初衷。"① 在柳云龙扮演的解密专家安在天和地下工作者钱之江身上，人们看到了为了信仰而牺牲的精神，尤其是那句关于"信仰与寄托"区别的台词"信仰是目标，寄托是需要，是无奈，是不得已。信仰是你在为它服务，而寄托是它在为你服务"被广泛讨论②。与此相似，2009 年初匆忙拍摄完成的《潜伏》却"意外"热播，也被认为是一部"爱和信仰的简史"③，导演姜伟说："'信仰'贯穿《潜伏》始终。"余则成由军统特务成长为地下党是依靠信仰的力量（有趣的是，在 1950—1970 年代的反特片中英雄恰好是不需要成长的）。《人间正道是沧桑》中的瞿恩在就义前也说过："理想有两种：一种我实现了我的理想；另一种理想通过我而实现。"在瞿恩感召下，杨立青成为信仰的化身。而同样改编自麦家小说的《风声》中经受酷刑的老鬼也被上升为一种信仰的精神，麦家在接受参访中强调："人生多险，生命多难，我们要让自己变得强大、坚忍、有力，坦然、平安、宁静地度过一生，也许唯一的办法就是把自己'交出来'，交给一个'信仰'。"④ 更不用说《秋喜》里面，晏海清不仅是一个有信仰的人，而且也是一个纯洁的人，一个从来没有开过枪的"书生"。在 1980 年代的叙述中，"冷战"历史给人们带来的是过于政治化的生活和血迹斑斑的伤口，而

---

① 《柳云龙：信仰·理想，〈暗算〉里激情燃烧》，《城市快报》2006 年 12 月 28 日。
② 刘小枫：《密不透风——关于〈暗算〉的一次咖啡吧谈话》，《南方周末》2007 年 4 月 5 日；《柳云龙：信仰·理想，〈暗算〉里激情燃烧》，《城市快报》2006 年 12 月 28 日。
③ 黄笑宇、王菲：《〈潜伏〉导演姜伟："信仰"贯穿〈潜伏〉始终》，《天天新报》2009 年 4 月 10 日。
④ 麦家：《历史就像从远处传来的"风声"——谈小说〈风声〉和电影〈风声〉》，《南方周末》2009 年 10 月 28 日。

仅仅过去20多年，这些遍体鳞伤的伤痕记忆已经被改写为一种对信仰、理想的由衷认同。

且慢，这种对信仰的高扬与其说是对革命历史价值的回归，不如说更是一种被抽空的信仰，或者正如麦家所说"时代正在呼唤英雄，呼唤崇高，呼唤庄重的人文精神"，只是"我不知道什么样的理想和信念是对的，但我相信人必须要有理想和信仰"。① 也就是说，信仰如同一个空洞的能指。电影《秋喜》有一个重要的情节：被绑缚的秋喜放在银幕后面，从来没有开过枪的纯洁的晏海清无意中射杀了秋喜，被作为纯洁之物的秋喜最终在银幕的遮蔽下成为枪杀的对象。如果把荧屏看成是一种谍战剧的自指话，那么秋喜/纯洁/信仰恰好是被遮蔽的，是国共兄弟要联合杀死的对象，这个他者被抹去之后，夏惠民与晏海清也成为彼此的镜中像。这种国共之间互为镜像的关系，与其说呈现了国共之间的意识形态对立（自我与他者），不如说是取消了国共之间的政治对立，或者借用夏惠民的说法，"我们都是一样的人"。正如钱之江/戴主任、余则成/李涯、晏海清/夏惠民都是有信仰的人，在这种镜像结构中，信仰被相对化和中性化了。可以说，这是一个召唤信仰的时代，同时也是一个拒绝回答信仰是什么的时代。

从观众把新革命历史剧中李云龙式的英雄改写为商战奇迹，以及把《暗算》、《潜伏》改编为白领式的办公室政治，可以看出这些红色题材影视剧所内在询唤的新历史主体的位置。这些影视剧也具有双重意识形态功能，一方面消解了国共意识形态的截然对立，自我与他者不再是截然对立的双方，而是可以互换的主体，这种国共兄弟的镜像结构完成了一种价值相对主义的表述，实现了一种对"冷战"的和解或超越；另一方面，如《暗算》、《潜伏》、《风声》等谍战故事又有效地讲述了一种信仰重建的故事，在去"冷战"、去政治的意识形态空档中询唤一种被中性或抽象化的信仰。在这个意义上，这批谍战片身兼解构与重建的功能，既去除了"冷战"意识形态的对立，又试图为当下重建或树立一种信仰、理想式的超越性价值。

---

① 麦家：《历史就像从远处传来的"风声"——谈小说〈风声〉和电影〈风声〉》，《南方周末》2009年10月28日。

第三节 主流大片的认同机制

新世纪以来,中国电影产业在古装武侠大片的带动下进入高速增长的阶段,近几年来,中国大片逐渐改变古装电影的单一题材,开始出现如《集结号》(2007)、《建国大业》(2009)、《风声》(2009)、《十月围城》(2009)、"叶问"系列(第一部2008年,第二部2010年)、《唐山大地震》(2010)等"叫好又叫座"的主流商业大片。这些主流电影不仅履行着主旋律的意识形态功能,而且像"古装大片"那样在国内电影市场中取得巨额票房,即便如《建国大业》这种"重大革命历史题材"的献礼片也创造了中国电影票房的奇迹①,这使得主旋律自1980年代中后期出现以来就面临市场困境的局面获得根本改变。当然,更为重要的电影事实是,如《集结号》、《十月围城》等电影本身就是民营或香港电影公司投资拍摄的商业影片,其"主动"选择曾经"无人问津"的"解放军"、"革命"等"主旋律"主题,恐怕主要不是投"政府"所好(容易通过审查),而是为了商业利润。如果说七八十年代之交的意识形态转折(从以阶级斗争为纲到以经济建设为中心),使得1950—1970年代确立的一套主流意识形态的表述陷入合法性危机,那么国家/政府/党的意识形态部门成立专门资金来投资拍摄主旋律及重大革命历史题材影片,则是为了重新弥合意识形态的断裂。

这不仅涉及1980年代以来以主旋律为代表的主流文化的裂隙,更涉及新世纪以来在新的历史背景下主流叙述重新获得认同的问题。如果说1980年代在反思、批判左翼文化的过程中"重写"革命历史的故事,那么这些主流大片同样是对革命历史故事的"再次重写"。主流大片试图完成主旋律/主流价值观与1980年代建构的去政治化、去革命化主体之间的和解,其意识形态功能在于弥合了"主旋律/主流"和"大片/商业片"之间的内在分裂。这些取得共识的意识形态表述不再被指认为一种外在的说教,而是一种主体的由衷认同。为什么主旋律题材会

---

① 《建国大业》2009年创造了当时国产电影最高票房4.2亿,这个记录在2010年被《唐山大地震》的6.6亿元票房所打破。

"突然"拥有了商业价值?这些成功的主流大片又是如何把"主旋律"主题商业化的呢?而那些古装大片所"培育"的异常挑剔的电影观众又是如何"心悦诚服"地观看和认同这些主流大片的叙述逻辑呢?这既涉及一套主流意识形态表述获得文化领导权的内在机制,又与1980年代开启尤其是新世纪以来文化/电影体制的产业化改革相关。

一、主旋律与商业片的融合

新世纪以来,在中国加入WTO的背景下,中国电影体制进入全面改革的时期,2000年启动"电影股份制、集团化改革",2002年推进院线制改革,2003年进一步降低外资、港资、民营资本进入电影业的门槛,电影产业成为近些年来增长最快的文化产业。自2002年张艺谋拍摄武侠大片《英雄》以来,中国进入电影大片的时代。凭借着地毯式宣传和政策扶持,中国大片扭转了1980年代以来电影票房持续下滑的局面,电影产业如同中国经济一样经历着高速增长[1]。与1950—1970年代以社会主义制片厂和统购统销的行政化的发行网络以及八九十年代体制内有限度的市场化不同,这轮中国电影产业化改革的基本思路就是在生产和消费两个环节上都实行更加市场化的改革方案。一方面鼓励民营资本、港资、外资投资院线建设,拉开了以院线制为中心的电影产业化改革,另一方面在电影生产领域进一步降低投资门槛,打破"体制内"生产的封闭状态,吸引更多资金投入电影行业。如果说市场化的融资和发行拓展了中国电影产业的规模,那么中国民族电影工业能够在好莱坞的"重压"之下存活并逐渐繁荣起来本身依赖于国家电影政策的保护。中国电影市场的成功既是产业化释放的市场积极性,又是借助国家强有力的保护,这种"政府+市场"的模式也是1990年代以来中国市场经济改革和中国经济发展的基本模式。

2002年的《英雄》拉开了国产古装武侠大片的序幕,随后出现了一批同类型的电影,如2004年的《十面埋伏》、2005年的《无极》、2006年的《夜宴》、2006年的《满城尽带黄金甲》、2008年的《赤壁》等。这些国产大片虽然一部比一部卖座,却陷入"叫座不叫好"的状

---

[1] 从1995—2003年中国内地年度票房基本上维持在10亿元左右,而从2003年全国总票房10亿元增加到2013年的217亿元,年增长率达30%以上,并且发展势头依然强劲。

态。这种高投资、高回报的"视觉盛宴"在网上引起一片批判之声，但这并不影响这些影片成为人们津津乐道的时尚话题，就如同1970年代末期好莱坞进入"卖座大片"的时代，出现了一种"除非你在周末去影院看过这部电影，否则就会觉得自己已经和当代文化有了隔阂"的文化现象①。这些古装大片对于电影产业的意义在于逐步孕育和呼唤出以都市白领、小资或中产为主体的影院观众。从统计数据上看，观影群体80%以上是15～35岁的都市青年人②，而从30～100元不等的电影票价来看，新世纪以来日渐显影的中等收入群体成为中国大片的主要消费者。正是"国产大片"的出现，使得一些已经完成集团化改制的国有电影公司（中影、上影）以及如华谊兄弟、新画面等民营影视公司获得发展空间，主流大片恰好就是在这种背景下应运而生的。

从《集结号》、《建国大业》、《风声》、《十月围城》、《唐山大地震》等主旋律大片的制作方可以看出，这些影片基本上是由大型国有影视公司中影集团、上海文广新闻传媒集团和著名的民营影视公司华谊兄弟等联合制作③，这种多元化的资金背景改变了1980年代以来主旋律主要依靠政府投资的生产方式，也改变了1980年代中后期所形成的娱乐片、主旋律和艺术电影"三足鼎立"的生产格局。新世纪以来，在"中国大片"拓宽国内电影市场的同时，主旋律电影也进行了一些商业化的尝试。其中如《太行山上》（2005年）、《我的长征》（2006年）、《云水谣》（2006年）、《八月一日》（2007年）和《夜袭》（2007年）等，大胆使用内地及港台的大牌明星来出演这些革命历史故事，在战争场面及故事情节上力求更为商业化。这些主旋律影片虽然取得一定的票房（如《云水谣》有4000多万元票房），但主要以获得政府奖项为目的（如《云水谣》获得金鸡奖、华表奖等多个大奖）。

---

① （美）大卫·波德维尔：《好莱坞的叙事方法》，白可译，南京大学出版社2009年版，第6页。

② 《产业报告：影院观众的构成分析》，中国电影网，2008年2月29日。

③ 有许多网友从出资方来确定《建国大业》是国家主旋律，《十月围城》是"民营主旋律"（以香港电影人为主）。这显然是一种意识形态误认，这种误认来自于国家与资本的二元对立（在此背后是计划/市场、体制/体制外、国有/民营），不仅忽视了中影集团自身是国有垄断资本，身兼国家与资本的双重角色（国家与资本不再是冲突的对立项，而是互为表里），而且《十月围城》的重要投资方也来自于中影集团。

在这种背景下，2007年岁末华谊兄弟影视公司投资拍摄的《集结号》具有一种标志性的意义，这部影片摆脱了1980年代以来革命历史故事没有票房的"惯例"，打破了商业片与主旋律的清晰界限，实现了票房与口碑的双赢（票房近2.6亿）。其实，比《集结号》更早出现的一种主旋律获得市场认可的现象是新世纪以来的电视剧。2001年重大革命历史题材《长征》、2002年小成本制作《激情燃烧的岁月》都获得了不错的收视率，此后如《历史的天空》（2004）、《亮剑》（2005）等一批新革命历史剧热播，这些热播剧并非国有机构制作，大都是民营影视公司以及有港资背景的公司投资拍的商业剧。

如果说《集结号》的成功代表着民营影视公司找到了主旋律与商业片的切合点，那么《建国大业》的成功则代表着国有影视集团采用市场化运营手段实现了主旋律的"脱胎换骨"。作为国庆60周年献礼片的《建国大业》，由完成产业化改制的中国电影集团投资拍摄。这部影片被媒体认为存在着"巨大的悖论"①，悖论在于主旋律与商业片不再是对立的，而是达成了融合，正如《建国大业》制片人赵海城所说："对这段历史不了解或者不太了解的年轻人是我们当时最主要考虑的观众群体，今天电影的主流观众是15～35岁的人群，并不是那些40岁以上，对这段历史了解的、有兴趣的人"，"没有主流观众的喜欢，就不可能有这样高的票房"。② 所以，在保证主旋律的政治特色的同时，中影集团从剧本创作（许多年轻人进入主创团队）、资金管理到营销发行等各个生产、销售环节入手，增加故事的趣味性和叙事的节奏感。这种主旋律影片采用商业大片的制作模式，完成了国家、资本与艺术等多重资源的整合。正如中影集团总经理韩三平，作为《建国大业》的制片人/总导演，借向祖国母亲献礼的方式来说服众多在市场经济中拥有票房号召力的大牌明星参与拍摄，并且这些一线明星不计报酬地友情出演。这种巨大的参与热情既不是国家行政动员的结果，也不是出场费的巨额诱惑，而是一种由衷地认同于为国家/祖国献礼的逻辑，最终实现了一种市场化的明星与"党的文艺工作者"/艺术家之间的完美结合。这恐怕与1980年代之初在批判"政治干预艺术"的意识形态实践中所

---

① 《〈建国大业〉就像一个超长的纪念品》，《成都商报》2009年9月18日。
② 中国电影艺术研究中心、中国电影资料馆编：《启示——〈建国大业〉解密与剖析》，中国电影出版社2009年版，第426页、第427页。

形成的个人（艺术家、反抗的主体）与政治（国家）之间的对立完全不同，这种结合说明国家（身兼行政与资本于一身）/个人（体制内的艺术家与商业明星的界限模糊）之间的一种裂隙开始弥合，个人在国家的宏大叙事中找到了恰当的位置。

2010年暑假冯小刚执导的主旋律大片《唐山大地震》也是主流大片的成功范例。这部由唐山市政府发起、华谊兄弟和中影集团联合拍摄的大片，使得地方政府、民营影视公司和国有影视集团再一次成功地实现了"强强联合"（"牵线人"正是广电总局①）。这既是一部呈现主流价值观的影片，又是一部"凤凰城·唐山"的城市宣传片②，还是赢得票房奇迹的商业大片。可以说，《唐山大地震》的不同出资方在这部电影中实现了"共赢"：唐山市政府既营销/宣传了新唐山，又获得了"文化"政绩，华谊兄弟也获得超额利润，而身兼政府/企业双重身份的中影集团也实现了经济和社会双重效益。从这里可以看出，政府（文化/意识形态宣传）/资本、国有/民营如此"和谐"地共享着同一个舞台。

如果把主旋律视为一种特定生产方式的电影，那么主流大片的出现已经使得主旋律丧失了具体所指。在《集结号》成功之时，电影研究者和电影管理者已经开始用"主流电影"或"主旋律大片"来称呼这种新的主旋律电影③。主流大片的出现不仅改变了1980年代以来主旋

---

① 从媒体报道中得知，《唐山大地震》最初由唐山市委书记创意，广电总局牵头、落实，集合华谊兄弟（冯小刚）、中影集团来投资拍摄，其投资比例为50%、40%、10%。（《〈唐山大地震〉：一次主流价值观的主题策划》，《三联生活周刊》2010年7月16日）。

② 在文化产业和城市运营的背景下，地方政府对如何包装和创意本地文化费尽心思，"印象系列"是比较成功的文化推销。《唐山大地震》则开创了使用电影来宣传城市形象的成功案例。

③ 关于"主流电影"的讨论开始于2006年（参见贾磊磊：《中国主流电影的认同机制问题》，《电影新作》2006年第1期；贾磊磊：《中国主流电影与文化核心价值观的建构》，《光明日报》2007年3月16日；饶曙光：《改革开放30年与中国主流电影建构》，《文艺研究》2009年第1期；张法、王莉莉：《"主流电影"：歧义下的中国电影学走向》，《文艺争鸣》2009年第5期），尤其是2007年1月在全国电影工作会议上，广电总局领导提出要积极发展"主流大片"。与主流大片密切相关的概念是"主流价值观"，"主流价值观"的出现又与2006年"十七大"提出的建设"社会主义核心价值观"（如以人为本、执政为民以及以经济建设为中心等说法）相关。不过，被媒体广泛采用的说法不是"核心价值观"，而是"主流价值观"，或者说"主流价值观"已经改变了"核心价值观"所具有的自上而下的意识形态灌输的痕迹，而具有文化霸权的特征，也就是说吸纳了不同的社会价值观以形成某种社会共识。相比"核心价值观"的主流说法，"主流价值观"成为取代主旋律等称呼的新修辞。

律没有票房的历史,也改变了主旋律由地方政府投资、获政府大奖的生产格局,这使得曾经在1980年代形成的主旋律/商业、政府/资本的内在裂隙得到弥合。如果说主流大片改变了主旋律由政府主导的生产机制,那么主流大片又是如何改写革命历史故事,让"对这段历史不了解或者不太了解的年轻人"接受主流价值观呢?

二、弥合历史的伤口

相比1980年代主旋律电影使用人性化、日常化的书写策略,主流大片不仅彰显出一种多元化的主流价值观,而且试图完成主旋律/主流价值观与1980年代建构的去政治化、去革命化主体之间的和解。

1980年代以来出现了几种主旋律的叙述策略。一种就是1980年代初期伤痕书写和反思文学中呈现宏大叙事或革命/政治对于个人生命的压抑和戕害,或者讲述政治高压及强权下亲情、友情等人性命题的丧失或弥留(如谢晋的"反思三部曲"等)。第二种是用人性化、日常化的方式讲述领袖故事。如1980年代末期以《开国大典》为代表的重大革命历史题材中,领袖不再是高大全的英雄,而是过着"走下神坛"的"人性"生活(尤为凸显家庭生活的场景);第三种就是1990年代初期以《焦裕禄》、《蒋筑英》、《孔繁森》等为代表的英雄劳模片,采取英雄人物的苦情戏化的叙述策略①,如同八九十年代之交出现的台湾电影《妈妈再爱我一次》以及电视剧《渴望》通过苦情母亲的故事来转移、抚慰和发泄社会悲情,英雄的病死("自然"死亡,而非政治/社会灾难)使其成为悲情英雄,以唤起观影者的同情与认同。

新世纪之初以《激情燃烧的岁月》和《亮剑》为代表的新革命历史剧最早实现了主旋律与商业性的融合。与讲述"激情燃烧的岁月"和"泥腿子"将军的新革命历史剧不同,这些以《集结号》、《唐山大地震》为代表的主流大片一方面继承了1980年代以来主旋律伤痕和苦情的叙述(无论是组织的不可靠,还是唐山大地震都是对个人及家庭的创伤),另一方面又像新革命历史剧那样重建了一种革命历史讲述的方式。《集结号》改编自中篇小说《官司》,这篇小说讲述了"军队欺

---

① 戴锦华:《隐形书写——90年代中国文化研究》,江苏人民出版社1999年版,第51页。

骗了她的士兵"、"祖国背叛她的士兵"的故事，团长为了掩护大部队转移而"无奈中撒下的一个美丽的谎言"，本来答应吹突围的号根本就没有吹，从而造成除了连长谷子地幸存之外全连战士的牺牲。尽管在故事结尾处"面对已经牺牲了的团长，他什么都理解了，什么都原谅了，积压在他心里几十年的恩恩怨怨顷刻间也化作云烟"，但是这篇小说延续了1980年代对于革命历史荒诞化、伤痕化的书写方式。《集结号》在呈现了国家/组织对于个人、小团体的欺骗的同时，更重要的是把这种"组织不可信"的故事改写为谷子地为牺牲的战士最终找回荣誉的故事，在战场上从没有吹起的集结号却在烈士墓碑前吹响，曾经的屈辱以及被遗忘的历史得到了铭记。与《集结号》相似，《唐山大地震》也讲述了历史对于个人/家庭的伤害。电影开头把1976年"唐山大地震"与毛泽东逝世并置在一起，使得1976年成为一个遭受自然/政治"双重地震"的时刻，也是"双重父亲"死亡的时刻。无论是《集结号》中失去了身份/档案的抗敌英雄受到种种怀疑和误解，还是《唐山大地震》中忍受亲人离丧而内心愧疚的苦情母亲独自背负历史之痛，他们都是带有苦情、悲情色彩的英雄。

与此前主旋律的悲情、伤痕表述不同，受到内心创伤的谷子地和自我怨恨的苦情母亲都找到了医治这种历史/政治创伤的办法。如果借用《唐山大地震》的原小说《余震》中把地震造成的个人伤口比喻为一扇被锈住的窗，那么这些主流电影的功能就在于打开这扇被锈住的历史之窗，让这些曾经在史书中遭遇委屈的谷子地、悲情母亲获得抚慰。正如《集结号》结尾处上级首长面对被遗忘的九连战士说"你们受委屈了"，使得这些无名英雄获得了名字和墓碑。从这个角度来说，《集结号》虽然借用1980年代把革命历史叙述为一种个人伤害的策略，但实现了对革命历史故事的重新认同和谅解。不再是用那些死去的无名战士来印证革命、战争及历史的倾轧与无情，而是通过对死去的无名英雄的重新确认，从中获得心灵的偿还和对那段历史的认可。电影《唐山大地震》则用2008年的汶川大地震（"大国崛起"的中国）来医治1976年"唐山大地震"的"余震"。汶川大地震为姐弟相见、家庭和解提供了契机，而且此时自愿参与救灾的志愿者小登和小达已然是跨入新富或中产阶层的成功者，"肉身/象征之父"的死亡所留下的家庭悲剧/废墟终于变成了母女谅解和高楼耸立的"新唐山"。

这两部影片都终结于一处纪念者的墓碑/纪念碑，而墓碑也成为一种重要的修辞策略来完成个人与历史的和解。正如《集结号》海报中有写着"每一个牺牲都是永垂不朽的"以及"唐山大地震"纪念碑上也密密麻麻地刻着遇难同胞的名字，这种墓碑化成为近些年影视剧中经常出现的文化修辞，如被广电总局评价为2009年度最佳电影的《十月围城》就使用了墓碑式的影像策略。当这些为了护卫孙中山而慷慨赴死的义士牺牲的时候，摄影机如上帝之手般在画面渐隐后抚摸过牺牲者/献祭者的身体，然后屏幕上显影出死者的姓名、籍贯及生卒年月，使得这些稗官野史中的无名小卒也获得了墓碑式的铭写。不仅如此，在2009年献礼大片《建国大业》流水账式的历史叙述间隙，依然使用了一个历史细节，就是毛泽东为因抢救饭菜而被敌机轰炸的伙计鞠躬立碑，这是一个在史书中没有名字的小人物，却是影片中唯一一个获得墓碑的人。历史不再是无名的英雄纪念碑，而是写着个人名字的墓碑。这种给历史中的牺牲者、殉难者、无名者找回名字的工作，是对1980年代以来所建构的"个人是历史的人质"的有效回应，作为具有埋葬/铭刻双重功能的墓碑在标识曾经的牺牲和光荣历史的同时，也达成了历史的谅解。从这个角度来说，这些主流影片在为人们揭开革命历史的纠结或死结的同时，也使得历史的创伤/伤口得到弥合。

三、与"革命"握手言和

从主旋律的叙述危机到主流电影重新获得观众认同，涉及主流意识形态从岌岌可危的状态到重新获得合法性的问题。经过近30年的调整、转换，主流叙述在新世纪之交逐渐实现了"旧瓶装新酒"的意识形态效果：从1950—1970年代的阶级动员、工农兵主体的革命论述转变为依法执政、以人为本、科学发展、和谐社会等去阶级/去政治化的执政理念。这也体现在宣传部门对于"弘扬主旋律与提倡多样化相统一"的管理思路，对于这些主流大片所讲述的新革命历史故事采取更为宽容和多元化的态度，"那种把主旋律看作一种题材，等同于红色历史、革命战争、英雄人物，其实是一种误解。主旋律代表着一种精神，反映着社会主流价值取向"。① 正是在这种背景下,《建国大业》进行了许多大胆的尝试和突破,如增加领袖醉酒、蒋介石父子谈心等吸引青年观众的情节。更为重要的是,这些主流电影找到了一种把革命化的信仰、理想主义与市场经济时代的精神楷模、职业精神相契合的叙述方式,这尤为体现在近几年颇为流行的谍战题材即"无名英雄"的故事中。

获得高额票房的《风声》倒置了1950—1970年代反特片的惯常模式,彼时的反特片一般是我方寻找敌方特务(谁是特务成为最大的悬念),而《风声》最大的悬念在于电影结束前观众不知道"谁是地下党/老鬼"。如果考虑到这部影片由台湾导演陈国富执导,那么这种以敌方的视角来寻找隐藏的地下党的故事并非没有症候意味(后"冷战"时代以"冷战"敌手的逻辑改写自我的故事)。表面上看,《风声》把《烈火中永生》等狱中革命者宁死不屈的故事改写为一种施虐与受虐的故事,但是《风声》却取消了革命者/非革命者的界限,所有的被怀疑者都受到种种残酷的严刑拷打和精神折磨,观影快感建立在把观众放置在窥视与施虐者的位置上。更为重要的是,这部影片把"捉内鬼"的故事讲述为潜伏者处在忠诚与背叛的夹缝之中的故事。与敌我双方对立的反特故事不同,电影《风声》除了敌我双方的间谍外,还有一个"局外人"的角色。李宁玉是一个忧伤、专业的译码专家,一个与政治没有任何瓜葛的人,完全不卷入敌人与地下党的争斗,虽然她也是被怀疑的对象,但最终她是不谙世事的,甚至对顾晓梦冒着生命危险传递情报而充满了不理解。这种处在敌我权力结构之外的"局内的局外人"的位置,也是后"冷战"时代去政治化的观众所占据的位置。李宁玉这样一个无辜的、被卷入历史的位置的人,既可以见证顾晓梦等地下党的宁死不屈的伟大,同时也可以质疑间谍/卧底/特务对自我身份的隐瞒是一种亲情、友情的欺骗(正如顾晓梦亮出了自己的身份,李宁玉打了顾晓梦)。也正因为李宁玉的存在,使得影片结尾部分——由地下党向李宁玉"现身说法",顾晓梦是为了民族利益而牺牲自我,从而使得这种"密室杀人"游戏裹上一层"主旋律"的糖纸。如果说这层"糖纸"依然可以被指认出来,那么《十月围城》则实现了更为有效的意

---

① 刘云山:《反映伟大时代历史巨变 描绘人民群众精神图谱 创作更多思想性艺术性相统一的文学精品》,《艺术评论》2009年第12期,第6页。

识形态效果。

与 1980 年代以来革命历史故事不同，《十月围城》酣畅淋漓地呈现了革命过程中的血污与暴力。面对那些完全不知道革命何意的贩夫走卒们在银幕上一个个地惨死，这种牺牲和死亡并没有被网络及媒体上具有自由主义倾向的人们指认为是"革命惹的祸"，反而觉得他们死得其所、死得有价值。正如许多网友评论："虽然这是一部主旋律，但是被深深感动"，更有网友认为这部电影让他"终于和'革命'这个词握手言和"。[①] 这样一部讲述民间义士舍命保护革命先驱/民国之父的电影，其意识形态效应竟然能够如此"润物细无声"（意识形态的成功在于无从指认其意识形态特征，也就是非意识形态效果是最为成功的意识形态讲述）。在这样一个去政治化/去革命化的年代里，为什么这些以小资、白领、中产为主体的都市影院观众可以接受这种比主旋律更主旋律的故事呢？

这部电影的内在裂隙在于李玉堂招募的这些保卫孙中山的义士并非革命的主体，除了李重光作为接受西学/革命的爱国学生/青年是为了"中国的明天"之外，就连李玉堂本人在某种程度上也是为了完成好友陈少白的临终嘱托，其他人连要护卫的人是谁都不知道。影片使用"画外音"的方式来弥合"革命"与非革命主体之间的断裂。随着孙中山的画外音自述弃医从政的转变以及革命的意义，画面中依次呈现的是水中嬉戏的车夫、香港街头的芸芸众生、剃头的王复明、越狱的陈少白以及空荡戏院中的方红和挥舞铁扇的刘郁白，在这种声音对图画的强制解读中，革命与这些义士建立了某种关联，因为他们也是革命所要救助的千千万万的大众。画外音以如此"强制"、"暴力"的方式为这些画面赋予了"革命"意义。当阿四死去之时，孙中山的画外音再次响起，声音如同无处不在的上帝之手抚摸过陈少白、李重光和李玉堂，随后画面切换到密室内，画外音终于找到了"声源"所在，画外音转化为一种"画中音"："欲求文明之幸福，不得不经文明之痛苦，而这痛苦，就叫做革命"，这一刻也是"声音/画面"完全缝合之时。

在这样一个时刻，这些怀着不同的动机（方红是为父报仇，王复明是施展少林功夫，阿四是为了老板，沈重阳则是为了女儿和前妻，刘

[①] laststore：《唯有进步值得信仰》，豆瓣网，2009 年 12 月 18 日。

公子则是为了乱伦之爱）的个人从这次行动中找到了各自的"幸福"。可以说，革命这个能指可以包容每个人的幸福、私情于其中，革命使每个人都获得解脱和幸福。也正因为如此，这些在去政治化/去革命化的年代成长起来的青年观众，可以接受这样一种为了革命而牺牲自我的故事。正如李宇春演唱的片尾曲《粉末》中"什么大爱　什么时代　我弄不明白"，但"我"并不是"泡沫"和"粉末"。在其主题曲的MV中，演唱者李宇春和其扮演者方红都处在电影院中，"她们"作为观众观看这部自己参与的"父辈"的革命故事。当影院中的李宇春与其扮演的历史人物在同一个空间分享同一个能指"李宇春"的时候，历史与现实、自我与银幕上的历史人物耦合在一起，从这个角度可以看出这部影片非常有意识地为青年观众提供进入历史的结合点。

　　这些主流大片通过对历史的重新改写（尤其是对1980年代历史逻辑的再次改写）来完成其新的历史想象和重构。如果说1980年代的革命历史故事被书写为一种伤痕或者负面的论述，那么这些主旋律大片并没有扭转这种论述，反而通过再次指认、确认这份创伤（如《集结号》中的欺骗，《唐山大地震》中的家庭毁灭）的同时，书写伤口的缝合和创伤的治愈，从而实现一种历史/革命与"个人"的和解。这些电影不仅讲述了"每一个牺牲都是永垂不朽的"人性表述，而且把这种自由主义的表述与对革命的正面论述"耦合"在一起。这种表述实现了1980年代以来人性/革命、自由主义态度/牺牲精神等内在裂隙的弥合。从主旋律到主流大片的嬗变，可以看出主流意识形态从1980年代的叙述困境到再一次实现与主流观众认同的过程。主流电影终于可以像好莱坞大片那样既能承载主流价值观，又能取得商业上的成功。但不得不指出的是，这种主流价值观的认同建立在以都市白领、小资、中产为主体的影院观众之上，这些主流消费群体成为支撑、分享主流价值观的阶级基础。主流大片在某种程度上成为1980年代以来中国社会结构转型的隐喻：由工农兵为主体的社会转型、分化为以中产阶层为主体想象的社会（尽管当下中国远非中产阶层主体的社会）。在这个意义上，主旋律大片的成功恰好说明日渐显影的中等收入群体已然认同"旧瓶装新酒"的主流价值观。

第四节　革命历史记忆的偿还与重建

　　2009年是中华人民共和国成立60周年的纪念日，与2008年作为改革开放30周年的纪念日不同，这涉及如何叙述共和国60周年的历史，尤其前30年与后30年关系的问题，或者说如何把改革开放前与改革开放的历史"耦合"在一起是主流意识形态能否获得文化领导权并修复裂隙的重要议题。1990年代中期新启蒙主义/现代化的"改革共识"的破裂，知识及思想界出现了分化[①]，对于中国社会的理解和判断也形成了截然相反的论述，一方面认为现实的困境在于市场化所带来的弊端（从人文精神丧失到下岗、"三农"等社会问题），而另一方面则把这些弊端归结为旧有的管理体制的惯性及其滞后性所导致的。这些相互矛盾的阐释在1990年代逐渐成为主流意识形态载体的大众文化的表象中也呈现为彼此并置又冲突的场景。具体来说，1990年代初期伴随着商品化的推进而出现了以毛泽东热为代表的红色怀旧潮流，经过1990年代中期以反映国企改革的"现实主义冲击波"，一直到新世纪之初《切·格瓦拉》小剧场话剧的火爆。另外的场景则是与红色怀旧相伴随的诸多政治揭秘故事以及1990年代中期反右书籍的热销，一直到2004年1月出版的《往事并不如烟》的热销，这种红色历史的怀旧与红色血污的呈现彼此并置在1990年代的意识形态风景之中，无疑呈现了主流意识形态自身的分裂。主流意识形态兼或借重不同的自我来实现有效的运行，正如反右书籍的出现不期然地回应与遮蔽着"现实主义冲击波"所带来的某种"现实"的指向及批评。

[①] 1990年代中后期浮出水面的"新左派"与"新自由主义"的争论中，暂且不对彼此观点作二元对立式的表述。简单地说，"新左派"的主要工作就是重新评价了新中国成立以来计划经济体制下的社会主义实践的历史遗产，批评了把改革开放前30年的历史简单地"清算"为封建主义/传统的遗毒或历史的倒退的叙述（尤其是那种通过对"文革"的"全面否定"来反身为新时期的意识形态进行辩护的策略），而借用"现代性"的理论视野把改革开放前30年的历史尤其是社会主义遗产作为中国近代以来的现代性过程中的另类现代化尝试或选择，进而在知识上打开了反思历史的空间。参见公羊主编《思潮——中国"新左派"及其影响》，中国社会科学出版社2003年版。

一、墓碑与记忆

重新讲述革命历史故事，不仅仅要在《复兴之路》、《建国大业》等略显宏大的国家及民族的叙事中把不同历史阶段的悲情与光荣组织在一起，而且要恰当地回应历史中的暴力及其血污，尤其是1980年代以来所形成对革命及其左翼历史的拒绝在于一种国家的、集体的叙述压抑或抹杀了个人的位置，进而小叙述、日常生活成为批判左翼宏大历史的基本策略。如何在"激情燃烧的岁月"中吸纳这些血腥及被压抑的历史，就成为革命历史故事能否获得霸权及获得有效讲述的关键所在。最近几年出现了一种修补历史伤痕的方式，就是这些革命历史故事并不回避红色历史中的血污及其不公平，反而把革命历史呈现为一种对个人记忆的偿还和谅解。如果说2007年冯小刚导演的《集结号》用给没有获得烈士名号的战友恢复名誉的方式实现了对革命历史故事的重新认同，那么2009年叶大鹰导演的国庆献礼片《天安门》也使用了这种向历史索要个人记忆的方式。

《天安门》讲述了晋察冀抗敌舞美队为天安门城楼布置"开国大典"的故事。影片没有采用外在的西方视点或历史及空间的异域化，而是在"开国大典"这一大舞台旁边讲述一群幕后小人物的故事。对于这些抗敌舞美队的成员来说，如何布置"天安门"并不只是一项国家任务，也是一段给个人留下美好纪念的日子和经历。在圆满完成任务、撤出天安门之后，面对即将开始的"开国大典"，他们作为幕后英雄并没有被消隐或遗忘，反而通过在天安门前广场上采摘的艳丽的野花偷偷藏在城楼硕大的花盆边的细节，为这些无名的小人物留下了历史的印痕。影片另一个重要的噱头/症候就是在结尾部分采用数字技术使用了毛泽东的"真实"影像，按照导演的说法，把"真正的"毛主席影像插入《天安门》之中在技术上效果不好，只好把抗敌舞美队队员安插到1960年代毛泽东在天安门接见群众的记录影像中（选择1960年代的毛泽东是因为观众更熟悉）①，这真是把个人"严丝合缝"地镶嵌到历史影像之中的最佳方式。这与其说是后现代主义式的拼贴与戏仿，不

---

① 叶大鹰在《〈天安门〉创作谈》中提到影片使用数字技术，把观众更为熟悉的1960年代的毛泽东的记录影像剪辑到影片当中，其中第一个与毛泽东握手的人替换成了导演自己。

如说更是历史对个人的补偿,就如同那束盛开野花成为写在宏大历史的幕布(墓碑)上的个人的印记或铭文。

  与《天安门》同时放映并非献礼片的小成本艺术电影《斗牛》则讲述了一个农民与一头牛的故事。虽然这部影片被第六代领军导演管虎阐述为"绝境求生的故事"和"表现出人性的美",但却不期然地实现了历史向个人偿还记忆的意识形态效果。在笔者看来,这部电影与另外两个文本形成了有趣的互文关系,一个是余华1990年代初期的小说《活着》及同名电影,一个是1990年代末期姜文的电影《鬼子来了》。《斗牛》被放置在抗日战争时期,共产国际支援中国抗日根据地一头荷兰奶牛,给受伤的战士提供营养,由于日军来袭,八路军只好把这头牛委托给当地老百姓保护。结果全村人被日军杀害,只有死里逃生的牛二为了信守村里与八路军签订的诺言,冒死周旋于日军、流民、土匪之间,最终与这头外国奶牛在山上相依为命。就如同小说《活着》中福贵在经历了中国现当代史中的诸多灾难、全家人都死光之后,只剩下他和一头老牛孤独地生活,面对20世纪诸多把个人与国家、民族相联系在一起的政治实践,个人、普通人的命运是脆弱和微末的,"活着"也是最平凡最重要的道理。电影版《活着》基本上延续这种1980年代形成的用平凡人生来对抗历史及政治险境的典型命题,这种叙述借个人的名义完成了对外在的历史及政治的批判和拒绝。

  姜文的《鬼子来了》也带有1980年代的印痕。武工队给挂甲屯的村民留下两个俘虏之后就消失了,对于以马大三、五舅老爷、二脖子等代表家族伦理秩序的人们来说,无论是游击队队长、武工队队长,还是村口炮楼的日本兵,都是外来的力量,或如五舅老爷的话"山上住的,水上来的,都招惹不起"。而他们自身,既不是启蒙视野下的庸众,也不是左翼叙述中的抵抗日本帝国主义的主体。从这个角度来说,《鬼子来了》恰好处理的是一个左翼叙述的困境,在外在的革命者缺席的情况下,以马大三为代表的"人民"能否自发自觉地占据某种历史的主体位置。《鬼子来了》在把"日本人"还原为"鬼子"的过程中,也是马大三从一个前现代主体变成独自拿起斧头向日本鬼子砍去的抵抗或革命主体的过程。这种觉醒不是来自外在的革命动员,而是一种自我觉醒的过程。最终作为拯救者的武工队并没有到来,更没能兑现诺言,也没有替百姓复仇,这无疑是对经典革命及左翼叙述的颠覆。

《斗牛》也讲述了这样一个"活着"和被八路军"欺骗"的故事。牛二照顾八路军的奶牛,如同挂甲屯的村民,成了被遗忘的群体,作为拯救者的八路军迟迟没有到来,当初的许诺变成了一种谎言。而牛二信守诺言与其说是一种革命信仰的内在支撑,不如说更是一种对民间伦理(签字画押)或个人欲望(牛二把奶牛作为新婚爱人的替代物)的坚持。但是与《活着》、《鬼子来了》最大的不同在于,《斗牛》采取了《集结号》式的偿还历史的策略,在影片结尾处,匆匆赶往前线的解放军终于为保护荷兰奶牛的牛二写下了"二牛/牛二之墓",墓碑再一次成为埋葬与承认的标识,尽管这是一个略显荒诞、随时都有可能被风刮走的碑文。从这个角度来看,如果说《活着》、《鬼子来了》在某种程度上消解了一种左翼的实践及拯救,那么《斗牛》在呈现历史的荒诞与悲凉的同时,也得到了历史的偿还和铭记。

在另外一部地方宣传部拍摄的献礼片《战争中的女人》(又称《沂蒙六姐妹》)中,没有正面讲述三大战役之淮海战役,而是讲述在战役后方,战士的家人、妻子为了支援前线提供粮食、担架和过河人梯的故事。影片最后的结尾处是革命母亲和两个烈士遗孀(如同佘老太君和杨门女将)为父亲和两个儿子守灵,在升起的摄影机中,全村老少为这一满门英烈下跪,在这里,墓碑依然成为正面讲述革命历史故事的重要修辞。这些被遗忘的个人或无名的人们可以在革命历史叙述中找到适当的位置,20世纪以来的革命故事不再是欺骗和谎言的历史,而是可以给无名者或个人提供意识形态碑文或铭文的历史。墓碑就如同个人铭刻在左翼历史中的签名,使得革命不再是一种债务,而是一种补偿,就如同那声从没有吹起的集结号终于在现实及历史的天空中吹响,如同在"开国大典"的巨型花盆旁栽植的一朵分外艳丽的野花。

二、革命历史与当下的内在耦合

如果说个人镶嵌到革命历史的叙述之中,从而使得革命历史所具有的异质性被削弱,那么还有一些主旋律故事则试图建立一种革命历史与当下的内在联系,尤其是使用父子相继的叙述策略来重建一种精神之父与子一代的关系。父子关系是现代中国文化史中的经典主题,如对于父亲的否定和批判,是五四一代自觉的文化行为,这也造成现代文学中父亲始终是缺席的或羸弱的象征,而1950—1970年代,革命之父与子一代呈现为一种悖论关系，即造反有理、蔑视一切反动权威与对领袖/伟大父亲的无限崇拜是同时存在的。新时期则借用五四作为理想镜像，对于父亲的批判也成为1980年代反思左翼文艺的重要组成部分。如果把1950—1970年代作为一种父辈的历史，那么对于1950—1970年代的态度，就成为子一代确立自己与那个时代关系的重要表征。在这里，笔者主要讨论一些对1950—1970年代英雄人物重新讲述的影片，在这些影片中，继承父辈意志的儿子往往呈现为一种与当下社会格格不入的状态，或者被呈现为带有某种偏执狂式的精神病患者，从而完成一种对1950—1970年代的纯洁化和无害化。

2009年放映的同样是紫禁城影业公司出品的《铁人》也采用1997年电影《离开雷锋的日子》的叙述策略，在一种晚辈的回忆之中用黑白影像来呈现大庆铁人王进喜的故事。与雷锋战友乔安山长年坚守雷锋精神一样，当代石油青年标兵刘思成以铁人的标准来要求自己，把自己看成铁人的传人和精神之子。影片中，刘思成搜集了所有与铁人有关的老照片、物件等收藏品，如同一个小型的铁人博物馆。有趣的是，刘思成的父亲，作为铁人的徒弟，是一个受不了石油工地的艰苦环境考验的逃兵，如同《集结号》中那个懦弱的知识分子政委（知识分子不再是1980年代反右叙述中的受难者和英雄，而成为具有害怕、胆小等人性弱点的代表），换句话说，1950—1970年代的历史也包括许多不光彩或负面的地方。刘思成的父亲因为对铁人的愧疚而让自己的儿子一定要成为铁人式的英雄。

《铁人》试图完成当下与1950—1970年代"无缝对接"的方式是影片开头的题词"谨以此片献给昨天、今天和明天为共和国的资源而战的勇士们"，为了国家寻找能源成为连接刘思成与铁人分享内在精神支撑的动因（国家再一次成为弥合1950—1970年代与当下历史的有效策略），刘思成在西北沙漠中寻找油田与铁人在大庆为共和国炼油是一样的，其背后的逻辑都是现代化的动力（这种国家利益也与大国崛起的叙事相吻合），这也成为耦合当下与1950—1970年代最为有效的意识形态书写，正如在"纪念共和国成立60周年"的社论中把前30的历史叙述为"在经济文化贫穷落后的基础上，中华儿女奋发图强，逐步建立起独立的、比较完整的工业体系和国民经济体系，以自主的经济、强大的国防捍卫国家独立、领土完整和来之不易的新生活"①。

影片的结尾处,刘思成爬上沙漠高处,看到从历史中铁人骑着摩托车风驰而过,后面坐着刘思成的父亲文瑞,随后刘思成替换了肉身之父,坐在了精神之父铁人的后面,历史在这里完成了"耦合",影片结束于当下与历史交相剪辑的场景,刘思成成为了当代的"铁人"。但具有症候性的是,作为铁人精神传人的刘思成却是一个沙漠综合症患者,因其对铁人精神的崇拜而受到同伴和同事的嘲笑,是一个肌肉发达、只知道拼命工作的傻子和偏执狂。而《铁人》中儿子的扮演者刘烨 2008 年拍摄过一部商业影片《硬汉》,在这部电影中刘烨同样扮演一位单纯而弱智的拿着红缨枪试图在城市中除暴安良的"红孩子",就像《铁人》中的刘思成,也是一个满身肌肉、头脑简单(不懂爱情)的"硬汉"。

这种父子故事在第五代导演黄建新 2005 年拍摄的《求求你,表扬我》中也有所体现。这部电影讲述了深夜救人的农民工杨红旗到报社请求表扬的故事。作为父亲,劳模杨胜利一生中受到无数次表扬,想临死前也看到儿子杨红旗受到一次公开的表扬,为了完成父亲的遗愿,做了好事的杨红旗坚持让报社表扬一次。固执的杨红旗同样是一个单纯、老实、憨厚得有点偏执的"傻子",只是这部影片不是以杨红旗为叙述角度,而是以报社记者古国歌作为叙述人。在记者与杨红旗之间不仅存在一种时代的区隔,更有一种阶级的界限。当记者逐渐了解杨红旗求表扬的动机以及亲自看望其父亲之后,1950—1970 年代的历史记忆也进入并改变了记者的中产生活。面对被奖状所包围的、躺在床上即将去世的父亲杨胜利——影片用摇镜头和头顶的圣光使得这个社会主义时代的劳模如同圣徒一样,记者古国歌受到了强烈震动,从此,中产生活被打断并受到怀疑,这种怀疑导致记者从中产阶层的核心家庭中出走,只身一人来到天安门(这一古老皇权与现代革命典礼的耦合之地),并意外地在故宫里"看到"杨红旗幸福地推着死去的父亲(父亲露出灿烂的笑容)。

这些讲述英雄故事的主旋律,尽管采取各种叙述策略弥合 1950—1970 年代与当代历史之间的断裂,但是从乔安山、杨红旗到刘思成,

---

① 人民日报评论员:《走向复兴的六十年征程》(庆祝新中国成立 60 周年之二),《人民日报》2009 年 9 月 22 日。

这些背负着1950—1970年代父辈精神的人物却呈现为某种与现实格格不入或病人的状态。这种病态正好满足了当下社会想象1950—1970年代的两种方式,一方面,那是一个遭受迫害、变态、压抑和布满伤痕的时代,另一方面,那又是一个善良、纯洁、浪漫和充满激情的时代。前一种形象出现在1980年代,是对革命历史及其实践的反思,后一种形象出现在新世纪以来,是一种革命历史的重塑。在这种大众文化的怀旧氛围中,1950—1970年代被纯洁化和无害化,观众就如同《求求你,表扬我》中的记者一样,感动于那个美好而纯真的时代。这些影片直接或潜在地预留出一个理性的、富足的中产阶层的视野,不仅试图提供一种把1950—1970年代的一些有益价值转移到当下社会中来的方式,更重要的是赦免了1950—1970年代诸多的历史罪恶,那个时代如同美好、纯洁而又心地善良的童年①。

三、询唤新的历史主体

从这些文本中可以清晰地看到,曾经在1980年代被共享的国家与个人的对立、国家与资本的冲突、主旋律与市场的格格不入开始弥合起来,就如同《建国大业》的出资人是中影集团,国家/资本/明星/艺术家以新的形式共享着同一个舞台。主流意识形态不再是一种可以被指认的外在的灌输,而是一种由衷的认同。这种主流意识形态的出现,还体现为建构并询唤着新的历史主体。

如果说在1950—1970年代及其左翼历史的叙述中被革命动员的人民占据着历史主体的位置,同时也是被压迫者、被剥削者的位置,那么这种主体在1980年代的新启蒙叙述中重新被改写为前现代的、需要被启蒙的主体,就如同《鬼子来了》中的马大三、《斗牛》中的牛二,面对日本侵略者,不再是抵抗的人民,而是愚昧又狡黠的农民,现代化的动力及目的在于把这些前现代的主体启蒙或改造为一种现代的主体,这也许就是新的主流意识形态试图呼唤的主体位置。比如在2009年4月

---

① 关于1950—1970年代被想象为一个纯洁的、单纯的年代,还有一个有趣的例证,就是中央电视台少儿频道的《童心回放》栏目专门放映1950—1970年代的电影,在这里,"童心"并非栏目现场小观众的童心,而是其主持人张泽群和每期的推荐嘉宾(大多都是"50后"、"60后")的童年记忆,这些故事片连同那个年代构成他们无限美好的童年记忆,或者说,1950—1970年代是这些"50后"、"60后"的"童心"博物馆。

放映的《南京！南京!》中选择一个日本士兵的角度来叙述南京大屠杀，已经改写了从中国人作为被砍头者的位置来叙述抗战及近代史的位置，中国导演可以想象性地占据这样一个现代主体的位置，恐怕与大国崛起及复兴之路的中国有着密切关系。

无独有偶，在最近几年的大众文化中，流行着一种关于狼的寓言①。如果说在1950—1970年代及其近代遭受西方列强的近代史叙述中，被吃掉的、受伤的羊是中国的自我想象，而狼则是一种外在的威胁和他者，那么新世纪以来，狼已经开始由这种外在的他者变成一种自我的表述（如《狼爱上了羊》、《披着羊皮的狼》），甚至狼性成了一种自我想象（如《狼图腾》及其产生的狼性管理学）。还可以再进一步联系新世纪以来获得高额票房的中国大片几乎都在讲述同一个故事，就是反抗者如何放弃反抗认同于最高权力的故事，对于王位的争夺不仅成为唯一的情节动力而且反抗者必然失败（如《英雄》、《满城尽带黄金甲》、《夜宴》、《投名状》等）②。再加上这些年热播的革命历史剧（如《激情燃烧的岁月》、《亮剑》、《狼毒花》等）中所塑造的具有传奇色彩的草莽英雄，既是胜利者，又是成功者。这种刽子手/现代主体、狼、王、强者的位置有助于建构着一种新的历史主体。

这种主体想象有效地倒置了1950—1970年代及其革命史中的主体位置，完成了从革命主体到现代主体的转换，并抹去了革命主体对于现代性暴力及压抑的内在批判。而这种现代主体的确立无疑与对"大国崛起"的世界历史的叙述是吻合的，不再是广大的第三世界、亚非拉受到全球资本主义剥削、欺压的历史，而是从昔日到今日的西方列强探寻自我崛起的成败史。这种既渴望晋身大国俱乐部，同时又担负着民族伟大"复兴"的双重镜像，给一种新的主体预留了恰当的位置。

---

① 陈建华：《狼来了：新世纪中国的价值转向》，香港《二十一世纪》2010年10月号总第121期。

② 戴锦华：《百年之际的中国电影现象透视》，《学术月刊》2006年第11期。

第五节 "重写历史"与缝合1980年代

一、20世纪中国的历史想象

"重写历史"是1980年代典型的文化景观,不仅有"重新文学史"、"20世纪文学史",而且中国古代史、近现代历史以及世界史都发生了重要的改写。在某种意义上,1980年代关于中国的自我想象和定位正是通过"重写历史"的工作来完成的。如果放在20世纪中国学术史和文化史的背景中,1980年代并非唯一"重写历史"的时代,可以说"重写历史"是中国20世纪现代性的基本特征,对于"历史"尤其是线性历史的认知也正是中国被动或主动卷入现代性的表征。与西方现代性内部的古今之争不同的是,古代(传统、过去)/现代的时间意识只是中国现代性的一个维度,同时产生的另一个维度就是中国/西方的空间区隔,这种"古/今、中/外"的时空意识成为20世纪中国在不同时代确认自身位置的重要坐标。在这种彼此交错的时空平面图中,中国并非始终像五四或1980年代那样处在"传统"/"非西方"的位置上(暂且不讨论这种五四与1980年代的历史对接来自于1980年代特定的历史隐喻),在传统/现代与中国/西方的二元坐标中还有第三个维度,就是在共产国际影响下的中国革命(某种程度上说,这个维度自五四作为中国现代原点的叙述起就已经存在,并延续至今)。正是这第三个维度,使得中国在20世纪二三十年代中国社会性质大讨论之后,处在反封建主义(反传统)、反帝国主义(反现代)的悖反空间中,这种混杂的空间位置成为中国现代性的基本经验。在反现代中追求现代性,在反传统中重建传统,恰如作为现代核心空间隐喻的城市/乡村在中国革命叙述中处在混杂的状态,也如来自外部的革命者既是反封建的启蒙者,也是对现代主义激烈批判的反启蒙者,这种空间位置尤为体现在毛泽东关于"洋为中用"、"古为今用"的辩证论述中。

中国革命的展开始终伴随着对中国古代史、近现代历史以及世界史的讨论,从20世纪二三十年代关于中国社会性质大讨论尝试用马克思主义历史观来书写中国历史,到新中国成立后对于古代史、近现代历史分期的讨论，以及"文化大革命"也涉及如何把中国历史书写为阶级斗争的过程。与从现代性的时空角度来重写中国历史不同（如五四时期关于现代的肯定与对"传统的发明"同时出现），中国革命尤为需要不断地"重写历史"，因为现实的革命行动与实践正是建立在对特定历史的认识和把握之上。这些对于中国历史及社会的认识也始终伴随着重建、重构历史主体的工作，如果说 1920 年代末期关于中国社会性质的讨论涉及中国革命的任务与方向，那么对于工人阶级、农民的不同理解则决定着中国革命的根本性质（是社会主义革命，还是资产阶级民权革命），而 1950—1970 年代社会主义历史实践的任务则在于确立以工农兵为代表的人民作为历史动力的主体位置。如果把这种"重写历史"及其确立人民主体的书写方式作为中国革命的基本表征，那么 1980 年代所展开的"重写历史"则是把三元或立体维度中的中国历史重新放置在现代性时空坐标的二元平面的过程，中国仿佛又回到那样一个现代性重新开启的时段，中国被还原为一处传统的、非现代的"黄土地"空间，处在这个前现代空间中的主体则由曾经被革命动员的人民重新变成了需要被改造和启蒙的前现代主体。

  1980 年代在现代性视野下的"重写历史"基本上呈现的是一个断裂的历史，传统/现代、中国/西方、革命/现代、1950—1970 年代/1980 年代等处在内在冲突的状态，这种状态导致中国主体处在一种悬浮（如先锋派文学所提供的是一种"没有地点和空间"的世界主义想象）和悖论状态（如寻根文学处在"寻根"与"掘根"之间）①。那个曾经在 1950—1970 年代的文本成为叙述及情节动力的革命者以及被革命者所唤醒的、抵抗的人民在 1980 年代的诸多作品中处在游离和缺席的状态，这就造成在八九十年代的历史叙述中，占据主体位置的是愚昧而狡黠的农民或原民，一群类似于早期鲁迅笔下的"庸众"和被砍头者，如电影《红高粱》（1987）、《老少爷们上法场》（1989）、《鬼子来了》（1999）等主角最终走向了刑场，而在革命叙述中，这些 1980 年代以来被砍头的人民同时也是反抗的主体。更具症候的是，在 1990 年代关于中国历史尤其是革命历史的叙述往往使用西方人/他者的叙述角

---

① 关于 1980 年代中国主体位置的讨论，可以参考贺桂梅《"新启蒙"知识档案——1980 年代中国文化研究》（北京大学出版社 2010 年版）一书中的相关章节。

度，中国在他者的目光中呈现为一个女人，如电影《红河谷》（1996）、《黄河绝恋》（1999）、《红色恋人》（1999）等。可以说，这种被砍头和被观看的位置是改革开放以来中国主体位置的基本特征，在这种"被动"的主体位置中，一种"中国人"或"中华民族"的主体想象开始出现。

二、重构世界史

新世纪以来，随着中国经济的崛起出现了一种大国（和平）崛起及"复兴之路"的宏大叙事。早在 2007 年金融危机爆发之前，"中国崛起"、"北京共识"就成为海外学者讨论的话题，在中国学界内部也出现了关于"中国经验"、"中国模式"的讨论①。暂且不讨论这种海内外学术界的互动与主流意识形态建构之间的复杂勾连②。《大国崛起》（2006）和《复兴之路》（2008）被作为姊妹篇先后采用 1980 年代特有的电视政论片的形式，由中央电视台制作完成。《大国崛起》不仅把 15 世纪以来的资本主义全球化的历史解读为一种以民族国家为基本单位的"大国的崛起与衰落"的历史，而且在后"冷战"的背景中重新把苏联还原为"俄罗斯"放置到西方列强的队列中。专题片重点叙述这些曾经在西方称霸的国家是如何走向强盛并逐鹿世界的历史，使得当下正在走向"和平崛起"的中国这一昔日的帝国如同现代历史上不断更迭的

---

① "北京共识"、"中国模式"、"中国崛起"基本上在 2004 年前后由海外中国观察家提出，随后引起国内学者越来越强有力的呼应，尤其是伴随着 2008 年北京成功举办奥运会，关于有没有"中国模式"的讨论也渐入佳境，尽管有着截然相反的判断（中国拥有独特的发展之路或中国走的是蹩脚的西化之路），但是中国经济无疑正在改写全球政治经济版图。参见黄平、崔之元主编《中国与全球化：华盛顿共识还是北京共识》（社会科学文献出版社 2005 年版），黄平、崔之元等编《中国模式与"北京共识"：超越"华盛顿共识"》（社会科学文献出版社 2006 年版），潘维主编《中国模式：解读人民共和国的 60 年》（中央编译出版社 2009 年版），郑永年《中国模式经验与困局》（浙江人民出版社 2010 年版），等等。

② 中国究竟有没有特殊的"中国模式"、"中国经验"还存在争议，只是这种对中国历史及现实的批判性分析往往很快被挪用或吸纳为主观观点。正如反思欧洲中心主义历史观的作品，如德国学者贡德·弗兰克的《白银资本——重视经济全球化中的东方》、美国学者彭慕兰的《大分流——欧洲、中国及现代世界经济的发展》、意大利世界体系学者乔万尼·阿里吉的《亚当·斯密在北京》等，某种程度上也可以拿来支撑中国走向"复兴之路"的论述，甚至出现这种看法，即便欧洲进入现代时期，中国依然占据世界经济的中心位置，仅仅在 1840 年以来遭遇短暂的挫折，如今又将恢复到旧日的荣光。

大国一样面临着诸多历史的机遇与挑战。在这部充满了启示录色彩的大国兴衰史中，民族国家这一伴随着现代资本主义世界体系而发明的政治形式成为历史叙述的主体，伴随着大国兴起而产生的内部掠夺和海外殖民的残酷与血污则被大大削弱。至此自新时期以来不断强化并被大众文化所分享的关于世界史的想象终于从亚非拉、第三世界的视野完全转向了第一世界、发达国家的强国史，不再是西方近代资本主义历史"每一个毛孔中都滴着血"，而是西方列强兴盛的荣光与失败的悲情。

　　这些大国基本上与侵略中国的八国联军和当下的富国俱乐部G8集团相吻合，大国的衰落只是相对位置的转移。自近代资本主义全球秩序形成之后，这些大国始终处在发达国家的行列。这与1980年代中后期曾经产生轰动效应的电视政论片《河殇》形成了有趣的呼应。与《河殇》相似的是，《大国崛起》、《复兴之路》继承了1980年代关于近代资本主义就是"走向现代"、"进入海洋"、"拥抱蔚蓝色文明"的历史叙述。但与之不同的是，这种对海洋文明的再度肯定却实现了与1980年代完全相反的意识形态效果。《河殇》在呼唤蔚蓝色文明的同时对中国上下五千年至近现代及当代的历史进行了彻底的自我否定，因为相比具有开放、勇敢、拓荒精神的"海洋时代"，内陆中国则是封闭、落后、静止的"黄土地"。而《大国崛起》及《复兴之路》则在探寻大国兴衰史的经验与教训中，把当下中国镶嵌到或接续到西方原发现代化国家（如西班牙、英国、法国等）及后续加入的成功者（如德国、日本、俄国、美国等）的行列之中。如果说《大国崛起》为中国近30年改革开放的历史提供了资本主义/现代化的全球视野（只有实现了工业化即加入全球资本主义体系才能走向国家富强），那么《复兴之路》则把1840年以来中国遭遇的屈辱史书写为不断学习现代化并最终实现了现代化的历史。在这个意义上，《大国崛起》与《复兴之路》是以现代化为标杆和以民族国家为主体的世界史叙述的产物。不过，有趣的症候在于，这种追求现代化的"大国崛起"之路却要被描述为一种历史的"复兴之路"，这种近百年来所要实现的中华民族的伟大复兴具体又指的是什么呢？也许2008年盛大的奥运会开幕式提供了适当的答案。

三、"复兴之路"的历史功效

2008年夏天北京奥运会开幕式被作为中国向世界展现自我的舞台,在这个舞台上,中国被作为全球注目的焦点。在自我叙述与世界目光的双重凝视中,中国并没有被呈现为一处现代化的都市景观,反而被叙述为拥有悠久文明、尽享礼仪并以和为贵的盛世之邦。开幕式上不仅有千人击缶而歌、齐唱《论语》的圣人之道,而且还借助高科技显示屏的卷轴画上呈现琴棋书画等文人雅趣,再加上兵马俑、方块字、海洋船队等"中国"传统元素。这些华丽的布景和宏大的表演方阵如同盛世的皇家盛宴。选择灿烂辉煌的中华文明作为情节主部,既吻合于西方对于东方这一古老文明的神秘想象,也暗合着当下中国人的自我期许。从事后的创作专题片中,可以看出以张艺谋为主的创作团队曾经在如何呈现中国现代历史以及当下历史与主管部门产生了分歧,在这种中国作为世界唯一的延续至今的古老文明的叙述中很难放置或接续现当代中国的历史。最后的折中方案只好采用在钢琴伴奏下所进行的和平鸽、太极拳表演来比较抽象地呈现了当下以及未来中国的场景。在这辉煌的古代盛世与清新、和谐的当下生活中,不仅1950—1970年代及其革命历史表象和符号缺席,而且1840年以来中国遭遇近代的血迹斑斑的屈辱史也没有呈现。也许对于如此盛大的庆典,这些略显不谐与悲情的历史成了一段无法被言说、很难被具象化的历史。正如研究者所指出的:"在这种'文化中国'的表述与举办奥运会的国家行为之间,被刻意抹去的或无法被表述的,正是现代中国历史与作为'大国'崛起的当下中国之间的关联。"①

这种中国近现代历史在奥运会开幕式上的缺席正好被2009年国庆大典的重头戏大型音乐舞蹈史诗剧《复兴之路》所填充。该剧自觉地延续1964年《东方红》、1984年《中国革命之歌》的脉络,这样三部带有革命庆典意味的演出形式具有诸多相似之处,即都把中国革命放置在1840年以来近代史的脉络中来叙述,这种叙述最为重要的源头是

---

① 贺桂梅:《看"中国"——中国大片的国际化运作与国族叙事》,参见2009年6月"华语电影与国族叙述"国际学术研讨会的会议论文。

1949 年毛泽东为中国人民英雄纪念碑写的碑文①。对于《复兴之路》来说,"复兴之路"的表述来自于 2008 年纪念党的十一届三中全会的会议中把改革开放作为与 20 世纪所发生的辛亥革命、新民主主义革命和社会主义革命相并列的第三次革命,"改革开放这场新的伟大革命,引领中国人民走上中国特色社会主义道路,向着中华民族伟大复兴前景奋进"。简单地看,三部史诗剧已经发生了重要的改写,如果说《东方红》从人民作为历史主体的角度把近现代历史书写为一部反抗史、革命史,《中国革命之歌》则更凸显中国近代所遭受的屈辱与诸多挫败,以一种失败的悲情来映衬新中国成立后尤其是党的十一届三中全会之后的繁荣富强,那么《复兴之路》则采用一个国家/民族的视角把近代史叙述为从国破家亡到走向国家崛起的历史,这是一段中华民族由辉煌灿烂因遭遇外辱(不是内部原因)而衰败再走向繁荣的伟大复兴之路。在《中国革命之歌》中被一笔带过、语焉不详的"文革",在《复兴之路》中被重新纳入,"不回避、不渲染'文革'"成为这次演出的亮点②。曾经被作为空白的及其断裂的历史终于可以缝合进 1840 年以来的复兴之路中。在这个盛大的舞台上,得以串联起每一个历史转折年代的固定修辞就是"土地"、"江山"、"家园"和"田野"。开场字幕引用艾青的诗句"为什么我的眼里常含泪水,因为我对这土地爱得深沉",序曲演唱《我的家园》,第一章是历史老人吟诵《山河祭》(1840),第三章"创业图"以歌曲《我们的田野》开始(1949),第四章"大潮曲"演唱的是《在希望的田野上》(1978),可以说这些自然化的土地意向成为民族国家认同的基本元素。在这样一个没有敌人和他者的舞台上,"历史老人"、被践踏的母亲、打工者成为不同时期承载民族国家叙述的主体。另外,在人民大会堂上演的《复兴之路》也吸收了许多"80 后"作为主创人员,自从 2008 年"80 后"护卫圣火以及奥运会期间"80 后"以志愿者、运动员的身份参与到国家活动之中,这种被消费主义、个人主义喂养的独生子女的一代终于可以摆脱

---

① 人民英雄纪念碑的碑文如下:"三年以来,在人民解放战争和人民革命中牺牲的人民英雄们永垂不朽!三十年以来,在人民解放战争和人民革命中牺牲的人民英雄们永垂不朽!由此上溯到一千八百四十年,从那时起,为了反对内外敌人,争取民族独立和人民自由幸福,在历次斗争中牺牲的人民英雄们永垂不朽!"

② 《文化部长蔡武:〈复兴之路〉不回避文革》,凤凰网,2009 年 9 月 12 日。

"恶名"而有效地参与到一种国家的叙述与行为当中。

这种"大国崛起"、"复兴之路"等新一轮关于中国/世界近现代史的重写,不仅使得上下五千年的历史由现代之初、左翼叙述及1980年代的"超稳定结构"中的封建、没落、压抑的"吃人"及铁屋子式的历史(这种历史曾经在1980年代被作为现代化的悲情动员)转变为辉煌与盛世的文明,而且血迹斑驳的、不断被延宕的、滞后的近现代史也变成了伟大的复兴之路。中国开始呈现为一种作为民族国家的"现代主体"的位置,一个拥有悠久历史和传统,并在近代遭遇现代化的历史中逐渐实现了现代化的新主体的历史表述。在这个意义上,1980年代并没有在八九十年代之交落幕,仿佛直到新世纪第一个10年终结之处,那份笼罩在1980年代的现代化/新启蒙论述才"开花结果"。如果说1980年代是一个强调历史断裂的时代,那么新世纪以来"重写历史"则是把断裂的历史重新缝合起来,把曾经激烈对立的传统/现代、革命/现代、中国/西方等弥合起来,恰如1980年代的文化名人甘阳在2005年提出"孔夫子的传统,毛泽东的传统,邓小平的传统,是同一个中国历史文明连续统"的说法(即新时代的"通三统")[1],这种论述如果放置在1980年代的语境是很难想象的。在这些"历史重写"中,一种新的历史主体开始浮现出来。

---

[1] 甘阳:《通三统》,生活·读书·新知三联书店2007年版,第6页。

第二章 公民社会的想象与社会主体的置换

1990年代，随着市场化改革，大众媒体在当下社会发挥着越来越重要的功能，这与其说是哈贝马斯意义上的"公共空间"出现的标志，不如说是大众传媒成为建构意识形态的重要场域。本章主要围绕大众媒体与新闻事件来展开讨论，呈现媒体再现背后的权力关系。第一节对大众媒体用"爱的奉献"、公民社会等话语方式来报道汶川大地震的文化阐释，这些新的话语成为主流文化重建的有机组成部分；第二节是分析新闻报道是如何想象社会主体和客体的；第三节是以《南方人物周刊》的一期报道为例，呈现中产阶层主体建构的过程；第四节是关于金融危机时代蚁族与新生代农民工"进不来，回不去"社会位置上的阐析；第五节是通过对"12·4法治晚会"的分析来看法律在当下社会语境中所具有的整合功能。

第一节 关于汶川大地震的媒体表征

"汶川大地震"已经过去多年，关于这次抗震救灾，媒体与国家如此亲密无间的合作，可以说达到了非常成功和有效的动员效果，尤其是地震后不久中央电视台举办的大型直播晚会"爱的奉献"（2008年5月

18日)①,把这次"众志成城、抗震救灾"的情感动员推向高潮,从最高国家领导人把人的生命放在最高位置,到一次次地出现生命的奇迹,坐在电视机前的观众无数次地经历着悲喜交加的情感洗礼。抗震救灾的口号有:"天地有大爱,人间有真情"、"只要人人献出一点爱"、"明天更美好"、"地陷天不塌,大灾有大爱"、"一方有难,八方支持"、"只要人在,就不怕没有希望"等,从国家领导人、解放军、医疗队、媒体人、国际救援队,还有无数的企业、个人捐出善款,一切都无需动员,我们看到了人们的自觉与自发,并且这种自觉性不只发生在国内,"全世界"都以直接或间接捐助的方式参与到对灾民的关爱和救助之中。在这个过程里,一方面可以感受到各级各种国家机器运行得如此流畅,另一方面感觉到"企业家"、"普通市民"如此之高的自觉捐献的热情,一切都是这么自然、这么恰当。"爱的奉献"成为危机时刻的最大共识。

如果稍微拉开历史的纵深,回到新时期初期关于人道主义、异化的争论还被作为一种资产阶级自由化的标志,那么近30年之后,这种话语已经不知不觉地成为整个社会唯一具有整合力的话语。在这种"爱的奉献"的感人画面中,救助者是如此地尽心尽力、无私奉献,被救助者又是如此自觉地说出"谢谢"、"感谢",连1990年代以来借助"冷战"想象不断地制造人权话题来指责中国或中国政府的西方媒体(尤其是发生中国与其他国家的贸易摩擦时)也几乎找不出任何质疑的空间,就在地震发生前不久(2008年3月14日)因西藏问题而出现的

---

① 2008年5月12日14时28分"汶川大地震"之后,中央电视台15时就开始了24小时不间断直播,其他电视台也陆续举办了各种赈灾晚会,如,5月15日19:30,湖南卫视、湖南经视联合直播《爱心总动员——我们都是一家人》;5月16日20:00,湖南卫视直播第二场《爱心总动员——真情相守、共度时艰》;5月16日20:00,深圳卫视直播《抗震救灾 深圳有爱》募捐晚会;5月16日20:00,河北卫视举办《我们在一起——燕赵儿女情系灾区赈灾义演》大型直播晚会;5月17日晚,广东卫视举办《川粤同心,众志成城——广东省抗震救灾义演晚会》;5月17日19:30,重庆卫视规模浩大的《我们是一家人》5·12赈灾义演;5月17日,东方卫视直播《血脉相连、众志成城——上海市社会各界赈灾文艺晚会》、《加油!2008特别节目——紧急赈灾总动员》等多台抗震救灾主题晚会;5月18日,香港TVB《众志成城抗震救灾》;5月18日晚,中央电视台《爱的奉献——2008抗震救灾大型募捐活动》(共募得15.14亿元);5月19日,江苏卫视举办《众志成城,唱响爱》的赈灾义演晚会;等等。见《赈灾节目很快很及时》,《南方都市报》2008年05月24日。

"反华"大合唱也瞬间瓦解，日本、美国、俄罗斯、英国等国家纷纷伸出援助之手。可以说，借助这次救灾，国内变得空前和谐，国际环境也暂时逾越了"冷战"想象，中国终于成为"世界"大家庭的一员，"世界"变得如此和谐!？

一、谁的爱，奉献给谁

在这次抗震救灾中，我们看到了志愿者或民间社会的力量和作用，民众自发的救助是如此"强大"和自觉。这次救灾的动员效应绝不仅仅是政府自上而下的宣传，而是体现了城市市民或说中产阶层的自觉的慷慨解囊，一种以人道主义为主体的道德自律如此自觉地被调动起来，不由得感受到中国市民社会的强大力量，如果说2005年超女比赛通过娱乐选秀想象"拇指民主"的实践，那么这次救灾可以很清晰地感受到中产阶层市民强烈的责任感和道德感。这种道德感并非此时此刻才被激发出来的，近些年来，在媒体上不断地看到关于救助弱势群体的公民行动，如被广泛报道的对贫困大学生的资助和对残障人士的救助（一种因生理而不是社会造成的弱势，如同地震作为自然灾害更容易免除"社会"责任一样）。其中，一个引起广泛争论的事例是，被救助大学生没有把捐款用作读书，反而去开公司创业，捐赠者向大学生"索要"善款和道歉。从这里可以看出，被捐助者应该有"自觉"地向捐赠者感恩的意识，这不仅是一个献出自己的爱心去帮助别人的时代，也是一个被救助者要时刻感谢"恩人"及社会的时代。而关于这次救灾捐款，在网络上讨论最多的是哪些企业捐了多少钱，哪些企业没有捐钱，在这里"富而有礼"获得了最佳的体现。对于那些没有捐款或捐款较少的知名企业家（如王石遭遇捐赠门）则被指责为"为富不仁"。在不断增长的捐款数额里，"为富仁"就获得了道德正义性，在这种以金钱为唯一指标的人道主义救助中，阶级的问题得到了想象性解决。这种社会救助的大合唱试图面对和解决1990年代中期以来中国急剧分化的阶级事实，贫穷与富裕的问题被转移为富者如何救助穷困者的问题，慈善和大爱精神已经成为当下的社会共识。

"爱的奉献"作为一个名词性短语，如同1990年代中期国企改革攻坚战中出现的社会文化表述"分享艰难"一样，非常巧妙地通过回避主体与客体的位置来构造一种霸权表述，比如"分享艰难"并没有说出"谁"分享"谁的"艰难,"分享艰难"不言自明地具有主体和客体,但是这个短语本身却把市场化进程中被剥夺者(下岗工人)承受国家改革代价的问题(也常常被描述为转型期的"阵痛")转化为让"人民"来分享"国家"艰难的一种有效询唤。"爱的奉献"也是如此,"谁的"爱奉献给"谁"是不需要说出的前提。如果说后者/客体是灾民,那么前者/主体又是谁呢?是你,是我,是他,还是电视机前的观众?"爱的奉献"恰恰要空出这样一个主体位置等着你、我、他来由衷地填充(恐怕很少有人把自己放置在被救助者的位置上)。在这种道德抚慰中,我们无需追问"地震"发生得合不合理。当然,如果是自然灾害,就更不需要去追究社会的责任。"爱的奉献"把无法抗拒、无法预测的"地震"转化为"人间自有真情在"、"大爱无疆"的温情舞台。有效的意识形态不是不让人看见,而是让"黑暗"的、有威胁的力量以某种方式显露出来,然后再用安全的方式来驱逐"黑暗",现在的"驱魔术"最有效的一个,就是"人人"都点亮一盏灯可以少一点黑暗。"爱的奉献"与其说在告慰灾民,不如说在抚慰我们自己。可是,人人都是奉献者,这里的人人真的是全部吗?这种中产阶层道德依然是有边界的,从电视中可以清楚地看出,所有献爱心的人都是市场内部的城市市民,农村/农民依然在这种市民空间的想象之外,也就是说农村/农民不在捐款、不在献出爱心的共同体里面。他们之所以被排除在外,是因为农村还没有被市场的逻辑吸纳、在市场之外,尽管市场已经对农村虎视眈眈了。或许有一天,市场把所有的外部都吞没了,但悖论的是,市场永远需要一个外在的他者,以前是殖民地、女性、黑人,现在这些都被"解放了",乡村、欠发达地区、家庭依然充当着市场的外部,为市场提供原料/劳动力。

追溯《爱的奉献》这首歌曲的诞生,是在1989年春节联欢晚会上,《爱的奉献》由当时实力女歌星韦唯为著名围棋大师聂卫平姐姐家的保姆演唱的。名人家的外地保姆不幸身患绝症,歌曲以号召现场观众和社会各界给她捐钱。这里的被救助者是保姆,捐款者是保姆的"主人",捐助与被捐助者的权利以及阶级位置已经很清楚了(相比"为了六十一个阶级兄弟"这一社会主义时代的经典文本①，同阶级的兄弟情谊已经转变为主人与保姆的"和谐相处"）。联系到最近几年的感恩教育，显然爱的奉献也不是无私的奉献，捐献者捐助的是"恩情"，因此被捐助者应该懂得"报恩"。这种感恩的话语一次次从废墟里救出来的孩子、妇女口中说出（孩子、女性依然是更感人的弱势者的代表，在媒体宣传策略中也更为有效），尤其是在中央电视台《爱的奉献》晚会现场，来自灾区的孩子要求刚刚联络上的已经脱险的父亲，一定要去做志愿者，去帮助更多的人，确实是最感人的场景之一。在这里，可以反思一下"志愿者"为什么会成为一种有效的身份认同，"'志愿者'是英文 Volunteer 的中文译法，也被译做'义工'。志愿服务起源于 19 世纪西方国家宗教性的慈善服务，在世界上已经存在和发展了 100 多年。核心精神是'自愿、利他、不计报酬'"、"志愿者概念从 1980 年代引入中国，并以 1993 年 12 月 5 日中国青年志愿者协会的成立为标志性事件"②，这些说法显然更强调志愿者服务的西方源头以及中国与世界接轨的标志。不过，与人们的文化记忆更相关的是，"志愿"所引起的联想是抗美援朝时的"中国人民志愿军"，是入党、入团志愿书中所填写的"我志愿加入……"而中国志愿者网上查到的关于志愿者服务精神的实践者是雷锋精神和白求恩的国际主义精神。这种志愿者精神与其说是雷锋和白求恩精神在志愿者服务中的延续，不如说借助志愿者服务这样一个词汇把雷锋精神中的共产主义战士的道德典范和白求恩的国际主义精神转化为一种人道主义叙述。"我志愿"中志愿是一个动作，加上"者"这个助词就变成了名词，"我志愿"的对象就消失了，我志愿做什么不重要了，"志愿者"是"志愿"的名词化，同时也是志愿的对象，即"我志愿成为志愿者"，"志愿"本身就是"志愿"。

---

① 在《〈为了六十一个阶级兄弟〉真相》（马斗全，《南方周末》2003 年 7 月 3 日）的解密文章中指出，"当年作为反革命分子而被枪毙的投毒犯张德才，投毒的真正动机原来不是破坏社会主义事业，而是出于报复的目的"、"在家喻户晓的'六十一个阶级兄弟'中，其实有不少是地主富农子弟，还有个别是反革命家属……但为了突出'阶级兄弟'的概念，这些出身不好的人的家庭成分均被填作下中农或中农，暂时享受了'阶级兄弟'的待遇"。暂且不管这篇"解密"文章的真实性，文章本身所要解构的恰恰是"为了六十一个阶级兄弟"的"阶级情谊"，这从反面可以看出，"阶级情谊"也是一种特定意识形态话语的产物。

② 《什么是志愿精神？》，南方网，2005 年 9 月 15 日。

这种"爱的奉献"的话语成为一种霸权表述,不在于作为准中产阶层主体的城市市民被这种话语所整合,而在于这种意识获得了其他阶层尤其是被统治阶层的由衷的、发自内心的认同,这正是文化霸权的威力,使人们意识不到或不能马上就意识到这是某个阶层的诉求。也许"爱的奉献"的晚会很空洞,但从另一个角度来说,能指越空洞越具有包容性。下面笔者试图从两个方面来论述"爱的奉献"所预留出的主体位置是如何被非中产阶层的底层民众以及作为中产阶层预备军的"80后"所分享的,以说明这种话语所具有的文化整合力。

网络上有一篇关于"非震区灾民"的帖子①,是一个工厂的工人(对于作者是不是这个身份,网友有所质疑)为自己没有捐款而感到愧疚,非常自责地说"我是不是值得鄙视"。没有去捐款的原因有这样几个:一是厂门口的捐款箱无人问津,作者也不愿意"露风头",因此,"心里却一直有点疙瘩,觉得自己好像做了一件错事,一直在受良心的谴责";二是为了平复自己的良心,同时又不想在同事中显得"另类",就必须"坐公交车到很远的沃尔玛超市门口的红十字会捐款箱",考虑距离的原因,作者也没有去;三是或许也是对作者触动最大的一个原因是,他看到灾民的伙食"标准"(暂且不说事实是否如此)比自己这间工厂的正式工人还要高,"灾民一天的生活费比我两天的还多"。考虑到这些原因,作者没有去捐款,因此,"我一直觉得心里很纠结,不捐钱好像欠了谁的。难道我不是一个善良的人吗?我也曾自愿地跑到血站去献血。我为大灾流了无数的眼泪。"或许,把这些难言之隐写出来可以缓解自我内心的自责,而求得原谅本身也是自我赦免的一种方式。读这样一个"故事",我觉得有点震惊,发帖人如此强烈地自责和自省意识究竟是如何形成的呢?是什么对这个帖子中的工人造成如此大的愧疚感呢(帖子的叙述很像宗教忏悔,说出自己罪过的过程也就是获得或求得赦免的过程)?帖子的第一句话是:"第一次在电视上看到灾情,我吃了一惊,继而看到救灾,感到安慰与感动,每每在电视前泪流满面",电视以及电视中的灾情和救灾使作者感受了一种捐款的压迫感和情感的强制力。从这里也可以看出,电视/传媒在这次抗震救灾中所

---

① 乡下小妖1979:《大灾了,我流了很多泪,没有捐一分钱,大家来鄙视我吧》,天涯论坛,2008年5月23日。

发挥的巨大而成功的动员或询唤效果,"不捐款就会造成良心自责"(或许不需要网友对富豪的"逼捐",普通人也自觉地有道德压力)。而问题的有趣之处在于,这份自责来自工厂的工人,按照作者的叙述,仅从灾民的伙食对比中,就可以看出他是比灾民更"灾"的群体(为什么会如此呢?工人阶级从受社会主义体制保障的准城市中产阶层在十几年市场化改革中失去了历史的主体位置而跌落到社会底层①,尽管还有比工人更低的看不见的底层)。如果真是如此的话,帖子的叙述者本人应该也是被救助的群体才对,可是他(姑且把帖子的叙述者认作是一个男性吧,工人与男性的想象更符合社会常识,一般来说,在"工农兵"的群像中,工人和士兵是男性,农民则是女性身份)为什么偏偏没有意识到自己是需要被说明的人,反而为自己无法成为捐款者也就是去帮助别人而深深愧疚呢?这恰恰就是"爱的奉献"等人道主义话语自身所建构的主体位置,"只要人人都献出一点爱"、"爱的奉献"所强调的是"献出",而不是接受,作为奉献的接受者在这种叙述中是客体的位置,而不是主体位置。因此,帖子的叙述者为自己无法填充或满足这样一个必须"献出"的主体位置而深深地自责和焦虑,当他写出这些"忏悔"的时候,网友几乎都好心地回帖:"少捐点没有关系,心意到了就好了",这样的回帖应该可以使他获得些许安慰吧。

如果说"非震区灾民"因对这套话语的认同而自责,反而呈现了他从属于低阶层的身份,那么"80后"在这次抗震救灾中"终于"获得雪耻恶名的契机。"80后"作为一种获得承认的命名,经常是娇生惯养、自私自利、特立独行等负面形象的代名词,尽管以韩寒、郭敬明、春树等青少年作家为"80后"的代表首先在市场的意义上获得成功,姚明、刘翔等体育明星也被划归"80后",但是"80后"并没有能够摆脱不负责任的"温室里的花朵"以及被想象为中国的"垮掉的一代"②。"80后"作为一种代际命名,并非始作俑者,最早在文学杂志

---

① 工人阶级从受社会主义体制保障的准城市中产阶层在十几年市场化改革中失去了历史的主体位置而跌落到社会底层,参见汪晖《改制与中国工人阶级的历史命运——江苏通裕集团公司改制的调查报告》,《天涯》2006年第1期,第52～72页。
② 2004年2月,《时代》杂志将春树作为封面,把春树、韩寒、满舟和李扬这四个中途辍学、性格叛逆的年轻人作为中国"80后"的代表,他们被认为是中国的"垮掉的一代"以及嬉皮文化的代表。

中出现的是"70后"写作,随后才有"80后"的少年作家们,再往后,它被应用于对1980年代出生的一代人的描述,这种不断更替的代际划分本身是很符合1980年代的文化逻辑①。当然,1980年代又延续了五四以来对于新一代、少年、青年以及孩子作为拯救性或被拯救性力量的进化论式的想象(作为五四的重要文化表述就是孩子、少年是中国未来的希望,同时也是被拯救或被启蒙的对象,恰如鲁迅的名言"救救孩子")。在当下的语境中,"80后"基本上可以等同于青年人,自然或先然背负着国家/民族未来的意义。因此,无论是对"80后"的负面评价(恨铁不成钢),还是正面评价(成熟,就意味着担当),都是这种文化历史想象的产物。从另一个角度来说,经过1980年代对左翼文化的反思,作为历史主体想象的"工人阶级"、"工农兵"、"人民"等命名方式已然过时,"80后"或许成为填补1950—1970年代革命文化消失之后历史主体空白的一种可能方式。可是,"80后"是在"去政治化的政治"环境中长大并深受个人主义和消费主义的影响,"80后"更像市场意义上的个人(一种去政治化或非政治化的个人),普遍存在着一种政治/社会冷漠症。但是,通过这次抗震救灾,正如美国的《国际先驱论坛报》(2008年5月21日)所说:"四川地震固然是一场悲剧,或许它也带来了一些好处。它有助于消除一个偏见:中国新一代学生都是自私的物质主义者"②。"80后"不仅踊跃参与献血、捐钱、捐物,而且以个人或志愿者组织的形式赶赴灾区直接参与救灾,其中,以反叛学校体制而成名的小说作者、赛车手,同时也是最先获得"80后"命名的人物韩寒更是身先士卒,第一时间赶赴灾区(据说推掉了一些商业代言活动)。与这些"80后"的"明星们"毫不逊色的是,参加抗震救灾的解放军、武警部队、医疗队中也有许多是"80后","'80后'志愿者成为四川抗震救灾志愿者的中坚力量"③,教育部也对"80后"在抗震救灾中的出色表现给予表扬(尽管教育部把

---

① 戴锦华:《隐形书写——90年代中国文化研究》,江苏人民出版社1999年版,第131～135页。
② 《国际先驱论坛报:震灾改变人们对中国80后的看法》,《东方早报》2008年5月29日。
③ 《80后志愿者成为四川抗震救灾志愿者的中坚力量》,《成都日报》2008年5月21日。

"80后"的表现主要归功于校园里的政治思想教育)①。这种对"80后"的正面评价并非始于这次大地震,年初南方雪灾中,"80后"已经积极参与救灾,到了3月份"反藏独,护圣火"的活动中,"'80后'的爱国情"被极大地激发出来,包括海外的"80后"们。香港的《南华早报》称赞说"爱国主义重塑'80后'一代"②,"从'反藏独'大签名,到MSN'爱中国'红心大联合,再到'ANTI-CNN'网站的创建,这种团结意识、爱国情操和首创精神不禁让人对'80后'刮目相看、肃然起敬!"③ 有"'80后'领导全球爱国行动,中华后继有人"④的盛赞,在灾难中"80后"终于"长大成人了"、"'80后'终剥去'妖魔化'外衣:被赞已走向成熟与理性"。这种叙述的逻辑支撑是,备受指责的"80后"不过是未成年人(不懂事的小屁孩),而经历了某种"考验"/磨难,"80后"成为了法律、社会意义上的主体(有责任、有担当、有理性的人,准确地说是男人)。在一篇《成熟,就意味着担当》的帖子中,网友总结地震发生后"80后"的变化:

"变化一:以前不怎么看中央台一套;现在锁定CCTV1不换台。

变化二:以前心情为股票涨跌起起伏伏;现在恰好买的股票涨停,但就是兴奋不起来。

变化三:以前并没发现自己和周围人有多爱自己国家;最近发现自己其实爱死她了。

变化四:以前晚上有空就去逛街、和朋友泡吧、K歌;最近没这种心情了。

变化五:以前总觉得做白领好累、压力大,有很多事情要烦;最近发现还是关心灾情占了很多的时间。

变化六:以前很担心我们国家万一遇到类似70年前的日本侵略,会心不齐,没有凝聚力;现在发现自己是瞎操心。

变化七:以前和谁都客客气气;现在对不关心地震的同事,划开了

---

① 《80后抗震救灾中表现出色,教育部称对此有预期》,中国新闻网,2008年5月26日。

② 《香港〈南华早报〉:爱国主义重塑80后一代》,新华网,2008年5月7日。

③ 《80后终剥去"妖魔化"外衣:被赞已走向成熟与理性》,人民网,2008年5月7日。

④ 申富强:《80后领导全球爱国行动,中华后继有人》,凤凰网博客,2008年5月8日。

界限，觉得不是一路人。（读者可检验以上变化，看自己符合哪几条。）"①

这种成熟的"主体"是有具体所指的，就是一种"爱国情"，恰如"ANTI-CNN"网站的创建者所说："如果没有国家就没有我们的幸福生活。"② 如果说这种爱国情在3月份的"爱中国"红心大联合中还会出现被指责为民族主义的杂音③，那么到了抗震救灾，"80后"的爱国情就很少被指责为一种受到国家动员/煽动的民族主义情绪了。这种"80后"从"特立独行"的个人或个人主义姿态向有社会责任和爱国心的转变，是一种自觉和自愿的"成长"。这种主体位置的转移，与其说是一种阿尔都塞意义上"个人与社会的想象性关系"的调整，不如说是葛兰西的文化霸权又一次发挥作用的时刻。从这里可以看到，在危机时刻和危机动员的时代里，个体是如何被主动地、自愿地吸纳到国家、民族、祖国等认同之上的，就连被认为是在个人主义的养料中长大的"80后"也可以"轻易地"被"收编"，就像"志愿者"这样一个有着明确方向性的身份一样，"我"是自愿的。"80后"所表现出来的这种爱国主义热情，与其说是社会主义文化的遗产④，不如说更类似于美国式的建立在个人（英雄）主义基础上的爱国主义，这与"80后"在很大程度上是未来城市里的中产阶层的身份认同密不可分，因此，他们"自然"具有一种以人道主义为核心价值的中产阶层道德自律。

这种建立在人性、人道主义基础上的以捐款捐物为行动指南的意识形态性，不在于要求富人、有钱人、中产阶层去献出爱心，而是那些显

---

① 《成熟，就意味着担当》，《上海青年报》2008年5月26日。
② 《可敬的80后》，《人民论坛》第9期，2008年5月1日。
③ 民族主义成为一个负面修辞本身是意味深长的，作为以民族国家为核心单位的国际秩序，无论怎么说，民族主义都是其认同的基本或有机组成部分。如果说民族主义被扭曲成一种排外的、自我封闭的、乌合之众的代名词，那么如何讨论20世纪五六十年代出现的第三世界民族解放运动的合法性呢？或者说对民族主义的妖魔化本身，是不是对这段历史的一种负面书写的一部分呢？
④ "80后"主要以金字塔式的应试教育为基本经历，相对滞后的中学教育为"80后"打下了某些社会主义文化的印记，尽管可能是无效的。比如中学语文课本中基本上是现代和1950—1970年代的作品（有趣的是，在"80后"的语文教科书中，"文革"作品被剔除，"文革"前十七年的作品保留下来，而在21世纪的教改中，反而放入了革命样板戏片段，而把"文革"前十七年的作品基本上都删掉），因此，在进入大学之前，"80后"基本上在封闭、保守、集体主义的某种准社会主义氛围中度过。

然低阶层或非中产阶层的人们也要由衷地认同于这样一种叙述,并把这种叙述逻辑内在化,这也可以证明这样一套话语自身是如此地具有整合力和霸权效果。说到这里,就不得不进一步追问,究竟为什么这样一套老话语会"焕发出新颜",远的不说这套话语形成于19世纪,就连30年前刚刚在中国出现的时候,其意识形态性还昭然若揭,甚至被作为异端的思想①,但是,此时此刻已经很难再指认出它的意识形态性了。意识形态恰恰以非意识形态的方式才能有效运作,一旦露出意识形态的尾巴,也就离失效不远。如果说这套话语会如此有力而有效,恐怕与当下中国的社会结构的固化有关,如果说1990年代中期中国还处在阶层极速分化的过程,那么最近一两年,这种社会结构的分化已经完成,人们很清楚自己处在什么样的位置上,就像帖子中的工人,他分享了这种中产阶层的陈词滥调,同时他也从"新闻"中看到了自己实际上处在比灾民还要差的一种阶层位置上,但是他无法也不能对这种中产阶层话语提出什么异议或不同的视角,反而只能无间地把自己恰当地放在要去捐款的位置上。这种话语的有效性,不在于中国的中产阶层有没有形成,以及人数和力量究竟有多大,而在于中产阶层的价值观成为大众媒体所竭力建构的社会共识,中国虽然没有80%的中产阶层,但并不妨碍把中产阶层的价值观作为社会的主流价值,在社会阶级分化已经完成的今天,这种"爱的奉献"的话语得以成为社会各个阶级所分享的文化逻辑。

二、公民社会及其"公民想象"

除了偶尔一些诈骗、挪用救灾款等不和谐事件之外,可以说,这次抗震救灾形成了强有力的社会共识,尤其是对于绝大多数通过电视、网络间接"目击"却获得"透明"的"现场感"的观众来说,这是一次危机时刻的心灵洗礼。人们在这次地震中经历了一次公民教育,锻炼了人们的参与意识,预示着中国公民社会正在走向成熟。就不说《南方

---

① 随着1990年代市场化在中国的全面展开或者说中国在冷战结束以后被逐渐纳入全球资本主义化的进程,这些主体论、人道主义的论述在很大程度上"转化为当代中国资本主义的文化先声"[(汪晖:《当代中国的思想状况与现代性问题》,选自罗岗、倪文尖编:《1990年代思想文选》(第一卷),广西人民出版社2000年版],也就是说其意识形态的效果恰恰在于针对彼叙述的批判成为了此叙述建构的动力,或者更明确地说通过对异化、主体性的讨论以确立的人道主义叙述成为新自由主义话语的建构的意识形态基础之一。

周末》、《新周刊》等刊物发表的"震"出一个"未来中国公民社会的模本"和"国家的成人礼"①,连主流报纸《北京青年报》也发表题为《全民总动员见证中国公民社会的成长》的评论:"一场新中国历史上前所未有的自然灾害,考验着政府、军队、武警在紧急状态下的'应战'能力,同时也考验着中国民间社会面对自然灾害时的动员和互助能力,检验并见证了中国公民社会的进步和成熟。"② 1990年代初期对公民社会的呼唤终于结出了"硕果",只是无论西方脉络还是中国语境中对公民社会(也称"民间社会"或"市民社会",对应于西语的Civil Society)的期许都是能够对国家/政府产生一种制衡甚或批判的力量,而在这里,公民社会和公民的价值恰恰在于充当国家抗震救灾的重要力量。其中最显而易见的表征,一是民营企业踊跃捐款捐物,二是普通公民积极捐款捐血或以志愿者的名义奔赴灾区,这成为指认公民社会的正面例证,也是被国家和民间都赞许的行为规范。从这个角度来说,抗震救灾无疑成为对公民意识的一次演练,公民身份经过十几年的呼唤终于可以从"犹抱琵琶半遮面"而显影并登堂入室了。

内地学者关于市民社会的讨论,发生在1990年代初期(海外汉学研究者尤其是美国汉学家引入市民社会的视野处理中国研究的问题是1980年代末期),以香港出版的《中国社会科学季刊》、《二十一世纪》为依托在中国有没有市民社会的问题意识下讨论市民社会的理论③。市民社会理论重新引起人们的关注,与七八十年代之交使用市民社会与国家分离的理论范式来阐释东欧及苏联等社会主义国家内部的社会转型有关("雅克·拉尼克就曾将1968—1978年波兰的政治发展概括为'修正主义的终结与市民社会的再生',或者说,乃是依凭市民社会理论理念展开自上而下的努力斗争的结果"④,尤其是以波兰团结工会为例来说明市民社会作为瓦解社会主义国家体制的一种积极力量)。也就是

---

① 《汶川震痛,痛出一个新中国》,《南方周末》2008年5月22日;《伟大的透明和国家的成人礼》,《新周刊》(第276期),2008年5月19日提前出版。
② 《全民总动员见证中国公民社会的成长》,《北京青年报》2008年5月21日。
③ 相关讨论文章,参见罗岗、倪文尖编《1990年代思想文选》(第二卷)之"市民社会"专题,广西人民出版社2000年版。
④ 转引自邓正来:《国家与市民社会:一种社会理论的研究路径》,选自同名论文集,中央编译出版社2002年版。

说，市民社会理论复兴的背景是"冷战"后期尤其苏共二十大之后东欧普遍抛弃斯大林路线之后的修正主义改革进程，其中伴随着商品经济、工会运动等脱离国家专制体制的因素，被认为是一种市民社会的力量，这种自我批判来自于东欧内部，并不是"冷战"对立的西方社会（市民社会成为对抗斯大林集权体制的想象空间）。市民社会的理论，某种程度上转移了社会主义/资本主义作为意识形态之争的话语方式，把苏联式的社会主义国家体制等同于一种国家专制或国家主义，把资本主义作为国家与市民社会分离的且各自具有相对自主、自律空间的制度（显然，如何处理资本主义癌变的法西斯主义依然是对国家/市民社会模式的挑战），直到东欧剧变、"冷战"结束，这种东欧知识分子关于市民社会的论述被西方知识界作为压倒或瓦解社会主义专制体制的重要路径，进而市民社会成为对抗专制体制等国家集权实现西方民主化进程的良策。可以说，正是在"冷战"结束的背景之下，市民社会被赋予了反抗专制、终结意识形态之争的想象，也正是在这个时候，中国学者开始接触市民社会的理论，讨论中国有没有市民社会以及市民社会是否适应中国语境的问题。市民社会成为替换 1980 年代作为主流想象的现代化的有效修辞，并把市民社会作为对抗和瓦解专制国家体制的方式，关于中国之所以近代以来没有彻底终结专制集权的制度也可以解释为没有成熟的市民社会（这个问题成为中国历史上到底有没有资本主义或者近代以来为什么没有走上资本主义道路的演变形态），这种解释无法正视中国市场化改革恰恰是在强有力的中央政府的推进之下完成的。这种对于市民社会的积极期待，如果结合 1990 年代初期中国政府经过短暂停顿之后骤然加速推进市场化改革的背景，那么关于市民社会的呼唤就成为为市场化进程进行辩护的假面。

市民社会作为一个政治学理念来自黑格尔的论述。在《法哲学》中，黑格尔认为市民社会是从国家中分离出来的独特空间，这与处在上升时期的资产阶级走向政治成熟有着密切关系，市民社会"就是以市场经济为基础，以契约关系为中轴，以尊重和保护社会成员的基本权利为前提的社会组成"[①]。这种市民社会/国家的二分法被马克思改造为上

[①] 夏维中：《市民社会：中国近期难圆的梦》，选自罗岗、倪文尖编：《1990 年代思想文选》（第二卷），广西人民出版社 2000 年版，第 24 页。

层建筑/经济基础的关系。与此讨论稍有偏差的是，哈贝马斯的《公共领域的结构转型》（也在这种市民社会讨论的热潮中，被美国学术界引介到人文研究界①），使得市民社会偏离政治学的含义，转向对文化、媒体等公共领域的讨论，即"'市民社会'的核心机制是由非国家和非经济组织在自愿基础上组成的。这样的组织包括教会、文化团体和学会，还包括了独立的传媒、运动和娱乐协会、辩论俱乐部、市民论坛和市民协会，此外还包括职业团体、政治党派、工会和其他组织等"②。这直接影响到中国学者在1990年代初期对于大众传媒尤其被指认为带有民间即非政府色彩的传媒能否发挥公共空间功能的讨论。因此，通过如何扩大公共领域的论辩成为呼唤民间社会即市民社会的先导，最终实现的社会目标是削弱政府职能以强化市民社会的力量（当然，最终指向是民主化运动）。这成为1990年代市场化媒体（尤其是以《南方都市报》为代表都市媒体）把矛头对准计划经济旧体制的理论源头，只是这种批评无法处理市场化的新体制所带来的社会弊端。

另外，在公民社会的争论中，人们并不愿意谈论的是，哈贝马斯所论述的17—18世纪作为理想模型的"公共领域"的讨论，是在马克思关于这个时期作为资产阶级上升时期的理论背景下展开的，关于公民社会的想象背后是成熟而理性的资产阶级主体的确立，这种主体形象的主要假面之一是"个人"，甚或个人式的"英雄"（典型代表是歌德笔下的浮士德）。在这个意义上，关于公民社会的讨论，无意之中成为把被国家绑架的"人民"转变为市场中的个人（往往只说"个人"，不加"市场的"）的助推器，在锻造公民身份这一点上，与它所问责的政府并没有太大差别。而公民的成熟也预示着公民社会的成熟，这次抗震救灾终于使人们看到了抽象的"人民"摇身一变成为了有社会责任心的"公民"，只是这里的公民/中产阶层有着市场/城市的双重界定。公民社会本身的理想模型是非常美好的，只是公民社会之公民是有一定的条件的，简单地说，公民社会是法治社会，个体是法律和市场意义上的双

---

① 正如哈贝马斯在《公共领域的结构转型》的1990年版序言中提到的："在现实当中，中欧和东欧的追补革命使我们目睹了公共领域结构的转型。直到去年，美国才赶着推出了本书的英译本。"曹卫东等译，学林出版社1999年版，第1页。

② （德）哈贝马斯：《公共领域的结构转型》，曹卫东等译，学林出版社1999年版，第29页。

重个人，市场之外的人，显然也就在公民社会之外。在发达国家，公民社会/市民社会的主体往往就是中产阶层，而在第三世界尤其是欠发达地区往往是城市尤其是大城市的市民，诸如城市中的非法劳工、农民都被排除在公民社会之外（包括中国的农民工）①，他们处在印度学者帕沙·查特吉所说的政治社会（在国家/市民社会的二元对立空间之外）里面②。

但是，在这次"公民意识"的演练中，有两位成员却受到了批判，一位是地震发生之初，万科掌门人王石因捐款少招致网友指责，继而王石在博客上为自我行为进行辩护式响应，进而招致网友更严厉的批评，王石及其万科集团一度陷入信任"危机"（有媒体称引用万科小股东的话"王石过去是万科的金招牌，现在成了万科的负资产"③）。于是王石道歉、万科追加1亿元善款并无偿参与灾区重建，网络称为王石遭遇"捐赠门"。第二位是在媒体一次次地报道灾区教师不怕牺牲自我保护学生的师德典范之时，都江堰某中学语文老师范美忠却在天涯博客上公开发表《那一刻地动山摇——5·12汶川地震亲历记》的博文（5月22日）④，"有理有据地"阐明自己为何要逃跑的合法性，引发网友一片哗然，并迅速成为媒体介入的热点话题。最先报道此事件的是羊城晚报报业集团下属的《新快报》《"先跑老师"表白激怒网友》（5月25日），

---

① 农民工尽管是市场逻辑内部的劳动者，却受到自由市场和国家体制的双重压迫，他们虽然生活在城市之中，但却被户籍制度阻隔在市民身份之外，尽管废除户籍制度并不意味着农民工能够获得市民权，因为与其说国家有意阻碍农民工的获得城市户口，不如说自由市场绑架了国家承担福利制度的责任，即使农民工在法律意义上获得市民地位（暂且不讨论中国的国情能否承受城市化的压力），其所面对的依然是市场逻辑下的被宰制位置，在他们获得市民身份的同时，也就失去土地换得聚居在城市贫民窟的可能，离真正参与"市民化"的生活远景相当遥远。从这个角度来看，中国公民社会的道路还很漫长，而更重要的问题在于，那些处在市场或被市场隔绝在外部的群体又该怎么办呢？

② 帕沙·查特吉提出用"政治社会"的概念来修正"国家/市民社会"这一18世纪后基于欧洲经验发展出来的分析模式不适合印度等第三世界国家，因为诸如农民、城市打工者等群体无法进入市民社会的视野里面，他们处在国家/市民社会之外政治社会里。见《被治理者的政治——思索大部分世界的大众政治》，广西师范大学出版社2007年版。

③ 慈冰：《万科品牌灾后"重建"路漫漫，王石暂不辞职》，《华夏时报》2008年6月6日。

④ 范美忠：《那一刻地动山摇——5·12汶川地震亲历记》，天涯论坛，2008年5月22日。

距离范美忠的博文仅三天,这篇报道又快速返回网络,只是标题多修改为更为引爆眼球的"北大毕业教师不顾学生先逃,称连母亲也不救"①。于是,被网友戏称为范跑跑的范美忠更受到网友的狂轰滥炸,几乎被口水战所湮没。有趣的转折发生在范美忠参加凤凰台的《一虎一席谈》栏目之后(6月7日),与"思想烈士"范跑跑的冷静、理性相比,"道德卫士"郭松民"暴跳如雷"地辱骂式的道德审判更显"滑稽"(事后网友称之为郭跳跳)。经历这场"现场"辩论,范跑跑被主持人定位为"我们这个社会应该包容的异端,因为包容异端代表着我们这个社会的进步",于是,范跑跑经过这次"肉身说法"获得了更多同情票(也在网上被誉为自由民主之神),有了更多范粉或范丝,这就是"范跑跑事件"。

把这样两个例子放在一起,多少有些怪诞,毕竟作为公认知名企业领袖的王石与自称中国最优秀文科教师的范跑跑"风马牛不相及",我把他们并置起来,不仅仅因为这两个事件作为抗震救灾中最引人注目的"媒体话题"具有相似的传播学路径:由网络上的博客引发,继而纸媒介入使网络上的局部事件传遍整个网络,再引起电视等媒体的"深入"报道(最早实践这种传播学路径的是芙蓉姐姐),更因为他们不适当的行为及其事后辩解而被人们批评为不合格的"公民",一个在最该捐款的时候却捐得不够多,一个在最不该跑的时候却逃跑了,他们之间的内在连接恰恰在于为公民社会的理念提供了"反面"例证(有网友把范跑跑的先跑出来与王石作为先富起来的典型在修辞上连接起来,暗示两个行为之间具有相似的社会及文化逻辑②)。尽管对于他们有着许多泛道德化的指责(尤其是网络上帖子如同"大字报"般大鸣大放),笔者还是把这两场"汗牛充栋"的口水仗作为一种从负面的角度来对公民身份的确认,这种"负面"教材或许比那些第一时间捐款、捐血、奔赴灾区以及把生的希望留给学生的教师们等正面形象更为有力、有效地确立公民社会以及公民身份的行为规范及道德自律。

具体来说,王石受到批评,并非没有捐款,而是被认为捐得不够,

---

① 陈扬:《"先跑老师"表白激怒网友》,《新快报》2008年5月25日。
② 云淡水暖:《析"范跑跑":"先跑出来"与"先富起来"的异同》,人民网之强国论坛,2008年6月4日。

并且还为这种不够做出辩解。王石的辩解之一是"赈灾慈善活动是个常态",所以"200万是个适当的数额",之二是"不要让捐款成为负担",所以"万科普通员工的捐款以10元为限"。这显然不符合人们对王石以及万科这样一个知名并热心公益事业的民营企业的印象,暂且不讨论是否应该设立企业家捐款排行榜,这种对于富人、企业家捐款的期待已经成为社会共识。不久,王石及其万科企业追加捐款并无偿参与灾后重建,显然也是高度认同于这种社会共识的结果。捍卫这种社会共识的就是充满正义感并认同慈善是正当的网民/公民。不过,网友的这种"道德审判式"的"逼捐",也被指责为一种类似于朱大可所说的"纳粹领导人以国家利益名义逼迫犹太商人捐款"的"仇富心理"①,并让人们联想起"打土豪年代"②。这究竟是一种"左"派情结的体现,还是这些网络上的中产或准中产阶层对于企业家应该有社会责任感的监督和批评呢?可以说,这种对网友的指责(除了仇富之外,也被污名化为民粹或民族主义,网友就和乌合之众差不多了)无疑高估了网友的"政治动机",所谓仇富心理、打土豪分田地不过是1980年代以来对于社会主义历史的诸多清算方式之一。革命动员的情感动力被认为是一种妒恨政治(或仇恨政治学)③、一种民粹主义的仇富心理。因此,关于社会主义历史就是剥夺了包括阶级敌人在内的"许多人"的基本人权、废除了私有财产制度、利用穷人的仇富心理的暴政,以至于那种穷人所具有的道德正义性也在王朔式的讥讽中变得有些滑稽。

如何一步步地论证资本的合法性是1980年代以来意识形态重建的重要步骤,尤其是在社会主义体制保持形式上延续的状态下,进行如此高难度的意识形态整合不是一朝一夕就可以完成的,需要诸多环节和转移。如果说1980年代还弥漫在一种发展主义和新启蒙主义的氛围之中,

---

① 朱大可:《谁杀死了我们的孩子?——关于汶川地震的反省与问责》,新浪博客,2008年5月26日。

② 方圆在《慈善捐款,不该成为仇富借口》一文中说:"你可以倡议和劝导他人捐款,但绝对无权强制处置他人财产,这属于文明的底线,除非有人想回到打土豪年代",见《Vista看天下》,第16页。

③ 赵刚在《跳出妒恨的认同政治,进入解放的培力政治——串联尼采和激进民主》中对尼采所批评的妒恨政治进行了正面响应,并提出走出妒恨政治的方式是培力政治。选自《知识之锚》,广西师范大学出版社2005年版。

借助"让一部分人通过诚实劳动先富起来"进而实现共同富裕的现代化想象获得政权合法性，这时企业家往往成为改革/下海的先锋队员或勇者（1984 年下海的王石就是其中的杰出分子），那么，伴随着国家推进或深化市场化改革，尤其是 1990 年代中期甩掉医疗、劳保、教育等作为国家福利保障之后，阶层分化越来越严重，"公益"才渐渐成为一种弥合这种市场化代价的社会修辞。

而 1990 年代末期以及新世纪初期，伴随着"三农"问题的凸显、资本家能否加入党的争论，关于资本/财富合法性的两种表述开始变得有效，第一种是私有财产不可侵犯以及在此基础上的税收制度，企业家同时也是社会的纳税人（私营企业家无可非议）；第二种是更为大众化的说法，就是强调企业家的公益、慈善价值，也就是要富而有礼、富而有德，正如经常被媒体报道的全球首富比尔·盖茨同时也是全球最大的慈善家的表率作用，资本的合法性终于可以借助慈善这个"遮羞布"来消弭并进而承认阶层分化的合理性。可以说，慈善成为一种论述资本、财富正当性的必须说辞，被漫画化的富人与穷人的区分是社会的"正常"状态。也恰恰在这一点上，郎咸平的文章《由赈灾捐款引发的历史文化反思》[①] 又一次强调了自由市场中企业家的道德规范是要把资本/财富以慈善的形式回归社会。郎教授的观点和他之前的文章差不多，就是资本家要有道德底线，不能没有社会责任，在这一点上，王石、马云等中国企业领袖要向比尔·盖茨和巴菲特学习，他们把挣到的钱都捐给了慈善基金会，因为这才是西方的企业家精神（郎教授指出职业经理人的责任感最初来自教会精神，即对上帝的信托责任，近代以来则依靠法律和政府的强制执行，使企业家对社会保有信托责任）。说得简单点，郎咸平认为中国企业家不能光看钱，也要有起码的社会责任感，在这方面，中国市场化还不够，企业家的市场伦理精神距离发达国家还差得远。这是从右的方面对中国市场的非市场因素进行批判。正如郎教授对国有企业收购的批评，认为那些侵吞国家财产的企业家不能太自私、太野蛮，一点不考虑老百姓的感受，连人家美国人也不敢这么干，否则市场就不会长治久安。

[①] 郎咸平：《由赈灾捐款引发的历史文化反思》，新浪博客，2008 年 5 月 23 日。

也正是在这个逻辑下，抗震救灾期间播出的《赢在中国》[①] 第三赛季的总决赛，各路已然成功的企业家评委以及"在路上"的创业者们所分享的创业动力被强有力地表述为只有把企业做大做强，才能在国家危难之时贡献出更大的力量（资本的合法性论证从来都是通过把资本附着于个人理想、梦想以及民族与国家的力量等非资本的价值来实现的），这或许比借助民族资本的外衣更能获得大众的谅解和认同。如果想想每次年度经济人物的获奖企业家们所能大声说出来的"豪言壮语"只能是重申自己作为民族企业、作为中国人的企业的民族身份，更不要说诸多讲述家族式企业的电视剧如《大宅门》、《闯关东》等要到结尾处遭遇到外资尤其是日本企业的倾轧下毁灭或自强不息，否则故事就很难被有效讲述。这比1980年代末1990年代初期借助美国式的白日梦如《阿信》、《北京人在纽约》、《曼哈顿的中国女人》等大众文本来讲述资本家/个人奋斗的故事要更为有力，况且这些故事在某种意义被含蓄地放置在异国他乡（《阿信》本身就是日本电视剧）。

30年之后的今天，网友对王石的指责，显然不是某种阶级仇恨、一种"左"派对于资本的批判，反而是高度认同于慈善、公益事业这样一个社会共识的前提下对资本家的道德约束。需要补充的是，"资本家"如同"阶级"的修辞一样，还是一种自觉的社会禁忌。"资本家"在1950—1970年代的左翼文化中所占据的负面形象，依然使其带有贬义或唤起红色历史记忆的色彩，因此，在社会或日常表述中，"资本家"往往隐匿不在，正如使用"阶层"来替换"阶级"，关于资本家的命名，也大致经历了从1980年代"先富起来的"、"暴发户"、"老板"等较为负面的称谓到1990年代以来"民（私）营企业家"、"董事长"、"CEO"、"风险投资人"等较为正面的与国际接轨的称呼。其中，1990年代末期到21世纪，在知识经济/网络经济的"知本家"想象中，知识（这一1980年代逐渐获得正面意义的词汇）终于可以和资本组合起来，成为最有力的"创业"神话。"创业"这个词在社会主义时代凝聚

[①] 以"励志照亮人生，创业改变命运"为口号的电视创业栏目《赢在中国》，参赛选手都是刚刚起步的创业者，获胜者可以赢得风险投资。相比一般的选秀节目或PK赛，《赢在中国》更凸显赢者何以为赢、输者何以为输的市场逻辑或现实逻辑，因为评委都是这个时代最成功者（蒙牛集团总裁牛根生、阿里巴巴创始人马云、新东方董事长俞敏洪、脑白金神话史玉柱等），赢者的位置是确定的，是毋庸置疑的。

着人民自力更生创造历史的内涵,尤其是小说《创业史》和电影《创业》,显然这样一种意思已经被改造为个人在市场经济中成为企业家获得成功(取代了 1980 年代使用的"下海"一词),正如《赢在中国》的广告语"励志照亮人生,创业改变命运"(这里的命运,无疑是指升入更高阶层的命运),而最初"创业"引起人们注意的是 1990 年代末期网络经济泡沫下兴起的大学生创业热——"年轻"、"知识"和"资本"成为"BOBO 族"的理想镜像。

如果说王石事件重新确认了企业家/资本家在这个社会中的合理位置,那么范跑跑某种意义上被作为普通人(尽管范跑跑出身精英教育,并从事教师这个特殊的职业),他的出现使人们可以评判什么才是合格的公民/个人。在《那一刻地动山摇——5·12 汶川地震亲历记》的激扬文字中,范跑跑怀着一种被专制强权政治迫害的妄想("思想烈士"),对自己为何先跑进行了辩解,其中最为"铿锵有力"的是"我是一个追求自由和公正的人,却不是先人后己勇于牺牲自我的人"(幸好,有许多自由主义的专家指出范跑跑对自由的理解是对自由主义的误读),这句话的有趣之处在于一个"却"字,为什么在范跑跑这里,"自由和公正"与"先人后己勇于牺牲自我"就是相悖的和不兼容的呢?学者黄应全的文章《汶川大地震证明儒家"性善论"了吗?——"范跑跑"事件的是非及伦理学启示》[①] 对此作了深入的论述,指出"这句话涉及两种类型的'普世价值'(与左派不同,我坚决相信存在'普世价值'),一是自由、民主、公正等等,二是仁爱、奉献、牺牲等等",这样两种价值在自由主义内部是不冲突的,"据我所知,只有自由主义的对手和敌人断章取义地攻击自由主义之时才会炮制出这种论调",换言之,黄应全认为范跑跑恰恰是自由主义的反面。这种对自由主义的辩护有利于清除范跑跑对自由的混淆视听,但范跑跑为何会有这样的逻辑却不仅仅是他"读书不够、思考不足"半吊子北大人能够解释的,这恐怕与"冷战"历史以及社会主义、资本主义的意识形态之

---

① 黄应全:《汶川大地震证明儒家"性善论"了吗?——"范跑跑"事件的是非及伦理学启示》,博客中国,2008 年 6 月 19 日。

争有关。暂且不考虑到范跑跑有点混乱的知识谱系①，在这种振振有词的对立背后，是前者代表着"自由、公正、民主"的西方世界的"普世价值"，后者代表着"牺牲自我，汇入人民"的或许带有禁欲色彩的共产主义道德精神。在后"冷战"的时代，自由、民主、人权早已成为新自由主义意识形态的主流，而诸如国际主义等带有超越性价值的社会主义或共产主义的道德价值早已经被污名化（或者转换成人道主义话语），这样两种价值的对立和水火不容恰恰是"冷战"时代西方阵营的逻辑在后"冷战"时代的延伸，在这一点上，范跑跑与其说是思想异端，不如说是当下最主流的表述。因此，有相当多的网友，尤其经历了郭跳跳与范跑跑的辩论之后（两人的论辩基本上复制了1980年代的文化逻辑，用个人权利来对抗压抑个人的社会主义道德），对范跑跑表现出了更多认同。其实，范跑跑对于所谓中国传统道德的颠覆并非这个时代的异端，反而是获得主流逻辑和新主流意识形态的有力支撑。问题不在于自由、民主、公正等价值是否具有普适性，而是从历史上看，自1789年法国大革命高扬人人生而平等以及自由、平等、博爱作为西方资本主义的核心价值理念以来，所发生的每一次革命几乎都是对更自由、更平等、更博爱的"世界"的追求。对于社会主义革命，是工人阶级成为"人"（主人）的过程；对于反抗殖民者的运动，则是被殖民者获得做"人"的权利；对于女性主义，则是女人获得做"人"的权利；对于反全球化者，被剥夺者则是失去土地的原住民或被WTO压制下的第三世界中的农民……也就是说，在自由、平等、博爱的崇高理念之下，为什么会有如此多被遮蔽和被压抑而看不见的群体呢？对于权力的批判和颠覆为什么又成为权力的复制者或帮凶呢？

回到开头对于公民社会的讨论。1990年代初期展开的中国有没有

---

① 范美忠在其2003年列出当前中国思想启蒙的书单中，不仅有1980年代获得知识界高度认同的李泽厚（提出百年中国史是"救亡压倒启蒙"的历史）、金观涛（提出中国历史是"超稳定结构"）的著作，也有1990年代以来左右两派代表人物汪晖、徐友渔、朱学勤、秦晖等的作品，外国的书单中既有以赛亚·柏林、哈耶克等右派的作品，更有马尔库塞、霍克海姆、阿多尔诺、福柯、罗兰·巴特、杰姆逊等左派"批判理论"，可谓左派、右派通吃。见范美忠：《给一般中学老师的思想类书目》，天涯论坛，2003年11月7日。

公民社会的追问，正如范跑跑的"铿锵有力"及其政治迫害的妄想本身①，再加上被攻击的悲壮感，其所面对的敌人，恰恰是一只死老虎，尽管可以看到诸多狐假虎威的幻影。可以说，王石、范跑跑对于社会的冒犯，不是因为他们足够挑战了社会常识及其道德底线，而是因为他们做得还不够，对于王石所维护的慈善路线以及范跑跑所坚持的某种在极端状态下维系个人选择的自由，才是这个时代的主旋律。一个看似毋庸置疑的前提，王石、范美忠显然是公民社会的一分子，他们都具有市民的资质（他们不是农民工，也不是农民），他们恰好是成熟而理想的资本主义主体的两幅面孔：一个是喜欢攀登、勇于挑战的浮士德式的英雄，一个是"胆怯、自私而自负"（借用学者黄应全对范跑跑的描述）的个人。

最后，有必要把视野转向积极参与并成功制造这两起媒体事件的网友们，这两场争论如果不是借助网络，是很难想象的，网络媒体已经成为"社会热点话题"的发源地。据 2003 年中国网民已超过 5 亿，遍布中国城乡各地，当然，主要是大小城市及发达的城镇，或者说网友——具有基本的文化水准和基本的生活保障的群体——也是最广义的公民社会/中产阶层的基石，同时也是公民社会所想象的边界所在。从 2008 年西藏"3·14"事件后网友发起对家乐福超市的抵制，已经看出网友自我整合的能力。而这次网友对于王石和范跑跑的指责，所产生的道德强度对于当事人来说，赶不上泰山崩于前，至少也是惊涛骇浪，这种在网络上不需要留真名也不需要负责任的评价方式，是最民主、最自由的，同时也是最暴力的。网友们"自发地"在危机时刻对公民社会道德规范的认同，恰好提供了正反两方面的样本，或许，也可以体认出，这种作为社会共识的新自由主义逻辑，其道德说教色彩一点也不比范跑跑所深恶痛绝的所谓社会主义道德弱，如果有人做不到，就要面临网民的大批判。在这里，网友指责或批评王石和范跑跑的文化逻辑，恰恰不是阶级仇恨式的、社会主义政治的实践，而是新自由主义的卫道士。

---

① 当时网上传言，范美忠已经被教育部及其所在学校取消了教师资格，这更为"政治迫害"增加了一些现实基础。

三、批判的位置，甚或尴尬

从各种非实时性的媒体如《南方周末》、《新周刊》、《中国新闻周刊》等中看到对地震的"深入"评价，这些媒体关于灾后重建、追究地震责任的话题毫无例外地投向了地震中倒塌的诸多学校以及如何领养孤儿身上①，关于"学校倒塌"的责问成为这些媒体"问责政府"的最有力的公共话题。我想从2008年六一儿童节前凤凰卫视的知名品牌栏目《一虎一席谈：他们为何让我们如此感动（下）》说起，这期的标题很有趣，"他们"是谁，"我们"又是谁？问题的关键在于观众显然不会把自己放在"他们"之中，而是只认同于"我们"的身份。

这期节目的前半段围绕着嘉宾李承鹏（社会文化名人）亲眼看到北川中学的废墟而引发的对于学校建筑质量的质疑展开争论，他还提供了某个没有倒塌的灾区中学与某国有公司监工的认真监督有关。其中，有一位年轻的地质大学的女学生（节目现场观众）更强调灾区的地质险要与学校建筑质量关系不大的观点，这种观点受到李承鹏和另一位嘉宾新浪绿丝带的组织者的责问，也就是说，大多数现场的观众及嘉宾更认同于学校的倒塌是"人祸"，而不是"天灾"，需要对灾区的建筑进行问责，尽管这种有点与主流媒体不太协调的论调被主持人试图扭转为下一步应该如何建设学校的问题。接着，新浪绿丝带的组织者举出了1970年代的建筑没有倒、1990年代兴建的商品房却出现了裂缝来指责，包括学校在内的新建楼房存在着质量问题。李承鹏也举出"亲眼所见"，1970年代末的仿苏楼没有倒、1990年代新修的楼却倒塌的事例，来驳斥地质险要并不能决定楼房的倒塌与否的看法，并把这个问题上升到对于1970年代和1990年代两个时代的评价之上。在这里，最初关于学校倒塌的问题已经发生了转移，无论是凤凰台的片花，还是李承鹏最初的发言，都是集中在学校、医院等公共服务建筑为什么会倒塌上，也就是说在公共建筑与商业建筑之间存在着对比，而新浪绿丝带的组织者却把这个问题转移为对社会主义中国以及市场化之后的中国的对比之

---

① 为什么少有媒体去关心老人呢？天真、无知的儿童也许是最适合充当抚慰中产阶层良知的素材，正如那些让人潸然泪下的伊朗电影——《小鞋子》、《天堂的孩子》及其中国导演张艺谋拍摄的模仿之作《一个都不能少》。

上，这也就把前一个问题中所需要问责的诸如官员腐败、建筑公司为了牟利而偷工减料的问题，转移为这些问题都是中国市场化改革之后带来的负面效应。这是两种对当下抗震救灾反思的主要思路，前者偏右，后者偏左，有趣的问题在于，这种左右的论述却"并肩作战"和谐地出现在同一个舞台上，这或许是1990年代中期自由派与新左派之争以来出现的新情况。

这种"转移"很顺畅，但问题并非如此简单。前者的逻辑在地震刚刚发生之初就成为国内被称为自由派知识分子发言的重心，言外之意，在学校、医院等公共服务设施的倒塌背后有官员腐败、施工单位"豆腐渣工程"之嫌。这种论述在一次又一次的矿难等特大安全事故中成为"陈词滥调"，说到底是人治的结果（权力滥用），因此，这种批判所提供的解决方案依然是法治的力量（尤其是监督权力），而官僚体制往往是这种论述打击的靶心，只是这里的潜台词是，官僚体制＝政府＝社会主义官僚制度①，所以，朱大可的文章《谁杀死了我们的孩子？——关于汶川地震的反省与问责》的论述"本次地震暴露的更为严重的问题，是城市新建筑浪潮和新农村建设中的'豆腐渣效应'，它遍及整个中国，而学校是其中最大的受害者。四川地震揭发了悲剧的根源：杀死孩子的根本不是摇撼的大地，而是那些贪官污吏"以及朱学勤的"天谴论"背后对人祸的问责基本上是这种逻辑的产物。

后者偏左的逻辑是把学校的倒塌看成市场化改革的负面结果，其潜台词是，在市场化的滚滚大潮中，追求利润与建设学校这样的公共设施存在着冲突。在权钱交易和权力寻租下出现豆腐渣工程也是必然的，人们在对社会主义时代的怀旧中提出对市场化的"人心不古"、"世风日下"式的带有道德色彩的批评。所以说，恰如李承鹏举出地震后在同样的地势上建设于1970年代末期的仿苏建筑赫然屹立而1990年代的建

---

① 有趣的是，作为官僚的英文词bureaucracy，也可以被翻译成科层制，也就是说官僚既可以被作为一种人治，也可以作为一种非人化的科层式的管理方式，官僚/科层制在不同的意义上被作为异化的两种方式，恰如中国自宋代以来发达的官僚体制一方面被认为是罪恶的专制统治的帮凶，另一方面又被看成是近代西方所向往的现代官僚制度的榜样——区别于西方的贵族制。

筑却化为废墟就成为某种隐喻①，这种对毛泽东时代的怀旧也是1990年代以来对市场化不满情绪的"真实"反映。

可以说，这样两种常见的批判延续了新左派与自由派之争的基本思路②，但是，在这次抗震救灾的反思中，与这两种论述不同的是，前者在"问责"中挖掘政府责任的同时也有着对政府的称赞（如前面提到的《南方周末》《汶川震痛，痛出一个新中国》和《新周刊》《伟大的透明和国家的成人礼——灾难时刻的信息传播》），后者也欣喜地从救灾中看到社会主义的诸多遗产和优越性在现实中的延续。

《南方周末》所说的"汶川震痛，痛出一个新中国"是怎么样的"新中国"呢？《南方周末》一改往常对于政府、地方政府（尤其是非广州的地方政府）的问责策略，反而为这次中央政府的表现"鼓而呼"："救人高于一切，救灾高于一切，已经成为整个国家的最强音。必须以举国之力拯救一切可以拯救的生命，已经成为全民族的共识。于是，十万救灾大军雷霆出击；于是，国家领导人冒着余震不断的风险，相继奔赴救灾第一线；于是，公共娱乐暂停，奥运火炬暂停，一切为救灾让路，一切为救人让路。"这种"以人为本"、以人民的生命为最高价值恰恰吻合《南方周末》式的人道主义价值理念，仅仅有尊重生命的理念还不够，更重要的是"政府敞开了救灾的大门，民间力量争相进入，国际援助争相进入，媒体争相进入。一个开放的、透明的、全民参与的现代救援体制正在拔地而起。但它并没有给政府添乱，反而跟政府力量配合，形成了最大限度的合力。这个崭新的救灾体制，或将是未来中国公民社会的模本"。③可见，《南方周末》鼓而呼的不是政府的转变，而是政府承认了公民社会的力量。在对政府做出表扬之后，《南方周末》依然选择学校坍塌的问题来追究相关职能部门的责任。

---

① 仿苏建筑是一个礼堂，寄托着李承鹏的朋友老段所有关于集体看电影、看女排夺冠的青春记忆，从这里，可以看出1950—1970年代的氛围在1980年代的延续。

② 这样两种思路或立场，成为当下中国思想界对某社会事件批判的基础，在网络上这种立场更被放大，如凯迪网偏自由主义，乌有之乡网站偏新左派，不同立场的网友经常针对同一篇文章展开批判与反批判，其中，有《从唐山到汶川：中国的改变》（右）/《〈从唐山到汶川：中国的改变〉——救灾中的一个刺耳的噪音》（左）、《"汶川震痛，痛出一个新中国"》（右）/《〈南方周末〉：你到底代表谁?》和《冷看〈南方周末〉裸体冲锋》（左）等争论。

③ 《汶川震痛，痛出一个新中国》，《南方周末》2008年5月22日。

与《南方周末》等刊物看出中国公民社会的出现不同,对于偏左立场的知识人来说,从抗震救灾期间"人民"(而不是"公民")积极踊跃地捐款、捐血和志愿去灾区的行动中嗅出社会主义的遗产,也就是曾经作为社会主义优越性(可以集中力量办大事)的品质,尤其是人民解放军的大无畏精神,确实在救灾中再一次让人们感到"谁是最可爱的人"的力量,甚至温家宝总理亲临灾区也被追溯为1966年周总理亲历河北邢台地震现场的继承者。把这次高效率的救灾看成是"社会主义遗产"的观点,可以从黎阳的《抗震救灾靠的是毛泽东的遗产,还是"国际接轨"?》长文中看出,这种对"社会主义遗产"的发现,是不是也可以看成市场化的不彻底呢?其实,朱大可的文章正好提供了一种反面的论述:"历史学家向我们证实,这种高效率的救灾运作,恰恰就是亚细亚威权政治的传统。从大禹理水,经望帝(鳖灵)抗洪到李冰修堰,这些著名的抗灾人物,都向我们提供了威权主义的效率样本。汶川地震再度证明,自然灾难和威权政治具有密切的依存关系。"在社会主义遗产的发掘与威权主义的批判之间,应该如何响应呢?

表面上,左与右的论述大相径庭,其实左右两边却分享了相似的逻辑,只是不同的立场,使他们推论出截然相反的结论。左右两边都可以找到充足的论证自身逻辑的现实基础,当下的社会机制既可以支撑公民社会成熟的论述,也可以支撑社会主义遗产的论述,左右两边被成功地缝合在一起,一方面是爱国主义、中国加油,另一方面是生命、人的价值得到从未有过的高扬。在这里,新时期30年可以说在意识形态上已经完成了某种有效的整合,恰如凤凰电视台的节目中,从对政府的问责可以顺滑地转移到对社会主义时代的某种眷恋,这也许是重新反思2008年抗震救灾作为中国社会文化转折的标识意义。

第二节 社会"主体"的想象与"体制化"规训

一、几则新闻报道

2009年11月21日(周六),中央二套财经频道王牌栏目《经济半小时》播出了《一个女人的燃烧瓶和政府铲车的拆迁大战》的深度报道。这则"新"闻讲的是2008年夏季上海市闵行区政府为了虹桥机场交通枢纽（属于2010年上海世博会的重大工程之一）的建设而实行动迁工程，有一个自建房房主潘蓉因不满拆迁补偿款而不愿拆迁，于是地方政府下达强制拆迁令，潘女士以没有法院判决为由拒绝搬迁。电视画面中呈现了潘女士与拆迁公司的对峙，拒绝搬迁的潘女士夫妇显得势单力薄，而铲车的轰鸣和拆迁人员的声音布满画面。面对挥舞着铲斗的铲车，站在三楼的潘女士喝酒壮胆后用自制燃烧瓶试图阻止强制拆迁。最终潘蓉在孩子惊吓的啼哭中退让，房子也被推平，对抗以潘女士夫妇失败告终。

这期栏目把这种冲突归结为保障私有财产的《物权法》与"拆迁法规"之间的冲突，并请参与《物权法》起草的法学专家指出，这种法律与政策的冲突因与地方政府存在巨大的利益关联而迟迟没有获得修订，进而导致颁布两年的《物权法》成了"一个被拆掉引信的手榴弹"。此事件虽然是一年多以前的"旧"闻（发生在2008年9月12日），中央电视台也并非首次报道强制拆迁的事件，但是这种只能在国外新闻或极端暴力事件中才会看到的投掷燃烧瓶的画面甚为罕见，尤其是在中央电视台的主要栏目中播放这种个人与政府的对抗依然具有某种"震惊"的效果。更为重要的是，中央电视台的这篇深度报道，选择站在个人/潘蓉的角度来呈现《物权法》成为空头支票的事实，而不再是钉子户式的泼妇刁民以身抗法，对地方政府为了获得拆迁、土地出让中的巨额利益而损害被拆迁者利益的现象提出了批评。

随后媒体"大胆"报道了成都女企业家唐福珍为抵制强制拆迁而自焚死亡（2009年11月30日）、贵阳暴力拆迁引发群众堵路（2009年12月1日）等典型事件。接着北大法学院五名法律学者通过特快专递的形式向全国人大常委会递交了《关于对〈城市房屋拆迁管理条例〉进行审查的建议》，认为此条例涉嫌违宪（2009年12月7日），还传出《国务院拟修改拆迁管理条例，已组织各部门调研》（2009年12月8日）的消息。接着，媒体报道《国务院法制办：城市房屋拆迁管理条例有效》的回应（2009年12月11日）。几天后，国务院法制办又释放出不同的消息《现行拆迁条例将废除，有望先补偿后拆迁》（2009年

12月16日)①。从这些密集性的新闻报道中，人们确乎感受到中央政府即将修改拆迁政策的"信号"，就如同2003年大学生孙志刚因收容致死而最终导致政府废除城市收容制度一样，这次政府也应该响应"民间"的呼声，尽管代表"民间"声音的平台正是通过中央电视台这一主流媒体来实现的。

与这种经过媒体（中央电视台）率先曝光、专家请愿及民间呼声（舆情）再到最高权力机关（国务院、全国人大常委会）干预的过程不同，2009年11月22日（与潘蓉事件隔一天）晚上中央电视台新闻频道《面对面》栏目播出了知名女记者柴静采访郝劲松的节目《我一直在飞》。柴静是近几年来在《新闻调查》栏目以提问大胆、不留情面著称的记者，尤其是涉及公共利益的事件或面对地方官员时。如果说柴静以中央电视台记者的身份总带有某种"特权"色彩，那么郝劲松则是单枪匹马以中华人民共和国公民的身份向权力机关提出诉讼的维护公民权益的"专业户"。据悉郝劲松近年来先后向铁道部、地铁公司、发改委等国有部门垄断企业、国家职能部门申诉公民权利，并通过法律程序"迫使"这些占有行政资源的企业、机关"低头认罪"②。节目中，郝劲松认为自己是唤醒公民意识的启蒙者，用自己的行动来推动中国法制进程，而这期节目也用以卵击石来描述这种向强力机构讨还公民权利的悲壮行为。作为公民意识觉醒的榜样，节目背景音乐使用的是汪峰的励志摇滚歌曲《我要飞得更高》。

就在同一天，中央电视台还有其他两档节目。与捍卫公民权利的故事不同，中央电视台法治频道在《大家看法：我建议》栏目讨论的是如何让农民工讨薪不再艰难的话题。这个话题来自于一个杭州服饰厂女工讨薪被殴打和羞辱的新闻事件，主持人邀请律师、演员、法学家、劳

---

① 《现行拆迁条例将废除　有望先补偿后拆迁》，http://news.163.com/09/1216/21/5QMDPCPL000120GU.html。

② 正如媒体报道对郝劲松的评价是"挥舞'法律斧头'的公民"，"他先后7次提出公益性质的诉讼，把北京地铁总公司、国家税务总局、铁道部、国家发改委等诸多国家部委和垄断企业告上法庭。他终结了中国火车不开发票的历史，并促成铁道部宣布停止春运涨价"，见2009年11月9日《南方人物周刊》：《郝劲松：不服从的公民》以及2010年1月4日《南方人物周刊》的"年度人物推动者"（一个个公民微力的聚合推动，中国的崛起才有了最为扎实的根基）。

动学会顾问来出谋划策，席间也请出被打的杭州女工和两个被欠薪的农民工"现身说法"，他们坦言：面对资方老板，打工者处在绝对弱势的一方。在主持人的引导下，"让讨薪不再艰难"的话题转换为是否应该在《刑法》中"增设恶意欠薪罪"的问题（由农民工法律援助中心的律师佟丽华提出）。一方认为法律应该向处在弱势的农民工倾向，让"欠薪罪"来约束强势的老板；而另一方则从法律普遍性的角度认为不应该滥用法律，以此反对为讨薪专门立法。只是欠薪农民工根本无法参与到这种讨论之中（显然，他们不是主要嘉宾，只是一个讨论对象），无论能否立法，对立双方对于帮助农民工讨薪是没有异议的。临近春节，作为弱势群体的农民工到了需要社会救助和关怀的特殊时刻。

无独有偶，就在《大家看法》播出的同时，中央电视台财经频道的另一个王牌栏目《对话》正在做《我们是社会主义建设者》的节目，参与对话的嘉宾是刚刚获得第三届有中国特色社会主义建设者称号的百位"老总们"，他们都是国内知名的民营企业家，有吉利汽车的创始人李书福、最大民营燃气公司新奥公司董事长王玉锁、地产大亨万达的老总王健民以及捐出40亿元的玻璃大王曹德旺等。这些企业家是社会中最富裕的阶层，也是改革开放以来被称为"先富起来"的"一部分人"。在栏目最后，主持人让他们说出最喜欢被称作什么的时候，"建设者"这一也可以形容"建筑工人"的挪用之词并没有获得他们的青睐，这些民营老总们反而选择的是"企业家"这一相对中性的身份。

这样四个涉及拆迁、维权、讨薪、新富阶层的节目在不同栏目中几乎同时播出，恐怕不是有意为之，却在某种程度上成为对当下中国社会形态的一种略显生硬的图解。既有面对受到政府支持的拆迁公司挺身捍卫自己"物权"的女业主，又有敢于质问发改委、国有垄断公司的"中国公民"，也有为农民工出谋划策的各位"好心人"（演员、专家及法律顾问），还有这些具有创新、探索和社会责任感的"企业家"们。如果说一种具有公民意识的个人是社会的中坚力量，那么如农民工等弱势群体则是需要被救助的群体，经济精英们则是社会主义核心价值的代表及人生典范。尽管这些表述并非都是新话题，但关于这些群体的再现方式已经成为一种固定的社会修辞或共识，比如关于农民工的故事一般都是以等待被救助的"弱势"面目出现，而民营企业家则是锐意进取、承担社会责任的表率，当然，在大众文化的定型化想象中这些"神采奕奕"的高端人士还是阴险狡诈的魔鬼。从这些不同的媒体再现中，可以看出社会主体是如何被建构的，一种主流共识或意识形态霸权又是如何运作的。

二、社会的主体与客体

从这样几则新闻报道中，可以清晰地指认出三个不同的社会群体：一是先富起来的群体，二是法律意义上的公民，即受到《物权法》保障的拥有私有财产和合法权益的公民，三是作为弱势群体的农民工。这种当下社会各阶层的分布非常吻合于上层、中间阶层和底层的表述，也符合于关于正常社会的"正常"想象（既然无法实现人人平等的社会，有阶层差异也是"正常的"）。在每一个相对"自足"的故事里，不同的阶层可以找到各自的位置，每一个故事中得以出场的角色都是固定的，这些叙述不仅仅可以询唤理想的主体，而且也使那些不属于这个阶层的人们从这个社会之镜中照见自己的幻象。比如在维权事件中出场的是这些具有法律意识和行动能力的主体，而农民工也可以从这个故事中看出自己作为公民与个体的身份，尽管这个故事恰好建立在对后者的遮蔽之上。这些栏目在把一些人塑造或询唤为社会主体的同时，也把另一些人放置在社会客体的位置上，从而使得各个群体"心安理得"地认同于社会机制所规定的主体位置。

《经济半小时》所播放的潘蓉与拆迁队对峙画面是其朋友用家庭摄影机拍摄的，拍摄工具的小型化、数字化带来了摄取影像的"民主化"，显然，放映空间要比获得拍摄的权力更重要。尽管网络论坛、个人博客、播客有时候会成为某种自发舆情的呈现，但在中央电视台播放时，却无意中呈现了一幅有趣的画面。在这段站在潘蓉角度来维护个人房产权益的视频中，孤独的潘蓉独自大战铲车和拆迁队，摄影机的机位并非站在潘蓉一边，这不是潘蓉的视角，反而是处在执法大队的后侧远方（当然，也是出于拍摄的安全）。这藏在那些拆迁执法队员背后的目光，与其说是一个偷窥的目光，不如说是一个更具权威和审视的目光，尤其是这种目光被中央电视台所借用之时。在这种目光中，弱小的潘蓉"一个人"面对巨大的推土机，从而在观看效果中达到对更为弱小的潘蓉的认同。对于另一段公布的由拆迁人员所拍摄的成都女企业家唐福珍在强制拆迁现场自焚的视频，其拍摄角度与潘蓉事件完全一样，提供给观众的视点也是相同的。不过，这段被作为拆迁队文明执法出示给法庭的证据在中央电视台播放过程中转化为一种对暴力拆迁的谴责。潘蓉、唐福珍被一个更大的权力放置在一种被伤害和被剥夺的位置上，从而这些个人挺身抵抗地方政府权威的故事改写为一种对更高权力的臣服和维系。值得一提的是，这样两个业主都是柔弱的女性，女性被充当着悲情及苦情的性别修辞。

和潘女士一样，郝劲松拿着宪法捍卫公民权利的"斗士"，也是锲而不舍"讨个说法的秋菊"，这些与体制对抗的个人，反而获得了体制的认可和"褒扬"。需要指出的是，被认为与政府、体制作对的郝劲松早在几年前就获得了"2004年构建经济和谐十大受尊崇人物"、"2005年度十大法制人物"等荣誉称号，这种被包容的批评者具有典型的中产阶层的身份，潘蓉是获得新西兰国籍的海归，唐福珍是女企业家，而郝劲松不仅是中国政法大学法律专业研究生，而且是某法律公司公益部主任。这也正是这些挺身抗暴的公民故事中所试图询唤和建构的主体形态，这种主体身份的建构密切联系着市场经济体制下关于个人/经济人的想象。

与这种中产阶层的主体不同的是，这些作为"社会主义建设者"的企业家们呈现了另外一种面孔。改革开放30年以来，关于这个群体的描述也从"勤劳致富"、"老板"、"万元户"、"暴发户"变成了企业家、知本家和建设者。与此前经常使用"民族企业"的话语来自我确认不同，这次被作为"建设者"（"社会主义建设者"的命名也来自于党的"十六大"报告）的企业家们，其自我叙述是在1980年代的蛮荒之地摸索出一条现代化新路的探险家，是从草创时期的野蛮拓荒者走向文明、法治的表率。在主持人与嘉宾的交谈中，他们不仅是当代坚持技术创新、追求绿色新能源、科学可持续发展的典范，而且也是有社会责任心、探索精神、抓住机遇的创业者。他们既是科学发展观和创新精神的"浮士德"，又是企业员工的衣食父母，更是全心全意做公益和慷慨解囊的慈善家。可以说，他们是我们这个时代的成功者和中国崛起的主力军。

在这样两类具有法制意识的个体和民营企业家占据社会主体位置的同时，另外一些如农民工等底层群体并没有被遮蔽和遗忘，而是以被救助者、弱势群体的身份出现。具体来说，在潘蓉、郝劲松以及民营企业家的栏目中，主体位置和主体身份都是明确的，就是"我一直在飞"、"我们是社会主义建设者"，这既是一种身份的询唤，也是一种确认。在帮助农民工讨薪的栏目《大家看法：我建议》中，"我"的身份也是很确定的，但这里的"我"显然不是那些讨薪的农民工，而是被邀请参与讨论的嘉宾们（专家、律师、演员以及临时从观众席中请出来的善辩的大学生）。正如这期栏目叫《让讨薪不再艰难》是一个省略了"主语"和"宾语"的祈使句，完整的说法应该是《我们让他们讨薪不再艰难》，农民工被先在地放置在客体的位置上，既不是"建设者"，也不是"维护公民权"的"斗士"，而是等待着被救助的客体，在这里，农民工与其说是缺席的在场，不如说是在场的缺席。他们出现在电视机的舞台上，但他们只充当着一个功能，就是社会救助、慈善、捐款的对象，是被动的主体。因此，无论是主持人，还是台上的嘉宾，以及电视机前的观众，被锁定和认同的主体位置依然是那种中产阶层式、具有法律意识的个体（或许也正因为农民工缺乏法律意识，所以讨薪也很难），而不是那些讨薪的主体。

这种作为社会客体的位置，也如农民工被称为"弱势群体"一样，一方面承认他们是社会"弱势"，与残疾人、智障者等因身体而"天然"弱势的群体分享同一个能指，从而掩饰了他们之所以弱势的"社会"原因；另一方面又因他们是弱势所以需要得到救助，这就把他们为何会成为弱势的社会问题转移为如何帮助弱势群体的议题。"弱势群体"这个社会学的命名在彰显他们的社会处境的同时又把这种处境合理化了，也正是在这个意义上，志愿者、爱心大使、慈善事业成为这个时代最为有效的和谐之音。从这里，也可以看出被作为中国公民及民间社会的双重功能，一方面是保障公民合法权益不受到强力部门的侵害（如潘蓉、郝劲松等），另一方面就是救助社会弱势，如栏目中出谋划策的中产阶层代表人物或作为社会主义建设者的慈善家们。这种社会主体及客体的分布图使得阶层区分不仅是清晰的，也是合理的。

如果说从潘蓉和郝劲松的故事中，可以看到一种"公民"的"胜利"，一种对公民权利的认可和维系，那么，从"社会主义事业建设者"的故事中，可以看到探险、创新、"开荒铺路"的勇者精神。而对于农民工的故事，却只能是被救助的故事，等待着充满了爱心的主体们伸出援手。从这里可以看出双重主体的流动和转化过程，一种是从体制之外中产阶层、富裕阶层上升为社会主体的过程中，一种是农民工、下岗工人由工农兵的人民主体被放逐到社会边缘、弱势、客体位置的过程。这样两个过程恰好是同一种历史动力的产物，而实现这种主体位置转换的机制与一种关于体制外的想象密切相关。

三、体制外的想象与体制的重建

在潘蓉面对政府的铲车和郝劲松起诉政府机关及国有垄断集团背后是个体与政府或个体与体制的对抗，而这些作为社会主义建设者的民营企业家显然也具有这种体制之外的身份（非国有经济）。这种二元对立建立在体制＝政府＝国家＝计划经济＝单位大锅饭等一系列苏联式社会主义制度安排的修辞之上。在这种关于体制的本质化想象中，体制特指一种社会主义计划经济体制及其以国家机关、单位为基础的制度安排，1980年代以来对这种体制的脱离就成为一种非体制的指认。在1980年代的语境中，体制被认为是守旧、保守、懒惰、低效率、束缚、封闭、压抑的空间，而对体制的逃离则是一种自由、开放、锐意、进取、解放、进步、创新的选择。逃离体制，处在体制之外，就变成了一匹脱缰的野马，一种自由飞翔的天空，是时代的弄潮儿和勇者（也是这些民营企业家的自由精神），而"铁饭碗"则是慵懒、愚昧和无能的象征。如果说前者是一种老旧的主流说法，那么后者则是新的主流说法，这种体制外的想象恰好是改革时代的主流意识形态，这与其说是对体制的对抗，不如说是在体制的默许或碎裂之下出现的。

这种体制外的位置为改革开放提供了意识形态合法性基础，因为解放思想、突破禁区等一系列政策调整正是对那种一元化的政治经济体制的批判和修正，一种体制外的动力受到另一种体制的支持。可以说，在1980年代以来的意识形态中，成功而有效地建构一种体制外的想象。正如20世纪七八十年代之交在文化上出现了伤痕文学、反思文学，一开始它们受到了批评，被认为是"缺德"文学，但很快这种对"文革"及左翼的伤痕书写被吸纳到对革命历史实践的反思之上，体制外反而成为一种主流及正统文学的组成部分。在这种体制（＝保守的左翼政治实践）和体制外（＝改革开放的政治经济实践）的修辞之下，体制外恰好成为一种体制重建的有效组成部分，也就是说改革开放以来的政治经济体制正是建立在体制外的基础之上。这种1980年代以来所形成的体制与体制外的修辞法延续至今，呈现一种既悖论又和谐的状态。

从这个角度来说，作为市场中的个体（潘蓉及郝劲松）以及社会主义建设者们虽然都处在体制之外，是非体制的产物，但他们恰好以体制外的身份成为体制重建的一部分。这一方面呈现了作为体制象征的主流说法自1980年代以来就呈现一种自我分裂和悖论状态，另一方面也成为改革时代的国家不断自我更新和调整政策的动力，以避免陷入自我否定和矛盾的境地。尤其是新世纪以来，政府、国家、主流意识形态在不断地吸纳这些非体制的力量，在确立国有经济主体中不断地承认非国有经济的地位，与此同时也在法治和市场经济内部保障公民权利。与其说这是某种主流意识形态收编、命名了这些在传统社会主义国家不被信任的"非国有经济"的群体，不如说他们才是有中国特色社会主义事业的"建设者"，他们取代了国家承担其在市场化改革中被甩出去的社会包袱，既保障员工的衣食住行，又救助社会弱势群体。在这个意义上，他们不仅是"建设者"，也是社会结构的组织者。从这里可以看出主流意识形态整合的完成，国家与体制外个人的弥合以及国家与资本的融合。这种主流叙述内在分裂的现象也呈现为一种合流的状态，或者说新的主流说法与市场经济的文化规范达成了一种共识。

然而，这种体制外的想象却充当着重要的意识形态功能。当市场经济中自由择业的公民和自主经营的非国有经济，都因其体制外的位置而受到褒奖之时，那么被迫离开"铁饭碗"即下岗工人的故事也就变成了一种离开体制的勇士之举，离开压抑的工厂体制走向"社会"的"自由"空间就获得了一种合理化的解释。从历史上看，1980年代以来尤其是1990年代急速推进的市场化，与那些"主动"选择自主创业、自谋出路的人（其中的少数成功者成了现在的民营企业家）相比，越来越多的人从体制内被放逐到体制之外。特别是国有大中型企业在转型、改制中产生了巨大的"多余的人"，这些被作为企业包袱的工人被迫"下岗"或经历"再就业"的过程。这些曾经作为社会主体的工人阶级重新从一种"生老病死有依靠"的"束缚"状态中，变成除了出卖"劳动力"之外一无所有的"自由"人。与之相似而不同的是，在1990年代中后期大量工人下岗的同时，是1980年代末期另外一群脱离土地、家族等"束缚"的农民进城打工，变成了"半自由"的劳动力（因为他们还被"强制"保有一块无法买卖的土地）。可以说，工人下岗与农民工进城是两个完全相反的过程，一边是中小型国有企业破产带来的工人失业，另一边则是逐年增加的农民工涌入东南沿海等"世界工厂"。这样两个互逆的过程看似毫不相干，在社会表述中彼此"擦肩而过"（分属于工人议题和"三农"议题），却都是自由市场经济的产物——抛弃多余的包袱是为了提高生产效益，吸引更多的廉价劳动力同样也是为了生产利润，这样两个群体"相遇"在2002年政府工作报告中关于"弱势群体"的论述中，这种离开体制意味着自由、解放的论述有效地遮蔽了曾经作为社会主体或准主体的工人与农民重新变成被资本垦殖的廉价劳动力的过程。这也就是在"我一直在飞"、"我们是社会主义建设者"的自由梦想及主体想象中，被隐去了主体的"他们"所经历的异常艰难的"讨薪之路"的过程。

换一个角度来看，在民营企业家变成了"建设者"，农民工变成"弱势群体"的时候，这种社会命名机制的出现还联系着另外一种意识形态的规训，这就是1990年代以来伴随全球化及"冷战"终结而降临中国的消费主义。消费主义在"二战"后欧洲及美国20世纪六七十年代出现的时刻，也是大量的制造业、加工业被转移到前殖民地及东亚的时刻；在消费主义成为全球化大都市景观的场景之时，也是生产者及生产的空间如工厂、车间从都市景观中消失的时刻。在消费者取代了生产者成为社会、都市景观的主体的时候，作为生产者的农民工、下岗工人就从这些都市空间中被放逐了。在这出消费主义的大舞台中，正如潘蓉的登场是以业主、户主以及房子的消费者、拥有者的身份出场的，而作为建设者、劳动者的农民工则从这种空间中隐匿。如果参考农民工无法讨薪的事实，那么就连"平等交换"农民工劳动的等价物也被剥夺的时候，恐怕连劳动力再生产的循环都难以为继了，所以在这种替农民工讨薪的"社会正义"中，所换回的不过是维系其劳动再生产的成本，而不是农民工/所失去的历史主体的位置。在农民工作为弱势群体，成为社会救助和关注的焦点时刻，他们作为生产者、作为"建设者"的身份也被有效地抹去了。这种消费与生产倒置的秘密在于，生产者与生产产品之间的关系被完全剥离，产品的产权不来自于生产者，而是消费者和购买者，因此，消费者或拥有消费能力的主体才是真正的社会主体，生产者被其所生产的商品抛弃了，也就是说，商品只有在交换流通中才能找到其物主。在这个意义上，消费主义所开启的后工业社会完全改变了以生产为中心的现代及工业秩序,"消费者确实是上帝",生产者只能隐身于上帝的背面。

四、主持人/中间人的位置与法律的功能

这种体制外与体制重建的想象也可以应用到对媒体自身的讨论中。1990年代以来,伴随着媒体市场化,一种脱离国家体制的能够发出批评声音的媒体空间被作为政治自由的重要标识,充当着体制外的角色。第一种媒体市场化的类型是引入体制外编制。1990年代最为耳熟能详的赋予这种角色的媒体事件,就是1993年中央电视台改版,引入体制外人员制作《东方时空》栏目,最终这种集合体制外力量制作的新闻栏目(《焦点时刻》、《焦点访谈》、《新闻调查》)、纪实栏目(《生活空间》)、谈话栏目(《实话实说》)等形式成为中央电视台的主力军,与此同时,这些体制外的人员如白岩松、水均益、王志、朱军等不仅成为中央电视台的"名嘴",而且也被作为个人奋斗为成功者的人生典范。第二种方式是依附于主流媒体创立了一批市场化的都市报。如以《南方都市报》为代表的南方报业集团,成为1990年代中期以来批评政府(尤其是非广州的地方政府)的体制外的声音,而这些声音恰好成为助推改革开放事业以及推进市场经济的另一种喉舌。从这里可以看出,一种体制内部的体制外力量成为体制重建的过程。

自2009年伴随着中央电视台新台长的上任,中央电视台栏目也发生了一些变化,尤其引人注目的就是新闻栏目的主持人已经从简单的新闻播报变成了一种新闻评论人的角色。从上面提到的几个电视栏目也可以看到一种关于媒体、体制和国家的新想象。这几个栏目基本上都采用一种对话、讨论的节目形式。如,《经济半小时》并非现场报道和新闻简报,而是一种如《新闻调查》式的深度评论;《面对面》则是两人对谈的深度访谈;《大家看法:我建议》是现场多人分两组像辩论赛式的讨论;《对话》则是介于访谈和讨论的节目。尽管这些节目形式各异,但有一点是重要的,就是主持人的角色显得格外突出(这种主持人制片人化或制片人主持人化的方式也是当下节目生产的基本方式)。主持人不仅是现场的组织者,也是话题的引导者。主持人以中性的身份不介入讨论,但却试图协调对立双方的立场和观点。正如在拆迁问题成为社会话题之后,中央电视台新闻栏目中报道了美国开发商与钉子户"和谐"相处的趣闻，开发商不仅没有强制拆除钉子户，反而为此修改了设计方案，并与钉子户成为好朋友。而北京电视台也报道北京地区某老字号商店响应地方政府建设，"主动"放弃索要高额拆迁费的故事。在这种"中性"的媒体舞台上，上演的不是"大战"，而是一种化干戈为玉帛的团圆故事。这也恰好是当下政府在社会结构中的功能的一种隐喻，政府/主持人是社会阶层、冲突的调节者和仲裁者。

这样一个得以搭建不同利益主体剑拔弩张的舞台基础还来自于一种对法律或法治的信念。从关于拆迁的报道以及最终要使用法律手段来解决这种拆迁问题可以看出，利益冲突双方背后是《物权法》与《城市房屋拆迁管理条例》的矛盾。对于郝劲松们来说，法律、宪法成为个体面对拥有庞大行政能力的政府或其他利益集团时自我保护的工具。而农民工被"恶意欠薪"的问题也被转化为一种法律问题的讨论。在这里，法律担负着双重功能，一个是捍卫个人权利，另一个是维系社会秩序，从而使一种激进的挑衅变成对规范性的社会秩序的维护，反抗的声音被规训为一种法律秩序内部的协商和调整（正如一部反映农民工讨薪的电影《不许抢劫》）。这种对法治、法律化秩序作为理想之邦的想象也是1980年代所确立的制度崇拜的结果，当然也是取代阶级斗争的方式来应对社会阶层冲突的和谐剂。

这些不同的群体或阶层在中央电视台这个舞台上可谓被"尽收眼底"，不在于这些节目是否真实地呈现了各个阶层的故事，而在于这种呈现本身具有一种询唤和训诫功能，他们以不同的面孔恰当地演绎着属于自己的故事，而且这些故事高度吻合于他们在社会阶层中的位置。在这种社会阶层的描述中，预留出来的社会主体是这些捍卫公民权益和社会主义建设者们，而以农民工为代表的弱势群体则处在等待社会救助的位置上。中央电视台等媒体舞台试图整合不同利益群体的冲突，在呈现阶层区分的过程中，也为这种分化提供了合理化的解释及规范化的制度，让不同的主体从这面意识形态的"幻境"中不仅能够照见"真容"（如同那面"你是世界上最美的女人"的魔镜），而且也心安理得地接受所处的社会位置。

第三节 模范公民的故事:"拳头"、"谁"与"冒犯者"

一、"公民之年"和"中产之殇"

在2009年岁末各大都市媒体的盘点中,有一个词汇和一个人物格外引人注目,这就是"公民"和"公民韩寒"。《新周刊》年终的一期把2009年书写为"公民之年",因为"公民维权是2009年的主题。从4万亿之争到政府信息公开,从邓玉娇事件到钓鱼执法再到小区维权,无不展现公民的身影,各类维权QQ群更是遍布网络"①;而《南方人物周刊》2010年第1期评选的年度人物是三位"推动者",分别是挥舞"法律斧头"的公民郝劲松、番禺业主/网友"樱桃白"和"公共预算观察"志愿者吴君亮②,正是在他们的"推动"之下,上海钓鱼事件"水落石出",广州番禺垃圾焚烧厂被缓建,政府部门预算正在逐步公开。在这些推动者中,有一位"模范公民",他就是2008年以来因博客评论而再度闻名的"80后"作家、赛车手、杂志主编韩寒。自《南都周刊》以"公民韩寒"为封面故事(2009年11月),韩寒就成为了"公民模范"和"公民样板",当选岁末多个"年度人物"、"十大公民"等,其获奖理由也是"公民立场之美"(《新京报》)、"年度公民写作"(《南方周末》)、"青春公民VS权力"(《亚洲周刊》)。不仅如此,他还被《中国新闻周刊》评选为"十年影响力人物"的文化艺术界代表,甚至《新世纪周刊》以"选韩寒当市长"为主题封面。

在"公民之年"及"公民韩寒"的背后是"公民社会"的力量。如广州番禺业主抗议垃圾焚烧事件被描述为"番禺力量"和"公民社会曙光"③。"如果说,中国是2009年世界经济的主要推动者,那么,

---

① 《年度报告·2009:公民之年》,《新周刊》2009年第313期。
② 此三人及其事件也多入选各大媒体网站总结的2009年"十大公民行动"。
③ 《南方人物周刊》的标题是《番禺力量》(2010年第1期),《南风窗》的标题是《捕捉公民社会曙光》(2010年第5期)。

我们 2009 年的年度人物给予的是这一年中国社会的推动者"、"一个个公民微力的聚合推动,中国的崛起才有了最为扎实的根基"。① 在"公民"这个命名周围还经常漂浮着一些其他的能指。如《中国新闻周刊》"十年影响力特别致敬"中,提名是"纳税人"和"网民"(分别是两个穿着西装没有面孔的男性),获奖者是"纳税人",获奖词"纳税行为催生现代公民意识:自己是国家的主人;纳税人有权要求法治,要求政府对民众负责,要求建立公共财政制度。中国社会所取得的每一个重要进步,都与公民的纳税人意识之觉醒,有着直接或间接的关系"、"他们是纳税人,他们愿承担必要的义务,也理应享有与之匹配的权利。二者的生动呼应才是建立公民社会的前提",这种纳税人的权利和义务"重新界定国家和公民之间的关系"②;还如"2009 年的中国人终于明白,不推进公民社会建设,所谓中产不过是虚幻"③ 等。从这些叙述中,可以看出公民的多重身份:业主、志愿者、网民、纳税人和中产阶层,或许还有消费者,这些彼此重叠的能指共同拼贴出一副公民的完美形象。

　　与这种公民、公民社会的"乐观"表述不同,一本"财经"类杂志以"2010,中产之殇?"为封面主题,"2010 年房价跌不跌、通胀来不来、股票涨不涨"成为在中国刚刚获得"正名"的中产阶层的软肋和"心腹大患",而 2010 年初从大洋彼岸传来的"次贷危机"已经使得作为全球中产阶层"样板国"的美国率先遭遇"中产之殇"。在这个"金融危机"的时代,"做中产其实好难,再努力未必能变富人,可稍不留神就'中低收入'啦"④。无独有偶,《中国新闻周刊》也在 2010 年初策划了《"被消失"的中产》,讲述"不再中产"的故事,"中国中产阶层向上流动困难,大部分向下沉沦为中下产,中产的后备军成长堪忧,难以补充这个阶层,中产阶层壮大之路越走越艰难"⑤。而《南方人物周刊》也策划了一个《80 后失梦的一代》的专题,讲述这些准中产阶层主体"逃离北上广,回归体制内"的"梦想难以照进现实"

---

① 《推动者有力量》,《南方人物周刊》2010 年 1 月 4 日第 1 期总第 194 期,第 26 页。
② 《十年致敬:他们影响中国》,《中国新闻周刊》,2010 年 1 月 18 日,第 76 页。
③ 《2009:公民之年》,《新周刊》2009 年 12 月 15 日。
④ 《2010,中产之殇》,《钱经》封面故事,2010 年 01 号。
⑤ 《"被消失"的中产》,《中国新闻周刊》2010 年 1 月 18 日,第 30 页。

的处境①，其"梦想"无疑指认着一个大城市当中的中产阶层式的生活，但是这种"梦想"在2009年变成了"蜗居"、"蚁族"的现实，这些被堵塞的中产之路在近一两年被具象化为"房价"之痛。诸如"谁偷走了中产的幸福"、"中产阶层的沉沦"、"中产阶层将倒掉"等话题也成为金融危机下国内外中产阶层的噩梦。可以说，这是一个公民获得命名的时代，也是一个中产阶层"人人自危"的时代。

  无论是公民之年，还是中产之殇，关于公民权利和中产消失的双重故事成为当下最引人注目的社会议题。以公民/中产为视角的故事成为社会讲述的基本策略和方式，如关于弱势群体的故事被讲述为中产阶层如何帮助其维权或捐助的故事，而关于富裕阶层的故事则被讲述为如何像有道德感的中产阶层一样勇于承担社会责任、做好慈善事业的故事。即使对于金融危机、垄断资本的批判和反省，也被讲述为中产阶层如何获救以及自我拯救的故事，如2009年两部好莱坞巨片《2012》和《阿凡达》都是以中产阶层下层为主角讲述他们在"自然"灾难和遇挫的外星殖民中拯救家庭并拯救自我的故事。《2012》是三流作家/蓝领司机凭一己之力换回了濒临终结的家庭并成为登临诺亚方舟的"上帝选民"，《阿凡达》则是残疾的前海军陆战员换上阿凡达的面具不仅重新"站"了起来，而且俘获纳维公主的爱情并成为纳维人的救世主，还有比这更能抚慰灾难深重的美国/全球中产阶层遭受创伤的心灵吗？还恰如两本针对当下中国社会的畅销书《仇富——当下中国的贫富之争》（作者为"中国公众意见领袖"薛涌）和《郎咸平说：新帝国主义在中国》②，分别对"新自由主义"下"右翼专制主义"和跨国垄断公司对中国社会的盘剥进行了"尖锐"的批判，不过，这种批判的基点是维系自由竞争的中小企业主或中产阶层的利益。前者对垄断集团的批判是为了维护中产阶层能够继续参与社会竞争的资格/入场券（如果中产阶层都不能参与竞争了，这游戏还玩得下去吗？），而后者则引用列宁关于"帝国主义是资本主义最高阶段"的论断来讲述"新帝国主义"如何剥削中小生产者（专利、金融垄断剥夺了更多人自由竞争的权利）。

---

  ① 《80后失梦的一代》是《南方人物周刊》的封面专题，2010年2月6号总第199期。
  ② 薛涌：《仇富——当下中国的贫富之争》，凤凰出版传媒集团、江苏文艺出版社2009年版；郎咸平：《郎咸平说：新帝国主义在中国》，东方出版社2010年版。

也许这个危机时代的悖论和荒诞在于,一种偏左翼的话语被挪用为右翼的自我批判①。

这种公民及公民社会的想象成为重构当下中国社会的重要力量和合法性来源,在公民/中产显影为社会主体的过程中,关于社会的"进步"和社会的"忧伤"都具有了清晰的中产位置,"进步"是公民社会和公民权利的进步,"忧伤"是无法维系舒适的中产阶层生活的忧伤(蜗居/房奴之痛和既要开车又要少开一天车的既现代又有环保意识的生活)。这种主体位置的凸显是新世纪十多年来最为重要的社会及文化现象。

二、"拳头"的故事

在这篇刊登在《南方人物周刊》"年末特刊人物"的首篇报道《番禺力量》中,有一幅醒目的插图——一个肌肉发达而紧握的拳头,喻指文章标题中的"力量"。这种版画风格借鉴于"咱们工人阶级有力量"的特定修辞,不过这个握紧的拳头不再是打碎一个旧世界或者打倒美帝国主义的"人民的"铁拳,而是一个没有主体的拳头、一个主体缺席的拳头。这种缺席的主体在文章开头左手页浮现,在这幅全家福式的照片中由"阿加西、郭老、巴索风云、Kingbird"等网友组成,他们是发起并积极参与"番禺事件"的业主们。

《番禺力量》讲述了2009年9月23日广州市宣布在番禺兴建垃圾焚烧发电厂之后,番禺小区居民进行了和平抵制、请愿和抗议的故事。一些业主在得知政府要在附近兴建号称是"绝无污染"的垃圾焚烧厂时,从网络上查询到垃圾焚烧所带来的空气污染和危害,然后在小区BBS上讨论此事。其中有网友建议在广州市环卫局接待日表达自己的诉求和意见,并起草《番禺生活垃圾焚烧发电厂起诉书》,这种方式少有响应。为了让更多业主参与到"反垃圾焚烧"的行动中来,开始由"网友"的QQ群讨论延续到"志愿者"在街头发传单和收集签名。这种网络论坛与"地面"宣传相结合的动员方式,不仅获得更多业主的

---

① 正如薛涌清晰地意识到自己对吴敬琏、茅于轼、江平等人的批评,不是"左"派的批评,而是右派的自我批判,是站在中小资产者的角度来批判这些自由主义经济学家与特权阶层的合谋而出现的垄断利益,如果说这些经济学家是老右派,那么薛涌则自认为是新右派。

参与，而且也引起了广州当地媒体的注意（因为业主中就有记者）。在一些具有法律知识的业主的倡议下，这次维权行为援引"环保不达标"对工程建设有一票否决权的法律依据，于是向市环卫局提交业主签名的《反对兴建垃圾焚烧处理厂的意见书》，但政府反响平平。其中，有两件事提高了人们对此事的关注，一件事是某些番禺业主去广州市第一个垃圾焚烧发电厂所在地李坑村实地考察，得知这种号称"洁净、明亮，也没什么臭味"的先进垃圾处理厂事实上严重污染了当地村民的居住环境，并导致患癌症的人数逐年递增，这种"前车之鉴"给番禺业主们带来了很大"震惊"；另一件事是名叫"樱桃白"的网友手拿着"反对垃圾焚烧，保护绿色广州"的环保口号在地铁、中心购物广场游走，并把此经历发布到网上，这篇帖子迅速走红并被网友围观，樱桃白也获得"史上最牛环保妹妹"的称号。伴随着番禺事件被外地媒体和网络热议，番禺建垃圾焚烧厂的问题上升为"垃圾焚烧是全广州乃至全中国的问题"，"于是，他们将抗争目标从一开始的番禺不建垃圾焚烧厂，改成了推行垃圾分类，杜绝一切垃圾焚烧项目"①。后来网友还挖出垃圾焚烧厂的投资商与主管部门的裙带关系，最终在12月初，番禺区政府决定缓建此项目，待到亚运会后再重新选址，可谓"历经三月，番禺人用自己的理性和行动，保卫了自己的家园"。这种自发维护自身权益并迫使政府让步的行为被认为是2009年公民社会的胜利，也被视为公民集体维权成功的典范。

从这次事件中，可以看到网络起到了重要的作用，成为发起、酝酿、提升、聚合业主力量的重要媒介，"网民，是这次事件的中坚力量，互联网聚合了众多民间高手，每个人的优点聚合在一起，就衍生出了更为强大的力量"。另一个重要因素就是媒体的介入，"作为华南地区新闻媒体大本营的广州，此时充分显示了自己媒体重镇的实力。它们从各个角度对本次事件进行剖析，各有侧重，完成了知识启蒙与引导民意的作用"。从维护切身利益出发，到借助网络来联络业主，再到有理有序地在政府接访日向有关部门申诉意见，最终番禺事件取得了阶段性胜利。在这种业主、网民、志愿者的身份背后，体现的是一种中产阶层的理性和行动，正如一位时评人评价："番禺的业主们非常聪明，他们

---

① 《番禺力量》的引文，参见《南方人物周刊》2010年第1期。

都是中产阶层,有知识、有文化,学习能力很强。所以往往能够群策群力,很快找到最有效的方法","他们有着中产阶层特有的审慎与理性"。这种理性在于政府要求民众"派代表"来商谈,而番禺业主充分意识到"我们不要被代表",而且借助网络上的"自由表达和辩论",使得"所有的活动都是'无组织,有理性','没人愿意当领袖'"的自发性或志愿性。不过,这种"中产阶层特有的审慎与理性"的前提是他们都具有番禺地区业主身份,所谓"我的地盘,我做主"。也就是说,这种维权、环保的主体是在都市中拥有住房的人,这种所有权衍生出一种共同的利益共同体,正如姚姨在搜集签名时坚持"没有入住的我们绝对不会冒充去签,人不在家的不签,即使是租客也不让签——只有业主才能在上面签字",只有"业主"才有发言的资格和身份,才是这幕公民维权大戏的真正"主人翁"。

这种"业主=网友=公民=媒体人=中产阶层"的"亲密无间",有着坚持的空间基础,就是他们都居住在相邻的商业楼盘,这些相距不足1公里的小区,"由于没有化工厂和重工业建设,空气清新,环境优美,广州市区及周边的许多白领与中产一族都喜欢在此置业",垃圾焚烧厂损害了这些业主的利益,而这些中产阶层可以把环保议题借网络和媒体力量有效地转化为公共话题。与李坑村在没有任何抵抗的情况下就修建垃圾焚烧厂不同,这些番禺的业主们拥有充分的知识、理性来组织反垃圾焚烧运动,从这里也可以看出番禺业主与李坑村民的区别在于一种中产阶层的身份和界限。更为重要的是,李坑村因建"无污染垃圾厂"而被污染的事件通过番禺业主的"实地调查"得以曝光,李坑村是在番禺业主的目光中呈现或追溯出来的。这种中产阶层的"审慎与理性"不仅体现在维护自身权益上,而且在帮助非中产的村民上。从《番禺力量》中可以看出其公民社会的前提在于中产阶层主体,因为其作为社会"中坚"的想象具象为在都市空间中拥有房产,所以他们无需被代表,他们可以代表自己或代表其他阶层(如不会上网的李坑村村民),而"番禺反烧"之所以能成功,在于"从北方迁居广州番禺的那批中产阶层,尤其是其中的媒体人"[1],中产与媒体人之间不需要"中介",他们是"公共领域"的构建者,他们可以把自身关注的议题

---

[1] 笑蜀:《捕捉公民社会曙光》,《南风窗》2010年第5期,第16页。

如环保转化为一种公共话题和普遍议题,如同作为中产阶层外壳的"房价"就成为当下社会关注的共同议题。对于早就被排除在商品房之外的下岗工人、农民工来说,他们根本没有资格抱怨房价(因为他们已经先在地被市场经济/公民社会放逐其外),也只有这些被高房价所抛弃的中产阶层才尤为感受到蜗居/房奴之壳的沉重。也正是在这个意义上,《蜗居》、《蚁族》成为2009年下半年的流行文本,并引起全社会的高度关注。

而"番禺事件"之所以被作为公民社会的胜利,是因为在公民社会/国家(政府)之间的冲突和博弈中,政府最终妥协了,这种妥协印证了公民社会的力量。这种公民/国家相互对立的想象建立在纳税人与国家的经济契约关系之上,这些纳税的中产阶层拥有监督政府的权利和义务。在公民社会的想象中,政府最好是社会及国家的守门人,不主动干预自由市场的经济活动,其行政权力也要以保障市场经济环境中公民权益不被侵害为主(也就是"以人/公民为本")。所以,"推开公共预算之门"、"口罩男质疑城区改造工程"① 等就被视为公民行动的典范;所以,薛涌、郎咸平对权贵资本主义、垄断特权利益的批判,也在于其损害了市场经济下中小企业主、中产阶层的利益,让他们处在如同下岗工人、农民工等市场经济体制的底层位置上。正如美国知名纪录片导演迈克尔·摩尔纪录片《资本主义:一个爱情故事》中,在讲述了金融危机下美国中产阶层悲惨生活那个幸福的与资本主义爱情的蜜月期处在"二战"后和里根总统上台之前,分享这份甜蜜的是战后婴儿潮的一代,因为他们在福利制度及经济增长中成为中产阶层(这种蓝领工人白领化的过程,显然与战后欧洲重建以及1970年代制造业开始转移到东亚区域有关),而噩梦开始于里根所实行的新自由主义经济政策,这种政策最终导致金融危机爆发而剥夺中产阶层曾经拥有的"舒适生活"跌落底层(中产阶层被打回了"无产阶级"的原型)。或许与美国中产阶层之痛不同的是,中国的中产阶层远不是社会大多数,但是这并不影响中产阶层话语成为中国社会各阶层所分享的意识形态霸权,也不影响中国的"意见领袖"把站在美国中产阶层立场的批判移植到中国来,而"蚁族"和"蜗居"也正是做中产而不得、做房奴而不得的故事。

---

① 《口罩男:一个公民的大力量》,《南方人物周刊》2010年2月第6期。

三、这个"谁"是"谁"

在《南方人物周刊》"年末特刊·年度人物"的前言《推动者有力量》中,具体讲述了"谁"是"中国社会推动者":"他们可以是一个勇敢捍卫自身权益的普通人"(如邓玉娇、张海超、孙中界等)、"他们可以是一个有良知的专业人士"(帮孙中界打官司的郝劲松等)、"他们可以是一个有进取心的媒体记者"(报道"开胸验肺"的记者等)、"他们可以是一个锲而不舍的志愿者"("公共预算观察"的志愿者等)、"他们可以是一群理性的小区居民"(反对建垃圾焚烧厂的番禺业主等)、"他们可以是官员"(公布财政预算的地方领导等),最后"他们更可以是你——3亿多网民、6亿多手机用户以及13亿中国公民。在这个'微传播时代',你的每一次微传播,带来的是微动力,而微动力的聚合,则是变革的大力量。正是由一个个公民微动力的聚合推动,中国的崛起才有了最为扎实的根基"。① 在这个长长的关于"推动者"的光荣榜中,不仅罗列了2009年参与公民事件的所有主体,而且对读者/"你"发出了强有力的询唤,不管"你"是"谁",都可以成为"社会推动者",都可以成为模范公民。在这种"公民"取代"人民"的普遍主义叙述,"你"真的包括"13亿中国人"吗?

《南方人物周刊》从上面这些众多的"推动者"中,只选出三个公民"吴君亮"("公告预算观察")、"樱桃白"(番禺业主)和"郝劲松"("钓鱼案受害者"的代理律师)作为封面人物,内文也分别详细介绍了这些"公民中的公民"的光荣事迹。不过,在这个以《推动者有力量》为题的年度特刊中,却组织了四篇文章,除了《番禺力量》、《推开公共预算之门》、《郝劲松:挥舞"法律斧头"的公民》之外,还有一篇讲述张海超"开胸验肺"的文章,但是张海超却非常恰当地没有出现在"封面人物"中,为什么张海超无法与吴君亮、樱桃白、郝劲松比肩呢?这篇文章的标题已然给出了答案。与另外三篇文章的标题都是肯定句不同,《谁推动了"开胸验肺"事件?》这篇文章使用了一个疑问句,这个"谁"究竟又是"谁"呢?相比其他三篇文章的标题中已经写明了叙述的主体(吴君亮、番禺业主和郝劲松),这篇文章

---

① 《推动者有力量》,参见《南方人物周刊》2010年第1期,第26~27页。

的主体与其说是"开胸验肺"的张海超,不如说是这个"谁"。正如文中所述,"是谁让张海超不得不'开胸验肺',又是谁让他成为了万千职业病维权者的'幸运儿'、推动着'开胸验肺'一步步成为全国焦点?"① 这个"谁"就是使得此事件"大白于天下"的公民们:敢于确认"职业病尘肺"的开胸医生程哲、河南《东方今报》记者申子仲、批示者徐光春,分别对应于上面提到的"专业人士"、"媒体记者"和"官员"。在这里,"张海超"没有成为推动者,反而是被推动者或被推动的对象,是如中了社会彩票的"幸运儿",在这个意义上,邓玉娇、孙中界也是如此"幸运儿"。换句话说,无论是番禺事件,还是郝劲松、吴君亮,都无需被代表、被推动,因为他们的中产阶层身份使其"天然"就是"推动者",而张海超们则是需要被代表、被中介的客体。张海超们无法放置在这些公民群像里面,他们只能"被公民"。既然如此,为什么在这个公民群像中,张海超又是一个无法缺席的能指/在场呢?张海超必然在封面人物中"缺席"但又必须在内文里"出场",因为没有张海超这个他者,这些作为中产阶层主体的公民无法建构更为完美的自我。且看张海超们又拥有什么样的社会身份呢?

张海超(1981年出生)原是河南某耐磨材料有限公司的工人,"他在这个离家仅几公里之遥的公司先后从事杂工、破碎、开压力机等多种大量接触粉尘的有害工种","辞职后的他,为了生机,还在郑州一家汽车不锈钢厂打工,身体不好,他只能一边看病一边干活",张海超多次去医院检查,查处肺部已经患上了尘肺,但是原公司与职业病防治所却无法"确诊"其职业病的身份。显然,张海超是一名从事危险行业而没有社会保险的农民工。邓玉娇(1987年出生)原本在家乡所属乡镇宾馆做服务员,因不堪性骚扰而自卫杀人。邓玉娇案发后,网络上出现《烈女邓玉娇传》、《侠女邓玉娇传》、《生女当如邓玉娇》等,网络舆论一边倒向受害者/杀人者邓玉娇,她也是一个打工妹。更为年轻的孙中界(1991年出生)只来上海打工第三天,就因助人为乐而掉进"钓鱼执法"的陷阱,成为"守株待兔"的猎物,其身份是上海某公司司机,同样也是一名农民工。这样三个在2009年因媒体或网络关注而轰动全国的事件,其三位受害人都是"80后"、"90后"农民工,是农

---

① 《谁推动了"开胸验肺"事件?》,《南方人物周刊》2010年第1期,第38页。

民工第二代，他们在政府、媒体及律师的多方介入下，最终归还了清白。张海超事件还推动了对职业病的鉴定和赔偿，孙中界事件则掀开了"钓鱼执法"的冰山一角，就如同 2003 年孙志刚事件而废除收留制度一样，这些个人的牺牲推动了中国社会的进步和社会制度的完善（不得不提的是，孙志刚事件的轰动效应在于其大学毕业生的身份）。但是他们作为弱势群体的身份（尽管在 2010 年"两会"期间温总理承认农民工作为工人阶级主体的位置），却无法填充那个"谁"的位置，他们只有依靠媒体人、网友等中产阶层主体的中介才能成为"幸运儿"，他们的困难、痛苦只能转化为或感动中产阶层的目光才能获得显影，正如李坑村村民的故事一样，张海超们发挥着印证这种中产阶层主体救助弱势群体的功能。如果说在"吴君亮"、"樱桃白"和"郝劲松"的公民主体中，审慎而理性的中产阶层是其自我的镜像，那么张海超、邓玉娇、孙中界则是建构中产阶层主体位置的他者，是需要被中产阶层"推动"、"捐助"和"代表"的弱势群体（此时被作为工农兵主体的"人民"已经转化为农民工、下岗工人和农民等弱势群体）。所以说，在这幕中产阶层的镜像结构中，他们/他者是在场的缺席，又是缺席的在场。

  如果做一点追溯，"弱势群体"和"中产阶层"作为一种社会命名方式，几乎在同一时期出现，他们在新世纪之初分别获得了各自所属的身份。2002 年时任总理的朱镕基在《政府工作报告》中提出"对弱势群体给予特殊的就业援助"①，把包括进城农民工在内的下岗职工、"体制外"的人和较早退休的"体制内"人员归入"弱势群体"，"弱势群体"成为一种被主流社会普遍认可的命名，这种命名把下岗工人和农民工都放置在需要被特殊援助的位置。而其间的错位在于，与工人从国有大中型企业转型中下岗不同（工人大面积下岗与 1990 年代中期实行的"抓大放小"的改革策略有关，发挥就业功能的主要是中小型国有企业），农民工则是 1990 年代所开启的以沿海为中心的世界制造业加工厂的主体，是以廉价劳动力的方式支撑中国经济高速发展的动力。就在弱势群体成功而有效地规训着这些底层群体之时，一种出现在 1980 年

---

  ① 《朱镕基总理代表国务院在九届全国人大五次会议上作〈政府工作报告〉》，新华网，2002 年 3 月 16 日。

代末期、在1990年代被作为公民社会主体的中产阶层话语开始在世纪之交浮现出来①,如《格调》、《当代社会阶层研究》等学术畅销书开始正面讨论改革开放20年来的"阶层之谜",《新周刊》2001年以来分别以《忽然中产》、《给中产一个定位》为选题,讨论"向中产看齐——一个阶层和它引领的生活"的话题②。"公民社会"/"民间社会"作为一种针对东欧社会主义内部瓦解国家体制的力量,在"冷战"后成为批判专制体制的空间,这种批判话语在1990年代与市场经济结合起来,扮演着推进市场化以瓦解专制政体的功能。这种市场经济作为公民社会孵化器的想象与市场化的主流意识形态之间存在着冲突而又合谋的关系。"中产阶层"想象来自于1980年代对美国社会以及经济奇迹下的亚洲"四小龙"都是中产阶层社会的描述③,从而认为资本主义、经济现代化和中产阶层社会之间存在着密切关系。中产阶层为主体的社会被赋予双重想象,一方面,以中产阶层为主体的纺锤型社会成为社会结构稳定及合理化的象征(如美国等欧美发达资本主义国家),另一方面,这种中产阶层主体的理性社会与民主化诉求存在着或多或少的联系

---

① 笔者仅以"中产阶级"、"中产阶层"、"公民社会"、"民间社会"为关键词在中国知网上搜索,可以清晰地看到,这些概念多出现在1980年代末期(是发达资本主义的常见现象),1990年代有过一些零星讨论,如"公民社会"与市场经济的关系、印度中产阶层等,而这些词汇的关注度在2000—2002年间突然增加(也是中国领导阶层交接之际),多关注中国中间阶层的现状、中产阶层与社会稳定的关系等议题,直到近些年形成了关于公民社会、公民权益以及中产阶层责任等常见的议题。
② 参见新周刊杂志社编《向中产看齐———一个阶层和它引领的生活》,广东人民出版社2004年版。
③ 在1980年代末期出现了两篇讨论中产阶级的文章,一篇是《中产阶级:西方民主化的推进力量》(刘德斌,《探索与争鸣》1988年4月),指出"资产阶级的统治之所以能够建立在一个比较稳定的基础之上,并消除了无产阶级暴力革命的可能性,就在于他们的统治是建立在这样一种社会结构上:工业革命时期纯粹意义上的产业无产阶级队伍已经不复存在了,社会的半数成员都是具有相当文化水平和物质财产,政治上和经济上具有独立地位和意识的公民。他们既是阻止垄断资产阶级建立独裁统治的社会力量,也是消除无产阶级暴力革命的主要因素";另一篇是《中产阶级与当代资本主义》[作者王志平,分别发表在《社会科学》(1989年11月)和《科学社会主义》(1990年2月)],指出科技迅速进步和中产阶层兴起是当代发达资本主义国家的基本特征,中产阶层的出现与资本社会化和福利国家有着密切关系,而中产阶层的功能在于"已经或正在对发达国家如何解决由于发展不平衡规律及其引起的重新划分世界的斗争提供了更多的选择余地和新的形式","一个足够强大的中产阶级的存在,对于垄断统治的国内国际政策不会没有这样或那样的牵制和影响"。

（如 1970 年代末期拉美军人政权倒台出现第三波民主化浪潮，以及 1980 年代中后期韩国、台湾等东亚国家和地区的民主化进程，在这些反对威权政体尤其是军人政体的过程中，借着经济高速发展而催生的中产阶层成为民主化的主力军），也就是说，中产阶层具有保守和激进的双重特征和两面性（既软弱、温顺、审慎而理性，又容易被动员成为激烈变革的主体）。

这种市场经济、公民社会与中产阶层的讨论成为新世纪以来重要的社会话题，尤其是 2002 年新领导人上台以来，在和谐社会、科学发展观等一系列意识形态调整中，保障公民权利、救助弱势群体、慈善、捐助、志愿者等议题逐渐成为中产阶层与主流意识形态高度共享的空间。关于公民社会的功能也基本上限定在两个向度上，一个是维护公民权利（"维权"也是近几年的社会话题），二是在环保、慈善中发挥中产阶层的社会责任感。这样两个向度正好对应着公民/中产阶层的权利与责任，也代表着公民身份讨论的自由主义传统（强调国家及政府不能侵害公民个人权利，是一种消极公民）和共和主义传统（强调公民的公共责任和奉献，是一种积极公民）①。正是这种中产阶层话语，使得弱势群体的问题被转移为如何救助和帮助弱势群体的问题，而不再追问为什么会成为弱势群体的问题。在这种清晰的社会身份及区隔中，弱势群体必须借助中产阶层的目光才能变成公共议题，从而显影在法治、媒体（网络、电视等）等公共空间中。

四、公民韩寒＝冒犯者＝意见领袖＝模范公民

2009 年岁末，许多报纸杂志选择把韩寒作为专题主角和年度人物。如《南都周刊》以"公民韩寒"为封面故事（2009 年 11 月 2 日）；《南方人物周刊》"2009 中国魅力榜·民间"认为韩寒是"天性之魅"（2009 年 12 月 29 日）；《新世纪周刊》"2009 年度人物"是"选韩寒当市长"（2009 年 12 月 21 日）；《新周刊》"2009 大盘点十大公民"是《韩寒：我只是一个公民》；《南方周末》"年度人物"首位也是"韩寒者，冒犯也"，并且也荣登"年度公民写作"；《Vista 看天下》年度特别策划"2009 世说新语中国人民有话说"，韩寒说"我只好跟整个社会

---

① （英）德里克·希特：《何谓公民身份》，郭忠华译，吉林出版社 2007 年版。

玩"（2009年12月28日）；《中国新闻周刊》"十年影响力人物·文化艺术"，韩寒说"关注社会，是一个作者生来必需的职责"；《亚洲周刊》"2009年度风云人物"是韩寒"青春公民VS权力"（2009年12月29日）；《新京报》评选"2009中国最美50人"第四位是韩寒"公民立场之美"（2009年12月31日）①；《经济观察报》"年终策划"是"韩寒：少年得志"（2009年12月31日）；在"写给2010年为了一个美好的世界"的祝福是"公民韩寒们的崛起"（2010年1月1日）②；韩寒是"2009年最in的文化人"③和"十大公民之首"④；等等。可以说，韩寒已经不仅仅是一个"80后"作家（其创作再也没有引起如处女作《三重门》式的反响），而且是当下博客点击量最大的博主和公众意见的领袖。也许没有一个人物能像韩寒这样成为"公民"的典范，具有如此清醒的自我定位和指认。

在韩寒"跟整个社会玩"之前，还有其他几件引人注目的事件。2006年有"韩白之争"，韩寒对文学评论家白烨关于"80后"作家的评价不满（白烨认为"从文学的角度来看，'80后'写作从整体上说还不是文学写作，充其量只能算是文学的'票友'写作"），韩寒认为"文坛是个屁，谁都别装逼"；2007年有多位"80后"作家申请加入中国作协，"韩寒接受采访时称，作协的存在是可笑的；中国这帮二奶作家，作协是二奶协会"，"我的立场一如既往，我绝不加入作协，打死我也不干。我认为，真正的艺术家应该永远独立，绝不能被组织左右"⑤；2008年韩寒在与陈丹青的电视节目中炮轰多位文学大师（称"老舍、茅盾、巴金等人的'文笔很差'，'冰心的完全没法看'"）；不久韩寒又与河南作协副主席打嘴仗，认为体制内作家只会写官样文章，"作协要解散"⑥。这些与文学有关的争吵虽然没有连续性，但韩寒的姿态和立场是一致的，就是对代表文学体制的评论家、经典作家以及作协

---

① 前三位是范冰冰、孙红雷、李宇春，而且50人中韩寒也是唯一一位非演艺界人士。
② 《写给我们的2010年：祝福你，为了一个美好的世界》，《新京报》2010年1月1日。
③ 《2009年，最in的文化人》，《北京晨报》2009年12月29日。
④ 《盘点2009》，《合肥晚报》2009年12月31日。
⑤ 《韩寒坚决不入作协：作协一直可笑的存在》，《南方周末》，2007年11月8日。
⑥ 《韩寒与河南作协副主席打我们的2010年：祝福你，为了一个美好的世界 称应解散作协》，东方网，2008年9月23日。

制度表示不满，因为在他看来，"真正的艺术家应该永远独立，绝不能被组织左右"。在这里，"组织"有着清晰的指认，就是社会主义文学制度，生活在组织里面的作家只能是政治的传声筒。这种"批判"很张狂，但又是如此老旧。在1990年代末期，以韩东、朱文为主的"60后"作家曾经发起"断裂"的调查问卷，表达了与经典作家和作协制度的"断裂"；而1990年代中期另一位早逝的作家王小波也曾经用犀利的杂文书写过1950—1970年代的荒诞故事以及要做"特立独行的猪"（其也被认为是成功的体制外的自由撰稿人）；再往前，1980年代末期的王朔在文学内/外嘲讽过这些无效的革命话语（并且是第一位拥有市场的作家）；再往前，在七八十年代之交，对政治文学以及"政治第一，艺术第二"的创作原则无疑进行了最为彻底的批判。从这个角度来说，韩寒对于文学脱离"组织"的理解并不新鲜，可以说是1980年代以来关于文学的主流看法。这种改革开放以来早已成为主流的文学观念（或者称为纯文学，或者称为去政治化的文学）却要不断地通过对已经"名存实亡"的旧体制的批判来确认自身的合法性，以至于那个被反复嘲讽的社会主义计划经济体制仿佛还依然影响和主宰着当下文学的生产①。

从2006年开始，韩寒已经不满足于只对文坛发言（或许早已被市场边缘化的文学毕竟是个小舞台），开始通过博客对各类社会事件发表不同于"主流说法"的评论和质疑。正如一位网友在《2009十大公民》中如此总结韩寒："从2006年开博以来，韩寒的公众形象就不再仅是一名作者或赛车手。对于各种社会热点事件，他的眼睛、大脑和嘴巴从未缺席。他的'叛逆'变得更加无处不在，时刻有话要说，对任何事都要'指手画脚'。今年，韩寒对北川政府采购、公务员嫖娼、绿坝、真假70码胡斌、油价上涨、上海楼坍塌、2亿元换路牌、被盼世博、荆州捞尸、闵行钓鱼等事件一个不漏地发出声音，每篇博文都引起

---

① 正如在金融危机的背景中，2008年出现"国进民退"的现象，对此一些私营企业主和坚持市场经济的经济学家认为国有企业应该退出竞争领域，如今已经成垄断资本代表的国有企业还像国有企业改革前一样是"人浮于事、吃大锅饭"的单位吗。在批判国有企业背后"看得见的行政之手"的同时，为什么不批判那只"拥有资本力量"的"无形之手"呢？因此，在"国进民退"与其说是计划经济的复辟，不如说是当下中国正好处在自由竞争走向垄断生产的转型之中。

巨大关注和争议。其博客也赢得了近3亿的国内最高点击量,成为个人独立媒介,反复传导一种'是这样吗?!'的公民腔调。有媒体称其为'公共知识分子',甚至'下一个鲁迅',他却坦言:我只是公民韩寒。"① 韩寒由一个"80后"作家变成了名副其实的"意见领袖"和"鲁迅第二"②,正如《南方周末》请另一位知名体育/文化评论家李承鹏(同样是对"体制"怀有深刻批判意识的媒体人,把中国足球的最大内幕指向"举国体制")所写的评价是"韩寒者,冒犯也"。这种冒犯在于应邀参加"世博论坛暨第四届嘉定汽车论坛",却发表"城市让生活更糟糕"(戏仿世博会的宣传语"城市让生活更美好")的演讲。《新世纪周刊》"选韩寒当市长"的专题如此描述"韩寒的体制外十年":"10年前他退学了,成千上万当时的成年人等着看他天才泯然众人的笑话。10年后,成千上万的成年人说他是公共知识分子、社会良心,还有人说要选他当市长"③。这种体制外的身份以及对体制/主流说法的不屑和批判成为韩式语录的基本策略。为什么韩寒这个"80后"的代表与体制存在着如此大的裂隙呢?"80后"与这种体制外的主体位置之间存在着什么关系呢(正如在《80后失梦的一代》中要把"回归体制内"作为"80后""失梦"的标志)?这种非主流的主体位置为什么也是公民/中产阶层的主体结构呢?

这种对体制的批判,某种程度上来自于韩寒的成长经历,从1999年参加新概念作文大赛成名开始,到从高中退学,再到靠出版养活自己,再到成为职业赛车手等,可以说,韩寒不依靠学校、家庭而"独立自主"被认为是一种非体制和体制外的成功。这种对学校/家庭体制的不屑与其说来自于青春期的反叛,不如说来自于新概念作文大赛、文学市场所标识的成功之路。相对于被体制养活的作家,韩寒可以自豪地如王朔、王小波一样宣称自己是靠文学市场获得"独立"的作家,仿佛市场经济下的文学生产就是一条逃离体制的自由之路。但是这依然无法解释如韩寒一样的"80后"显然没有亲身体验过那种他所批判的文

---

① 张凌凌:《十大公民》,百度贴吧,2010年1月3日。
② 《韩寒:当代鲁迅?》,搜狐新闻,2009年6月26日。
③ 《2009年度人物,选韩寒当市长》,《新世纪周刊》封面故事,2009年第36期,第26页。

学体制，又为何对后者始终耿耿于怀呢？这与1980年代以来对于"体制＝保守＝懒惰＝守旧＝不思进取"的修辞有关，也就是说，体制外是改革开放以来为了印证改革合法性而建构的关于1950—1970年代的定型化想象。正如韩寒在《这一代人》的博文中写道："而所谓的不关心政治，其实也是无稽之谈。在当今的环境下，政治还不是可以用来关心的。以前那批人，只是情不自禁被政治关心了，而他们所扮演的只是政治潮流的小喽啰和被害者，被害不能成为一种谈资，就好比被强奸其实不能算在自己的性爱经历里一样。政治可以关心的时代暂时还没有到来。""但是，我们其实可以很高兴地发现，大群体素质的提高正是从这一代开始，从最基本的不乱扔垃圾，不随地吐痰，不插队，都是从'文革'后接受教育的那批人开始慢慢培养成。很多社会陋习和低素质表现，恰恰也是老一辈的光荣传统。"① 也就是说，在韩寒的记忆中，这种"政治潮流的小喽啰和被害者"以及"文革"前及"文革"中所接受的教育基本上是没有"素质"，这种关于1950—1970年代的负面经验与这种非主流的主体位置有着密切关系。

其实，如果把这种对僵硬体制的嬉笑怒骂再往前追溯，体制外、藐视权威正好也是毛泽东所提倡的孙悟空式的造反派/红卫兵的基本特征（如果简单地把"文革"发动的动因之一看成是对以苏联为代表的官僚新阶级的批判的话）。可以说，非主流的韩寒也并不外在于1950—1970年代的精神传统，可谓优秀的"共产主义接班人"。只是红卫兵式的对于体制的批判在七八十年代之交发生了一次有趣的倒置。在这种拨乱反正、重建秩序的转折时期，社会主义计划经济体制被作为僵化、落后、束缚的代表，这种体制在政治上表现为一党执政的国家、在经济上表现为计划经济体制与在社会领域呈现为"单位制"——城市是国有大中型企业、农村则是人民公社制度，对这种体制的批判（借助七八十年代之交的修辞是把1950—1970年代重新指认为封建专制或封建法西斯主义的复辟）就成为论述改革开放合法性的基本来源。在这个意义上，这种非主流的主体位置离改革开放的新主流并没有想象的那么遥远。

---

① 韩寒：《这一代人》，新浪博客，2008年2月5日。

五、"我们"与主流说法的合谋

在关于公民的自我叙述中,"我们"作为一种主体身份被呈现出来。在2010年第1期《南方人物周刊》的"新年献辞"中清晰地诉说着"我们"是一群什么样的人。

"这未知的世纪,我们曾引颈翘望,怀着多少梦想,多少期望!这神奇的世纪,这复兴的世纪,我们在它的快车道上疾驰,发出巨大的轰鸣。"[①] 在这个"复兴的世纪"中,"我们曾经和世界老死不相往来,现在我们与它朝夕交接,不可分割;我们曾经安于贫穷,安于停滞,如今我们为复兴奋斗,不舍昼夜"。这种"曾经"与"如今"的时间跨越就是从"闭关锁国"的时代到"与世界接轨"的全球化时代,这种改革时代的主流意识形态书写也成为这些中产阶层主体的自我叙述,原因在于这种公民社会的主体位置也是建立在对社会主义国家体制的他者化之上,也正是在这个意义上,公民恰好与改革开放时代的意识形态表述是吻合的,这种非主流的主体位置是被改革时代的意识形态所内在询唤的。不过,这些近几年来浮现出来的"大国崛起"和"复兴之路"的主流叙述也被"我们"这些非主流的中产阶层主体所共同分享。

然后,"我们"创造了"更多的财富,更多的摩天楼,未必保证我们登上时代的金字塔尖。如果没有平等和公正作为底座,没有科学与理性去引导,它们就仅仅是一些数字,一堆漂亮的钢筋水泥"。所以,在实现经济的复兴同时,"我们"的职责就是保护"蔚蓝的天空":"如果消费是我们的引擎,如果汽车是我们的翅膀,如果大都会是我们的乐园,至少我们要将大地尊为母亲,唯有在她怀里,我们才能永存","我们不会放弃我们对于正义的信念,我们不会畏惧我们与邪恶的对垒,我们不会忘记我们对于弱者的同情,我们不会推卸我们对于世界的责任"。显然,"我们"是生活在消费、汽车、大都会中并且具有环保、救助弱者等道德质量的中产阶层。这篇新年献辞发表于2010年1月,却已然预言了3月份"两会"期间才公布的《政府工作报告》的论述基调,正如温总理所说:"我们国家的发展不仅是要搞好经济建设,而

[①] 《新年献辞》的引文,参见《南方人物周刊》2010年第1期,第26~27页。

且要推进社会的公平正义,促进人的全面和自由的发展,这三者不可偏废。……毋庸讳言,我们现在的社会还存在许多不公平现象,如收入分配不公、司法不公等,这些都应该引起我们的重视。我曾经讲过,一个正确的经济学同高尚的伦理学是不可分离的。也就是说,我们的经济工作和社会发展都要更多地关注穷人,关注弱势群体,因为他们在我们的社会中还占大多数。"① 无论是兼顾"经济建设"和"社会的公平正义",还是关乎"社会不公"和"救助弱势群体",可以说与公民社会的基本理念相差无几,这再一次印证了当下的主流说法与中产阶层主体之间是如此"和谐",尽管这些公民/中产阶层总是以体制外的面孔出现。

第四节 为何"进不来",为何"回不去"

一、"迟到"的命名

2010年初,就在蜗居者、蚁族因"攒钱的速度永远赶不上涨价的速度"而抱怨之时,"80后"的另外一个群体——富士康工人用自己的身体和生命上演着这个时代最吸引眼球的"N连跳"。这些中国工人在2009年底刚被美国《时代周刊》评选为年度人物,他们成为金融危机时代的功臣,也只有虚拟经济遭遇严重挫折的时刻才会如此褒扬支撑实体经济的一线劳动力。与电视剧《蜗居》的热播和社会学调查报告《蚁族》的热卖不同,对于这些被作为弱势群体的农民工来说,也许只有采取连续的"跳楼"、自杀等极具社会新闻价值的方式才能"强制"大众传媒关注他们。跳楼事件发生之后,富士康管理层宣布提高员工工资,并提出战略调整,一是增加去西部建厂,二是回台湾发展无人工厂。

无论是大众媒体还是社会学专家都指出,这些自杀的农民工属于"80后"、"90后"的"农二代",他们处在"进不来"又"回不去"

---

① 《温家宝总理答中外记者问》,中国网,2010年3月14日。

的尴尬状态("回不去的故乡,进不了的城")①。与他们的父辈一样,"进城"基本上不可能,尤其是在蚁族、白领等中产阶层下层已经被放逐到城市边缘地带的时候,更不用说农民工能够在都市中"安居乐业";"回不去"更是新生代农民工所面临的新问题,这些新生代农民工也分享蚁族们的"城市梦",在他们心中,乡村是一个落后、愚昧、没有希望的空间,尽管相比下岗工人,农民工依然享有"一块土地"的"特权",但是这份特权在城市化的叙述中却成为了负担和包袱。从这里可以看出蚁族、农民工处在相似的社会位置上,即一个"城市进不来"、"乡村回不去"的中间状态。这种中间状态是如何形成的呢?为什么在金融危机时代的中国,充满抱怨和自杀的群体恰好不是那些失业或没有工作的人们,而是这些每天都在办公室、科技园和工厂辛勤劳作的蚁族、新生代农民工(富士康工人中也有相当一部分是大学毕业的高才生)呢?

与蜗居、蚁族获得公民身份,成为"审慎而理性的中产阶层"相似,农民工也在不同场域被称呼为工人阶级或"新工人"②。尽管从1980年代末期农民工已经逐渐成为中国沿海制造业加工厂及城市建筑业、服务业的主体,但其命名依然是盲流(1990年代以前)、外来妹(1990年代初期)、打工仔(1990年代)、弱势群体(2000年前后)

---

① 近几年在网络有许多关于"回不去的故乡,进不来的广州"、"回不去的故乡,进不了的城!"的讨论,这些讨论大多与农民工相关,如《广州日报》在2010年三八节采访东莞的女工,指出"对很多新东莞人而言,东莞是进不来的东莞,但故乡尽管还是以前的故乡,也绝非是'想回就能回'的。对已熟悉和习惯了城市生活的很多新莞人而言,回故乡已成难言隐痛:没有热水器;没有网吧;MP4里的歌曲也无法想更新时就能更新了;而市场里面的肉,除了猪肉还是猪肉;街头档铺里,陈列的是一些劣质但比东莞还贵的商品。尽管家乡的面貌,这些年也有些变化,但作为早年出来打工的'80后'群体,'姚雪群们'坦诚,对家乡的锄头、铁耙等农具,她们早已陌生,回去真不知道做些什么好。"(《回不去的故乡,进不来的东莞》,2010年3月8日A15版),只是这种"回不去"和"进不来"的状态现在也适用于蜗居和蚁族们。

② 2013年初出版的一本社会学调查报告中用"新工人"来指称农民工尤其是新生代农民工,这些新一代农民工基本不会从事农业生产的技术,他们(她们)更认同于城市生活的价值观,不像父辈那样选择返回故乡(农村),而城市生活的高昂成本又使这些年轻人很难真正留在城市,于是,他们(她们)处在"城市进不来,乡村又回不去"的尴尬状态。从被称为农民工到自我命名为"新工人",这显示了一种新生代农民工群体主体身份的认同和觉醒。参见吕途《中国新工人:迷失与崛起》,法律出版社2013年版。

等,其"在工地上我就是工人,回了老家我就是农民"的身份使其处在工人与农民的社会身份之间。关于农民工的问题往往放在"三农"议题,农民工只是那种外出打工的"农民",而恰好是这些流动的劳动力大军成为1990年代"中国作为世界工厂"的廉价劳动力。这种"未完成的无产阶级化"① 使得农民工比原始资本积累时代的产业工人"更不幸"也"更幸运"。"不幸的是"这种无法成为工人的农民十几年如一日地忍受着如此低廉并经常被拖欠的工资,因为相比农村生产来说,打工依然是增加收入的重要手段;"幸运的是",农民工因在农村还有一块作为社会保障的"土地"而没有成为都市贫民窟的无产者(当然不包括那些在城市化中失去土地的无地农民)。

相比1990年代以来农民工大量进城,作为工人阶级老大哥的国企工人则面临着下岗,尤其是被破产重组的中小国有企业,工人下岗与农民工进城是在同一个历史进程中完成的。在国有企业转型接近尾声、在工人阶级丧失历史主体位置的时刻,农民工却"有幸"偶尔获得工人阶级的身份命名。2004年中央一号文件指出:"农民工作为工人阶级队伍的新成员,已经成为我国产业工人的重要组成部分";2008年中央春节晚会由农民工出身的明星王宝强(有幸成为明星的幸运儿)演唱了"为了一个梦,进城闯天下"的《农民工之歌》②;2009年温家宝总理在五一劳动节看望北京地铁建筑工人时,承认农民工"已经成为我国工人队伍中的一支主力军"③;2009年新中国成立60周年大型舞蹈史诗《复兴之路》中有一首《农民工之谣》,农民工成为整场演出中唯一被指认出来的社会群体;2010年"两会"前夕温家宝总理回答网友问题时再次提到"农民工已经是现代产业工人队伍的主体"。不过,与"被消失的中产"相似,就在农民工获得工人阶级的命名以及登上美国《时代周刊》年度人物的时刻,富士康工人的自杀呈现了这些在世界加工厂中的新生代农民工所遭遇的现实困境。

---

① 潘毅等:《农民工:未完成的无产阶级化》,《开放时代》,2009年第6期。
② 《温家宝总理为〈农民工之歌〉回信 歌曲要进春晚》,新华社,2007年12月13日。
③ 《温家宝五一看望地铁建设工人 一起绑扎钢筋梁架》,中国新闻网,2009年5月1日。

二、"进不来","回不去"

众所周知,蜗居、蚁族、新生代农民工尽管都是"80后",但他们却分属不同的社会阶层,蜗居、蚁族是中产阶层后备军,而新生代农民工则是社会底层和弱势群体,但是他们却在2000年前后"相遇"。中产阶层话语和弱势群体基本上是新世纪先后同时浮现出来的社会表述,一个是作为社会"中流砥柱"和民主化的主体,一个是需要被帮助和关爱的社会"弱势"所在,社会阶层以中产阶层为想象中的主体和以农民、工人、农民工为弱势群体的方式获得清晰的呈现。中产阶层、弱势群体作为社会修辞的意识形态功能在于可以给阶层分化提供"合理化"的解释。中产阶层被赋予双重想象,一方面是以中产阶层为主体的纺锤型社会成为社会结构稳定的象征,另一方面这种中产阶层社会或公民社会的功能在于维护公民权利和救助弱势群体,中产阶层的大爱和志愿精神恰好可以弥合社会阶层分化所带来的鸿沟。经过短短的10年,这样两个群体再次"相遇",它们在市场化的房地产中被放置在"中低收入群体"的命名中(中产阶层再也不用救助弱势群体了,或许更能体会弱势群体被市场经济放逐的滋味)。对于蜗居、蚁族来说,他们也和新生代农民工一样,处在一种"进不来"、"回不去"的中间状态(不是社会阶层的"中坚",而是城市与乡村二元空间秩序的中间)①。正如许多专家指出的,对于新生代农民工来说,"回不去"是一个新鲜的问题;对于蜗居和蚁族来说,"进不来"则成为一个新问题,因为如果按照中产阶层的正常轨迹,这些作为天之骄子的大学毕业生不应该成为蜗居和蚁族,而应该拥有一套"空中楼阁",从而成为房"主"和城市的"主人"。不幸的是,面对高额的房价,他们连做房奴的机会都成了"海市蜃楼"。如果说房地产在进行市场化之初,已然把弱势群体等低收入群体放逐在外,那么中等收入群体为何也被阻隔在房地产市场之

---

① 如果说蚁族、蜗居在空间上处在"进不来"、"回不去"的状态,那么还有一种时间上的"回不去",在电视剧《蜗居》中,市长秘书宋思明在给海藻指出除了像姐姐海萍那样做房奴之外的"人生捷径"(即"二奶致富")时,劝慰海藻不要抱怨老百姓在国际大都市买不起房子,这是很正常的现象,因为其他国际大都市也是如此,这是必然的代价,再加上"这是一种趋势,我们回不去的"。所谓"回不去"是指回到那个人人平等的"毛泽东时代"。也就是说,只有做房奴,或者做"二奶"。

外呢？

其实早在2006年，地产大亨任志强就认为"中低收入者就不应该挤进来买商品房"，如今中等收入群体也已经被许多城市纳入经济适用房的范围。作为橄榄型社会主体的中产阶层被房地产所撕裂：已买房的中产阶层在"住房资产增值"中有可能变成富人（处在"暂时做稳了房奴的时代"），没有买房的中产阶层则在"货币资产贬值"中成为穷人（处在"想做房奴而不得的时代"）。如果说新世纪以来不断发展壮大的中产阶层是培育公民社会和公民权利的理想主体，那么在2006年中产阶层还很难把自己放置在低收入群体里，可是2009年的蜗居者、蚁族们正好是中等收入群体或准中产阶层跌落到低收入群体的社会位置的表征，所以说，中国的中产阶层还处在"千呼万唤"的襁褓之中就不得不品尝到了"被消失"的命运。如果说任志强的先见之明说出了房地产市场化的"秘密"，那么房价飞涨的房地产市场就如同一场不断有人被甩出去的"马拉松比赛"①。如果把这种穷人、中产阶层不断被放逐在房地产市场之外看成一种马拉松比赛，那么任志强在讲述这个故事的同时还讲述了另外一个与之不同的故事。

这就是中国的房地产还处在供不应求的阶段，并且短期内很难改变这种现状，原因在于中国的城市化之路还很漫长，人们对于城市/市场中的房子的需求拥有巨大的渴望，这种城市化的欲望（包括任志强反复强调的中心城市所拥有的教育、医疗、文化等让人艳羡的资源）会使越来越多的人参与到房地产的马拉松之中。与美日等遭遇过房地产泡沫破裂的发达国家不同，中国拥有"落后"优势就是有大量未被市场化/城市化的群体（如果8亿农民都能城市化，这将是多么巨大的"水源"呢），如同金融危机的情况下，中国还未被资本垦殖的空间为填补出口空缺提供了"希望的空间"，这种发展不均衡的地缘"优势"为房地产提供了源源不断的新鲜血液，仿佛房地产市场会如永动机般吸收着全社会的欲望与财富。正是这种城市化/现代化/市场化的大趋势，可以假设有源源不断的后备军"有幸"加入马拉松比赛，如果说逐渐增加

---

① 马拉松比赛是孙立平借用法国社会学家图海纳的概念来描述中国社会，与金字塔式的等级结构不同，马拉松的游戏规则是不断地使人掉队，"即被甩到了社会结构之外"。见《转型与断裂——改革以来中国社会结构的变迁》，清华大学出版社2004年版。

的房价使得中低收入群体处在"进不来"的状态,那么这种以城市化为中心的欲望,正是导致蜗居、蚁族和新生代农民工"回不去"的秘密。乡村在都市化、城市化的叙述中成为前现代的他者,成为负面的、落后的、失败的象征(在现代性遭遇挫折即金融危机时代,乡村也可以成为乡愁之地,正如化身阿凡达来到潘多拉仙境,一个前现代的世外桃源),这种欲望动力使得拥有土地的新生代农民工无法认同农村的生活及生存价值,即使能回去也不愿意回去(农民工拥有土地的唯一好处是有一个可以回去的立锥之地,坏处则是无法成为除了出卖劳动力而一无所有的无产者)。也正是这种城市化的逻辑不断地吸引着年轻有为的"80后"走进都市,但另一方面,他们相对低廉的收入使得都市如同卡夫卡的"城堡",让他们只能在门外徘徊,而这种居间状态才能保证那些市场经济内部的马拉松比赛中的幸存者获得更大收益。

在这里,关于房地产市场或市场经济存在着双重想象,一重是伴随着房价上涨,会使越来越多的中低收入群体"望房兴叹";另一重在房子成为这个时代最大的利润机器和"会下蛋的公鸡"的时候,会对整个社会施展"吸金大法",不仅中产阶层、高收入群体、私营资本、国有资本都会飞蛾扑火,而且尚未进入市场经济的人们也会为房子这个都市欲望燃起干柴烈火。这种房地产市场中富人与穷人的零和游戏恰好需要一种关于市场之外的空间,需要一种市场化/城市化的欲望作为把整个社会都绑缚在房地产战车之上的动力。从这个角度来说,房地产市场的排斥机制和吸金大法是同时存在的,这就是房子在不断地"羽化"为资本增值工具的过程中所发挥的排斥和吸金的双重功能。如果把房地产市场作为市场经济或市场的隐喻,那么支撑市场经济的恰好是完全相反的两个过程,一个是排斥或区隔功能("进不来"),一个是吸金、吸人的扩张过程("回不去")。在市场这场马拉松比赛中,既需要人群被甩出去,又需要资金来充血,前者是贫富两极分化,后者是需要不断地开疆扩土、寻找未开垦的处女地,否则比赛就会枯竭而死。农民工无疑参与了马拉松比赛,但同时又是马拉松比赛中最先被甩出去的人群,他们根本无法成为都市空间中的消费主体。而当下的中产阶层也处在这样一个位置上,中产阶层一方面本是市场经济/马拉松比赛的主体,另一方面又成为被高房价放逐、区隔在都市边缘的蜗居和蚁族。

从这里可以看出,这种尚未完成的都市化欲望所发挥的意识形态功能在于保证房地产作为稀缺资源的增值价值，而关于房地产区分富人与穷人的说法则充当着说服那些从马拉松比赛中淘汰出局和无法加入马拉松比赛的人们接受这个"合理的"宿命般的现实。可是，就连中产阶层都处在"想做房奴而不得的时代"，又何况那些早就被排斥在市场经济消费者行列之外的弱势群体，他们怎么能够加入马拉松比赛呢？从这个角度来说，"买不起房的普通老百姓"有着清晰的中产阶层主体的身份，而政府前些年出台的抑制房价的政策恰好是为了使马拉松比赛能持续下去，使更多的新鲜血液（脆弱的中产阶层）可以成为比赛的选手（与"想做房奴而不得的时代"相比，"暂时做稳了房奴的时代"依然是一个好时代），而不是回到房改前的"排排坐，分果果"（暂且不讨论即使房改前的福利制度依然不包括城市之外的农民）。

三、一个老故事

在富士康工人自杀事件及其他产业工人的罢工中，提高工资待遇成为劳资双方博弈的焦点，而如何实现中国制造业的产业转型也成为社会学家、经济专家解决此类事件的核心，中国已经处在从原始资本积累过渡到更为文明发展阶段的时刻。而从富士康事件中，也可以看出中国及中国工人在全球资本主义产业链中所处的位置：美国等第一世界的跨国企业提供订单，中国台湾提供资金和管理，中国大陆提供劳动力（正如富士康工人在工厂及厂区的原子化生存所唤回的文本是20世纪初期的默片经典《摩登时代》，仿佛中国刚刚"进步"到那个时代的美国）。在这种由高到低的过程中，产业利润也在逐渐下降（资本的收益远远高于劳动力）。许多人认为工人自杀为中国大陆经济及其制造业进行产业升级提供了契机，正如八九十年代的台湾在成为世界代工工厂之后所完成的产业转移（伴随着1980年代中国大陆打开"冷战"分界线，吸引台资和外资）。有趣的问题不在于中国能否完成产业升级，而在于这种在空间分布的世界资本主义生产体系被时间化为不同的进步等级。这种同时存在的空间却被转述为一种不同的时间逻辑，或者说这种空间的差异被叙述为一种线性的时间逻辑，仿佛美国、中国台湾、中国大陆处在不同的发展阶段和历史时间之中。而这种被时间化空间秩序（美国高于中国台湾，中国台湾高于中国大陆）恰好遮蔽了正因为中国所提供的低廉劳动力才使得美国及台湾的中产阶层得以享受"全球化"的消费狂欢,跨国资本主义正是借重这种被时间化的空间落差来获得差额利润。所以说,中国大陆与其说与美国、中国台湾处在不同的时间化的空间秩序中,不如说它们都是这一世界资本主义体系的有机组成部分。从这个角度来说,"二战"后西方发达国家普遍进入中产阶层主体的社会以及蓝领工人白领化,其重要的政治经济事实是国内的制造业大量转移到东亚,进而在"冷战"终结前后(中国大陆 1980 年代的改革开放使其提前进入后"冷战"状态)转移到中国大陆沿海。作为 19 世纪资本主义核心象征的两极分化资产阶级与无产阶级的尖锐对立不仅没有消失,反而在全球化/后"冷战"时代愈演愈烈,无国界的"资本"不断地创造着有国界的无产阶级及半无产阶级大军。

因此,这种中国产业升级的论述充当着双重的意识形态效果,这可以使得工人自杀、黑煤窑以及蜗居的现实困境获得合理化解释,因为"我们"还在转型之中,还处在相对落后的发展阶段,所以这种不幸和困难是合理的,总有一天或者早晚"我们"会成为美国。从中国台湾、韩国、日本在"二战"后所处的位置及其发展模式可以印证这一点。不过,这种"进步"逻辑的普遍性只建立在少有的几个幸运的国家,除了西欧作为原发现代化国家,在这 500 年历史中,只有美国、日本、亚洲四小龙,或许还有中国沿海地区有幸挤进资本主义全球体系的"诺亚方舟"。这种美好的发展主义"畅想"还取决于中国能否找到另一个中国来作为"我们"的加工厂,从而"我们"可以有幸从美国主导的这种全球资本主义游戏中分得一杯羹(尽管世界体系专家沃勒斯坦发出警告①,地球上的廉价劳动力总有一天会如廉价的石油一样枯竭,尤其是在全球化已经没有外部的今天。当然,也许不用如此悲观,因为富士康宣布可以在台湾建立无人工厂)。第二功能在于分享这些跨国公司产品的全球中产阶层消费者可以安心,因为这是发展中国家的"宿命","我们"也是从羊吃人以及贩卖奴隶的历史中走过来的,所以这是必须忍受和经历的发展之痛。这种空间秩序时间化的逻辑是一个资

---

① 提出"世界体系"的理论家伊曼纽尔·沃勒斯坦在《发展:指路明灯还是海市蜃楼?》中指出,在日益全球化的时代,"在世界经济日趋竭尽其劳动力储备"的时代,可以回归 19 世纪意义上的工会斗争,"原来的'阶级'斗争战略目前对付资本家却很奏效,尽管以前不行,因为世界经济已经达到了地理的极限",选自《否思社会科学——19 世纪范式的局限》,刘琦岩、叶萌芽译,生活·读书·新知三联书店 2008 年版,第 143 页。

本主义全球扩展和"进步"的老故事,但是,这种老故事依然动听和有效地抚慰着正在遭受痛苦的"中国工人"和正享受全球化成果的中产阶层消费者。

但是,在这种产业转移从而实现产业升级的故事背后没有说出的是,伴随着美国等发达国家产业中空化,这些国家的蓝领工人必将大批失业,中国台湾、韩国、日本也是如此,也就是说,即使中国不再成为世界加工厂,中国资本成为海外投资者(这种情况正在发生),那么这些中国工人也将面临着另一种失业的"自杀"。这也是富士康在应对当下危机所试图采取的双重路径:一个是到更为落后的西部去开厂,也让西部的农民工可以分享到这份全球化的"待遇";另一个就是回到台湾开设无人工厂,用永远不知疲倦也永远不会罢工、不会自杀的机器人(暂且不讨论这些机器人是否也如当下的农民工如此廉价,没有说出的故事在于无人工厂的投资恐怕要高于劳动力成本,否则制造业为何要一再向中国等发展中国家转移呢?暂且不讨论中国的劳动力不仅廉价而且素质高),这也就是科幻片(如2008年电影《机器人瓦力》、2009年电影《阿童木》)中所呈现的,人类作为主人(被动的消费者)、机器人成为奴隶的"美好"时代。也正是这些科幻片放大了现代资本主义的美好与丑陋,美好在于建立在科技所带来的巨大进步之上,以至于任何人都不需要劳动,只要无止境地被"喂养"(包括各种形象);与此同时,这种光鲜却建立在最赤裸裸的无需掩饰的奴隶制的基础上。当然,那时的人类或许会面临机器到底算不算"人"的新问题,这同样也是一个"老问题",因为在西方殖民者踏进美洲大陆时,土著算不算"人"就是一个重要的问题。

从这里可以看出,就如同蜗居、蚁族们面对不断攀升的房价只有两条路可以选择,一条是成为房奴(暂时做稳了房奴的时代),一条是连房奴也做不成(做房奴而不得的时代),只能生活在都市空间的缝隙和半地下、地下空间。而这些中国工人也将面临着两条道路,一条就是继续做廉价的中国工人,一条就是像美国工人、中国台湾工人那样被更为廉价的劳动力抢去饭碗。在这样一个只能二选一或者两恶相交只能选其稍恶者的时代,如果不愿意接受宿命般的现实的话,也许更为迫切的议题是需要寻找更多的选项。

第五节　旧瓶装新酒：从"学习雷锋好榜样"到"法治的力量"

2010年12月4日晚上中央电视台一套黄金时间（晚上八点）播出了《法治的力量2010——12·4十年法治人物颁奖盛典》，本节目由全国普法办、司法部、中央电视台主办，中央电视台综合频道《今日说法》栏目承办。这样一台配合"12·4全国普法日"的专题晚会从2003年开始，已经举办了七届，"其收视率高达4.23%，成为同类专题晚会中收视率最高的节目，成为具有中央电视台品牌标志的全国性大型年度盛典"①。这次晚会依然延续其一贯的煽情和苦情路线，如同每年岁末播出的"感动中国十大人物"的颁奖晚会（2002年开始），主持人和领奖嘉宾多次落泪、哭泣（满场同悲）。为什么在以法治为主题的晚会中要借助这种悲情的道德/伦理力量呢②？在"法治/人治"的二元对立中，恰好不是法律制度本身而是这些年度"人物"成为"法治"的体现，这究竟是法治背后"人治"的影子，还是法治内在地需要"人格化"的力量呢？

本节从"榜样的力量是无穷的"这一带有1950—1970年代历史记忆的政治动员方式入手，讨论英雄/模范/榜样叙述在这30年中的变迁及其引起的争论，如英雄劳模片（主旋律电影）、潘晓来信（1980）、保尔与盖茨之争（2000）、范跑跑事件（2008）等，来呈现七八十年代之交的主流意识形态断裂如何寻求新的合法性资源以获得社会共识的过程，最后回到《法治的力量2010——12·4十年法治人物颁奖盛典》来分析"法治"作为一种意识形态的崇高客体，如何把反叛者、揭秘者、批评者叙述为一种和谐社会的建设者，又是如何在不同利益主体之间凸显政府/国家作为中介者/协调者的角色。从"潘晓来信"中对雷锋、保尔的拒绝，到"法治人物"重新感动中国，这无疑呈现了主流

---

① 《中国2010年法治人物评选节目简介》，新浪网，2010年10月15日。
② 与这种专题晚会的悲情或苦情不同的是，在都市话剧或小成本电影中，却充满了搞笑和颠覆，"笑点"成为召唤中产阶层观众走进剧院或影院的最为行之有效的商业策略。

意识形态话语从失效（无人购买的意识形态宣传品）到重新获得认同（在泪水中主动接受和消费这些法治人物）的过程，这种装上"新酒"的意识形态"旧瓶"，尽管还保持着旧有的品牌和硬壳（日益坚硬的体制的盔甲），却已然实现了"脱胎换骨"的转换。

一、"榜样的力量是无穷的"

无论是"12·4十年法治人物颁奖盛典"的举办方（政府部门与中央电视台），还是晚会中不断用朗诵的方式所完成的对"法治十年进程"的政论式礼赞，都使得这台专题晚会带有国家/政府的庄重/权威色彩，这些获奖者也无疑被放置在模范、榜样的位置上，这显然很容易唤起关于"榜样的力量是无穷的"、"发挥模范带头作用"等1950—1970年代的历史记忆①。1950—1970年代重要的社会文化现象就是对英雄/模范人物的宣传和塑造（如董存瑞、邱少云、铁人、雷锋等不一而足）以及评定各行各业的劳动模范、先进分子等。这种树立典型、宣传英雄事迹的方式在延安时期已经成为一种行之有效的政治动员方式，如毛泽东曾经写过《纪念白求恩》（1939）、《为人民服务》（1944）等经典篇章。这种英雄人物、先进分子在新中国成立后更成为一种承载主流意识形态论述的重要中介，不同的英雄人物也随着主流意识形态的调整而被凸显不同的内涵，而且不断地评选先进、模范也成为各行各业、每个单位进行日常管理的基本方式，人们正是在学习英雄和模范的过程中完成一种自我改造和教育。可以说，"榜样的力量是无穷的"成为1950—1970年代最为有效和惯常的文化/意识形态生产方式。这些以个人的身份出现的"英雄"，并非个人主义英雄，而是一种在历

---

① 笔者作为"80后"，在1980年代后中后期和1990年代中期接受小学、中学教育，在学校教育中体验学习赖宁、勇斗歹徒的见义勇为者等英雄事迹报告会，以及以班会、演讲、组织看主旋律电影（《焦裕禄》、《孔繁森》等）等形式接受主流教育；而更为常见的形式是每学期在班级、年级及全校范围内评选的三好学生、优秀学生干部等评选争优活动，这些学生中的"优秀分子"的照片被张贴在学校中心地带的宣传栏中。从这种相对滞后的中学教育体制中，可以感受到八九十年代以来，一方面以"五讲四美"、爱国主义等新道德规范，另一方面依靠从学校到班级等各级科层组织的不断树立、命名典型（精神奖励）的方式来完成一种管理。不过，恰好当代中国社会处在一种内在分裂之中，正如笔者虽然在中小学接受某种社会主义教育，但是其更多地受到电视、流行音乐等大众文化的影响，不再是这些雷锋式的英雄，而是港台歌星、演员更承当一种偶像的功能。

史唯物主义的规约下建构的"人民英雄",具有清晰的政治/阶级/工农兵主体的身份。这种英雄作为榜样、带头人的位置(个人的、超越普通人的能力)与人民作为历史主体的表述("人民,只有人民才是推动历史前进的真正动力")并非没有矛盾①,如何克服这种英雄(个人)/人民(阶级认同)之间的裂隙,是1950—1970年代左翼文艺所要处理的重要议题。其中最为有效的叙述策略就是在故事结尾处,英雄回归或消失在人民群众的汪洋大海之中(如《红旗谱》、《青春之歌》、《小兵张嘎》等)。这涉及英雄作为个人的特殊性与人民作为历史主体的普遍性之间的矛盾,一种人民/阶级的普遍性通过压抑、收编英雄的特殊性/地方性呈现出来。这种叙述在"文革"文艺中获得某种解决,就是把个人/英雄上升、抽象为人民/革命/阶级的代表,如"三突出"原则:在所有人物中突出正面人物;在正面人物中突出英雄人物;在主要英雄人物中突出最重要的即中心人物。这种"高大全"的人物成为社会主义的道德典范、理想镜像和"非人/完人"。

1980年代以来,这种支撑英雄、模范讲述的左翼意识形态陷入一种内在危机之中,曾经被主流认定的英雄、模范被认为是一种欺骗和谎言,这些在"三突出"的创作原则下生产的"高大全"式的英雄变成了"假大空"。对这些英雄人物的消解、嘲笑也成为新时期以来清算左翼历史的重要方式。1980年代以来对英雄人物的讲述往往采取与1950—1970年代完全相反的叙述策略。如果说1950—1970年代是把人物从日常性、地方性中抽象出来,变成一种革命的理念或概念,那么1980年代则是给这些理念、概念重新填充人性的血肉。但是就如同新时期以来主旋律无法获得市场认可一样,1980年代即使采用人性化、日常化的方式来书写革命/英雄人物也很难获得人们的广泛认同。1990年代以来,"英雄劳模片"成为主旋律叙述的重要类型如《焦裕禄》、《蒋筑英》、《孔繁森》等,这些人物传记片改变了1980年代关于革命

---

① "普通人/英雄"的对立是现代性的基本矛盾,在自由、平等的民主原则下,人人都可以成为英雄("六亿神州尽舜尧"),但也恰好是大众文化中塑造了超越一般人的英雄叙述,这种悖论尤其体现在好莱坞电影中普通人与超人的合二为一(包括旧贵族/佐罗、底层人/蜘蛛侠、军火大亨-科技奇才/钢铁侠),超人总是在普通人群之中,但又总能在危机时刻"最后一分钟营救中"力挽狂澜,而电影结束时,超人又回复常人本色,而这些英雄恰好可以使得法治、民主遭到毁灭性情况下的例外,是"法外执法",是帮助人间/警察来维护正义。

历史人物的伤痕化书写，采用个人"悲剧/悲情/苦情"来感动人们。这种悲剧英雄既呼应了七八十年代之交在伤痕文学、反思文学中"渡尽劫波"的受难者（"落难书生"）情绪，又受到八九十年代之交在社会创伤中出现的苦情故事（如台湾电影《妈妈，再爱我一次》、大陆电视剧《渴望》等）的影响。

这种悲剧式的干部、模范形象（以好干部、好人的死亡为悲情的顶点）延续到新世纪以来的主旋律叙述中，如《生死抉择》（2000）、《任长霞》（2005）、《铁人》（2009）、《袁隆平》（2009）、《第一书记》（2010）等。这些电影、电视剧大多无法获得市场成功（除了电视剧《任长霞》），主要由政府或地方政府宣传、文化部门投资拍摄，以获得"五个一工程奖"或政府华表奖为目标（这也成为各级文化主管部门的"文化政绩"），这种自产自销的方式已经成为主旋律生产的主导方式。尽管如此，从《焦裕禄》（"毛主席的好学生"）到《任长霞》（警界女神警、"任青天"、"女包公"），一种主旋律叙述的惯常模式已然形成，这是一群大公无私、一心一意、呕心沥血为人民服务的好干部，他/她们以"党/政府的化身"来解决社会矛盾，重新"为民做主"。有趣的变化在于，如果说在1990年代初期这种苦情英雄依然需要放置在1950—1970年代的历史之中（也只有那个时代才能出现焦裕禄、雷锋式的人物），那么《任长霞》则以苦情女性的"性别"优势，使得作为国家机器的警察/法律再次成为惩恶扬善的道德化身，恰如"十大法治人物"被凸显或被感动的恰好不是"铁面无私"、"严格执法"、"依法执政"的法律工作者，而是不畏艰难和压力、突破重围、揭开迷雾的道德典范。无论是任长霞，还是法治人物，法律/法治与一种被重新建构、发明的民间/传统伦理道德（如好人、青天、良心等）耦合起来。

不过，需要指出的是，自1980年代中后期主旋律出现，1990年代后期政府进一步资助、扶持主旋律创作（设立专项基金和奖项），这种国家主导下的电影/文化生产只是中国文化市场的一部分，新时期以来更为重要的变化是主旋律之外以市场化方式运作的文化生产，这一方面呈现为作为党/政府喉舌的新闻宣传部门依然充当着"喉舌"的功能（坚持正确的舆论导向），另一方面，这些附属于政府的文化事业单位及其这些事业单位的附属公司却成为市场化运营的主体（近几年来文化事业单位开始从体制中剥离出来,走向集团化、市场化运营,但民营及外资早以"公开的秘密"的方式介入诸多文化生产)。如果说政治宣传、主旋律在1980年代以来处于无效的状态,那么承担意识形态功能的则是1990年代在市场化进程中日益完善的大众文化生产。这种主流说法的"外在"灌输与市场导向的内在需求成为1980年代以来主流意识形态分裂的表征,正如作为一种制度惯性,劳动模范、三八红旗手等带有1950—1970年代印迹的评价、奖励体系依然在延续,只是很难获得人们的"欣然接受"(眼睛雪亮的"群众"一眼就可以指认出这是一种"虚假宣传"),但在大众文化或市场经济的视野中,其他偶像(明星、老板、财富神话、"知"本家、权贵等)早已成为深入人心的"榜样"和"典范"(人们"心甘情愿"地主动购买和消费这些偶像)。人们经常把前者指认为一种国家/体制的声音(因"宣传"而主动拒绝),而把后者指认为一种体制外的代表(因"市场"/中立价值而由衷认同),这显然是一种意识形态误认,因为改革开放、市场化、扶持民营经济本身恰好是新时期以来国家转向"以经济建设为中心"的主旋律,这种自我分裂、内在悖反是主流意识形态的常态。

对于去政治化的公民或市民主体来说,任何超越性的价值、理想都是一种可笑的、不可信的("躲避崇高"和颠覆经典的后现代犬儒态度)。正如2004年黄建新导演的《求求你,表扬我》中,无论是具有中产阶层身份的记者,还是受害人女大学生,都很难理解那个憨厚的"农二代"为什么非要一纸报纸的"表扬信"("表扬"/精神鼓励如此重要吗?)。尽管记者最终被临死的劳动模范/父亲周身墙壁所贴满的奖状深深感动(仿佛这个已近中年的中产阶层记者从来也不知晓还有这样的人和这样的历史),但是与1997年主旋律电影《离开雷锋的日子》相似,这种做好事、为失学儿童捐款的道德典范成功地跨越了1950—1970年代的界限,而成为一种当下可以接受也需要的伦理行为。如果考虑到近几年来中产阶层/"有钱人"的善举已经成为一种弥合阶层断裂的颇具整合性的论述,这种毫无私心的"社会主义新人"就被有效地转化为市场经济下的基本伦理道德典范。在这个意义上,能否树立新的英雄、模范,成为主流意识形态能否获得认同的关键,这也正是"十年法治人物"所标识的作为新的道德典范的意义所在。

二、旧瓶如何装新酒

七八十年代之交的历史转折,作为一种历史延续中的内在断裂,给国家造成了巨大的合法性危机。众所周知,改革开放/新时期的开启建立在对1950—1970年代尤其是"文革"的伤痕式、控诉式书写(这也曾经是1980年代中前期政府/民间的社会共识),只是这种自我否定、自我颠覆(如同1956年苏共二十大的秘密报告"自爆家丑")必然削弱社会主义国家所曾经拥有的合法地位(在没有找到新的合法性之前,锯断自己所站立的意识形态树枝是很危险的)。在1980年代,国家一方面逐步推进商品化、双轨制改革(1990年代是更为激进的市场化改革),另一方面又不断通过反对资产阶级自由化的方式来回应对执政合法性的挑战,这也就形成坚持改革开放与坚持"四项基本原则"的悖论/辩证关系,这就使得1980年代以来主流文化对1950—1970年代的左翼实践采取既不完全否定又不完全肯定的扬弃策略。为了回应这种文化危机,1980年代中后期主旋律开始出现,主旋律的产生与其说延续了1950—1970年代的主流论述,不如说更是为了寻找与1980年代以来建设有中国特色社会主义市场经济相匹配的意识形态表述(找到新的可以落脚的意识形态树枝)。这种意识形态的两面性,一方面体现为从主流媒体、中小学教育以及国家/体制中看到、感受到国家的身影;另一方面又在逐步深入的商品化、市场化、政企分开(中小型国营企业的破产重组)、单位制改革、私营经济发展中感受到以市场经济为组织原则的社会、经济运行方式,正如新左派/老左派所看到的社会主义旧有体制的消失、工人阶级的下岗和农民工以廉价劳动力的方式成为全球资本主义制造业的底层劳工等。也就是说,"自由派"看到的是一种体制的内在延续,新左派/老左派看到的则是体制的内在断裂,这种两面性恰好就是新时期以来主流意识形态的基本特征和尴尬之处(非左非右、即左即右)。问题的复杂性在于,有时候看似旧体制的延续(好像还是"旧瓶"),实际上却完成了"脱胎换骨"式的变脸(旧瓶已然装上了新酒),正如从国"营"企业到国"有"企业,资产所有者已经从全民所有变成了国家所有,企业的性质发生了根本变化。如果说自1980年代以来曾经高度意识形态化/政治化的国家始终处在一种去政治化/去意识形态化的状态,那么寻找新的意识形态合法性就成为内在要求。在这里,笔者想引入1980年代以来在不同历史时期出现的三次关于人生观、价值观的讨论,来呈现这种处在分裂状态的主流价值观是如何一步步从找到合法性来源的(旧瓶在不更换品牌的前提下如何装上了新酒)。

1980年《中国青年》杂志刊登了"潘晓来信"《"人生的路呵,为什么越走越窄……"》(由杂志社编辑参与策划的一封"读者来信"),掀起了关于"人生的意义究竟是什么"的大讨论①。在信中叙述者说出了自己的人生困惑:"小学的时候,我就听人讲过,《钢铁是怎样炼成的》和《雷锋日记》。虽然还不能完全领会,但英雄的事迹也激动得我一夜一夜睡不着觉"、"我开始形成了自己最初的、也是最美好的对人生的看法:人活着,就是为了使别人生活得更美好;人活着,就应该有一个崇高信念,在党和人民需要的时候就毫不犹豫地献出自己的一切。我陶醉在一种献身的激情中,在日记里大段大段地写着光芒四射的语言,甚至一言一行都模仿着英雄的样子",但是经历了"文革"中组织的欺骗、家庭的离散、朋友和爱人的背叛等挫折和伤痛,"我"认识到"人都是自私的,不可能有什么忘我高尚的人。过去那些宣传,要么就是虚伪,要么就是大大夸大了事实本身",最终"我体会到这样一个道理:任何人,不管是生存还是创造,都是主观为自我,客观为别人"。这封信基本上吻合于七八十年代之交的伤痕书写,在追溯中完成"文革"对于"我/个人/青年"来说是一次遭遇创伤和价值观破产的叙述,或者说"文革"不仅没有能够实现"激动不已"的英雄事迹,反而走向了自身的反面,造成了"相信眼睛"("眼睛所看到的事实"="目睹了这样的现象"="自己高尚的心灵",忠实于自己内心的挣扎和不安)还是"相信书本"("头脑里所接受的教育"="以前看过的书里所描绘的"="师长",外在的教条化的意识形态宣传、灌输)的"迷茫"。叙述者并没有叙述自己为何会陷入这种人生困境,在"我""一言一行都模仿着英雄的样子"的时候就"常常隐隐感到一种痛苦,我眼睛所看到的事实总是和头脑里所接受的教育形成尖锐的矛盾"。"我"

---

① 近几年关于"潘晓来信"的研究被放置在理解20世纪七八十年代历史转折的重要症候,如贺照田:《从"潘晓讨论"看当代中国大陆虚无主义的历史与观念成因》(《开放时代》2010年第7期)、王钦:《"潘晓来信"的叙事与修辞》(《现代中文学刊》2010年第5期)等。

始终无法像"雷锋、保尔"那样"陶醉在一种献身的激情"中。这种外在的宣传/教育与"眼睛/心灵"的"真实"感受之间的错位使得"自我/主体"处在内在分裂的状态。正如这封信开头"我今年23岁"已经确立了一个"我是为了自我,为了自我个性的需要。我不甘心社会把我看成一个无足轻重的人,我要用我的作品来表明我的存在。我拼命地抓住这唯一的精神支柱,就像在要把我吞没的大海里死死抓住一叶小舟"的主体状态,喜欢"文学"的"我"(文学成为外在于政治/意识形态的自我的表征)再次回应五四时期/启蒙主义的经典命题:"我是谁"、"我如何成为我自己"。这恰好呈现了七八十年代之交,旧有的意识形态说教破产,而新的意识形态尚未降临的尴尬状态。

"潘晓来信"虽然在1983年清除精神污染的运动受到批判,但是这种英雄事迹的失效所留下的价值悬置,依然不断地在1980年代以来的社会文化讨论中浮现。在2000年因电视剧《钢铁是怎样炼成的》的热播(这部剧也来拉开了新世纪以来以《激情燃烧的岁月》为代表的新革命历史剧和红色经典改编剧热播的序幕)①,《北京青年报》"审时度势"地发起"保尔·柯察金和比尔·盖茨谁是英雄"的讨论,一个是苏联时期的无产阶级道德典范(大公无私、一心为公、舍己为公、为革命/集体/国家/共产主义牺牲和奉献终生),一个是当代美国的世界首富/数码时代的技术精英(知识/技术/财富的完美结合和典范)。显然,这场争论的发起者模仿了"潘晓来信"的方式,写信人"读者小潘"看了《钢铁是怎样炼成的》之后也陷入潘晓式的困惑:一方面在工作中以比尔·盖茨为偶像("一个以智力博得财富的当代神童"),另一方面又受到电视剧的影响,"被保尔的故事所打动。为此,我特意找来原著,认真地读了一遍",但是,"当我脱离书本和荧屏,重回激烈竞争的工作中时,比尔·盖茨的形象再次覆盖眼前的一切,并与保尔·柯察金的形象产生激烈的冲突"②。在这里,"书本"(在1980年代

---

① 于洪梅在《读解我们时代的精神症候——对电视连续剧〈钢铁是怎样炼成的〉接受反馈的思考》(见《书写文化英雄——世纪之交的文化研究》,江苏人民出版社2000年版)中指出,自1990年代以来,这一社会主义时期的经典文本经历了多次重写和改写,如刘小枫的散文《纪念冬妮娅》、第六代陆学长的电影《长大成人》、姜文的粗剪本《阳光灿烂的日子》中马小军对苏联电影《保尔·柯察金》的戏仿以及不甚成功的话剧《保尔·柯察金》。

② 《保尔与盖茨谁是英雄》,《北京青年报》2000年3月11日。

被认为僵化的意识形态教科书）与荧屏（市场化的大众传媒）不仅不是对立的，而被放置在一起，这呈现了主旋律与市场化的大众文化生产之间的和解。这种讨论延续了"潘晓来信"的基本议题，不同的是，经过近1920年代的市场化改革，已经出现了取代"保尔·柯察金"、"雷锋"的新英雄"比尔·盖茨"，只是新偶像的确认还需要一场"早就知道胜负"的与旧英雄的决斗来完成。人们从《钢铁是怎样炼成的》的电视剧中看到了保尔的纯洁、高尚等优秀品质，这种品质并没有唤起人们关于社会主义是欺骗、荒诞的历史记忆，反而是一种可以与当下生活兼容的伦理道德规范。与"潘晓来信"陷入"大公无私"与"主观为自我，客观为别人"的人生选择不同（潘晓对于无法身心统一而深深自责和忏悔，以至于向《中国青年》/组织/体制寻求谅解和解答），这场保尔与盖茨之争与其说是一次带有"冷战"色彩的大对决（社会主义与资本主义意识形态的对立），不如说更是在中国文化内部把1950—1970年代的道德、意识形态整合进当下的时代之中，人们从"保尔与盖茨"身上所看到的不是他们之间的截然对立，而是一种兼容和互补。如"保尔是理想主义的化身；盖茨是实践的楷模，以保尔精神创造盖茨奇迹才能成为真正无愧于时代的英雄"，"保尔与盖茨固然有许多不同，但他们的共同之处在于都试图通过直观的个人努力来追求人类社会的进步。如果简单地问谁是英雄，就犯了绝对化的毛病，两个人物不应绝对对立"，"一个修铁路，一个修信息高速公路，他们都完成了自己的理想"、"保尔代表了我们这个社会所一贯倡导的主流价值，也代表了自有人类以来超越时代的一种道德英雄。而另一个同样不能否认的当代天才比尔·盖茨，他代表的则是对历史前进趋势的准确把握。他运用个人的智慧和才能，借用社会群体功利需求的有力杠杆，从而推动社会进步。这种人物，进步的历史学家从不以简单的道德判断加以否定，而总要以其客观功效作为衡量是否是英雄的评价尺度"、"这两种价值在西方时间都是现实共存的。知识经济把社会分为两个领域：充满竞争的市场和充满温情的社区。盖茨是前一个领域的英雄；而后一个领域，则有一大批品德高尚的人在为社会默默奉献"。① 在这种争论中，保尔所代表的社会主义实践中的血污与盖茨作为资本家的血泪史都被消

---

① 摘录《北京青年报》相关讨论观点。

隐，出现的是知识/道德典范、知识/技术改变个人/社会/人类命运的英雄。不得不指出的，正如"小潘来信"中的小潘拥有都市白领、IT 从业人员的身份，这种中产阶层或准中产阶层的目光使得保尔与盖茨被完美地嫁接在一起。在这个意义上，这种争论与其说放大了保尔与盖茨之间的意识形态断裂，不如说消解了他们所负载的意识形态内涵。人们如此心平气和地参与"保尔与盖茨"的 PK 大赛本身成为后冷战时代的症候。

与"潘晓来信"、"保尔与盖茨之争"不同，"范跑跑"以"坏榜样"的方式引人注目。正如前文所分析①，范跑跑"逃跑"的自信来自于 1980 年代以来主流说法对于 1950—1970 年代伦理道德的批判，这种逃跑的行为与其说是思想异端，不如说是另一种主流逻辑的产物。同样的话"潘晓来信"中也出现过："我不是一个高尚的人，但我是一个合理的人"。不同的是，潘晓的话获得了喝彩，30 年后范跑跑的话却受到网友的指责，因为在 2008 年汶川大地震的时刻，志愿者精神、公民责任已经成为新的道德准则，在这一点上，范跑跑确实冒了"新主流"之大不韪。

从这样三个改革开放 30 年中不同时间点发生的社会文化事件，可以看出主流意识形态已经从 1980 年代对于潘晓事件的犹疑，转变为保尔与盖茨的意识形态对立的消解，再转变为网友主动担当其公民道德的自觉卫士。如果说"潘晓来信"在宣告雷锋、保尔等英雄叙述的无效、说教和欺骗的同时，呈现的依然是无法赶上时代潮流的焦虑（"有人说，时代在前进，可我触不到它有力的臂膀；也有人说，世上有一种宽广的、伟大的事业，可我不知它在哪里"），那么这种落后于时代的惶恐在保尔与盖茨之争中并没有出现，相反，人们开始重新肯定保尔的正面价值（与当下世俗的、市场经济时代截然不同的"激情燃烧的岁月"，那个时代人们具有高尚而纯洁的道德），与此同时把保尔与盖茨都看成是"人类的英雄"、"任何时代都需要的英雄"。而"范跑跑事件"一方面呈现了范跑跑式的逻辑建立在对 1950—1970 年代伦理道德的负面认同之上，另一方面这种公民责任、道德、志愿者精神已经开始成为国家与民间共享的新的伦理规范。也正是在这个意义上，新世纪以

---

① 参见本书第二章第一节关于汶川大地震的媒体表征。

来法治精神也成为新主流的重要表征，充当着与公民责任相似的文化功能。

三、"法治人物"的"除魔术"

2010年"法治人物颁奖盛典"一开始，主持人就进行了破题工作。自2001年把"12·4"确定为"全国法制宣传日"已经过去了10周年，之所以选择"12·4"，是因为"1982年12月4日中华人民共和国现行《宪法》颁布"。"12·4"的特殊意义在于1982年版《宪法》的颁布，而这部《宪法》的修订直接联系着法律/法制在七八十年代历史转折时期的特殊功能。尽管"文革"结束于"四人帮"的被捕，但确立改革开放的合法性却是通过对"四人帮"的公开审判、宣判，以及党的十一届三中全会的召开来最终实现的。这种以法律的名义进行的"特殊审判"本身已经摆脱了"文革"时期路线斗争、文化/意识形态论战的方式，而对于"十年浩劫"的总结也在于一种现代法律制度的缺席造成的，用"法治"的秩序来对抗人治的恶果成为劫后余生的人们的一种社会共识。因此，"拨乱反正"的重要工作之一就是重新恢复被"文革"打乱的公检法系统，法律的回归意味着"大鸣、大放、大字报、大辩论"等"人民民主"方式的终结，法治取代"以阶级斗争为纲"成为意识形态转折的重要标识，正是在这种背景下，法律/法治成为1980年代制度崇拜的核心。而法律/法治被作为一种国家的执政基础和合法性来源与新世纪前后政府的自我定位和调整有关。1997年党的"十五大"报告中提出"依法治国，建设社会主义法治国家"，2002年党的"十六大"报告中明确"依法治国是党领导人民治理国家的基本方略"，并不断提出"提高依法执政的能力"、"社会主义法治理念"、"弘扬法治精神"等论述，把"依法执政、执政为民"作为国家获得合法统治的来源，从这里可以看出法治已经成为一种和谐社会的和谐理念。重要的不在于中国究竟是不是一个法治国家，而在于政府与中央电视台使得人们相信"法治的力量"，也正是在这种意识形态转型背景下，法治人物的评选"应运而生"。

自2003年起中央电视台每年12月4日举办年度法治人物评选，每年评选十位法治人物，这些平凡而普通的获奖嘉宾作为"法治精神"的体现者，是被政府职能部门认定、通过社会评选并最终由中央电视台

"广而告之"的"榜样"、"英雄"和"模范"。与往年的"年度"法治人物不同，2010年评选的是"十年"法治人物。获奖者有讨工钱的进城农民工、牺牲的驻海地维和警察、法律援助律师、"宝贝回家寻子网"志愿者、"打虎网友"、纠正冤假错案的检察官、普通人民调解员、揭露三鹿奶粉的医生、环境污染法律援助机构发起人、67年偿还父亲债务的老人。从获奖名单中可以看出与时下各行各业的颁奖典礼和名目繁多的获奖称号不同，这台主题明确的晚会格外具有包容性，获得"法治人物"命名的获奖者主要不是法律工作者（公、检、法的从业者），而是农民工、医生、志愿者、网友、好心人等多重阶层、职业身份（经济年度人物、"感动中国十大人物"等栏目也是如此），正如栏目宗旨所言："这些人物既有个人，也有集体，来自于社会的各个层面，具有不同的职业背景、年龄层次、教育程度，他们的故事也呈现出丰富的内容与形态，他们的共性就是用实际行动推动着中国的法治进程，彰显法治的力量。"[①] 在这个权威媒体和黄金收视时间所搭建的"大众"荧屏上（在中国恐怕很少有比中央一套晚八点更为"黄金的"收视时段了，如果考虑到中国远非"北、上、广"等特大都市区域的话），上演了一出"法治"降妖除魔的情景剧。正如主持人送给"打虎网友"的"三个代表"（"小鱼啵啵啵"、"祖辈是农民"和"小兔钓鱼"）每人一个孙悟空面具，让演员六小龄童给这些"火眼金睛"的美猴王颁奖。于是，这些不断走上舞台的"法治人物"成了当代美猴王，挥舞着"法律"的金箍棒，打倒一切"害人虫"（三鹿奶粉、环境污染等），使当下中国/中国社会的妖魔鬼怪都"显了原形"。"法治"为何具有如此"神力"呢？政府与中央电视台又是如何联手建构或询唤出"法治"的魔影呢？

如同2004年以来中央每年的一号文件都是以"三农"为主题的，这次法治人物第一个登场的也是"农民工"。2003年500名被拖欠工资的农民工通过法律手段讨回了公道，解说词说他们"主动拿起法律的武器，引发了一次公益维权的接力。法治让他们有尊严地劳动，感受劳动者的光荣"。在"法律的武器"帮助农民工获得"尊严地劳动"背后，没有说出的事实是2003年新一届政府一上台，温家宝总理就为农

---

① 《中国2010年法治人物评选节目简介》，新浪网，2010年10月15日。

民工讨工钱，从而使得拖欠农民工工资的问题成为一种社会关注议题。当人们为农民工讨回工钱而喝彩时，也呈现了农民工经常处在被拖欠和无法拿到工资的境遇。更为重要的是，这种通过合法/法律手段讨回工资的"例证"成为缓和劳资矛盾的修辞，只要按时领取工资，就可以换得"有尊严地劳动"，就可以"感受劳动者的光荣"。农民工自1980年代末期出现以来，始终无法获得"工人阶级"/无产阶级的身份和命名的状态（被称为"盲流"、"外来妹"、"打工仔"等），直到温家宝总理在一些场合承认"农民工"是"现代产业工人队伍的主体"。在农民工"荣登"产业工人"宝座"之时，也是国有大中型企业完成破产重组、大量工人已然下岗的时代。

如果说法律可以使处在弱势地位的农民工获得在市场/契约中的合法收入，那么法治的功能更多地体现在一种公民行动上。正如这些法治人物中最多的一类人物就是体制的怀疑者、批判者或揭秘者，也就是一种体制外的代表。如"打虎网友"质疑的是陕西省林业厅公布发现华南虎的消息；检察官蒋汉生用七年时间，使得冤屈的胥敬祥重获自由；医生冯东川揭露三鹿奶粉危害儿童健康；环境污染法律援助机构发起人王灿发"为地球代言，为环境说话"；等等。在这里，法治成为恢复真相、回归正义、保护健康、留住绿色的"万能胶"。还如法律援助律师、人民调解员和"宝贝回家寻子网志愿者"，他们充当着协调者/中介者的角色，维系着社会和谐和家庭的和睦。这台晚会特意邀请这些法治人物的救助对象来上台为其颁奖，使得典礼更像一场感恩晚会。在被救助的孩子感谢医生、获得自由的囚犯感谢检察官时，整场晚会笼罩在一种苦尽甘来、拨云见日、大团圆的氛围中。法治使得这些体制的反叛者变成了新体制的守护神，主持人（中央电视台）/政府（体制）则提供一个和谐的舞台。

最后一个出场的获奖者是一位85岁的老人郑宜栋，他的感人事迹是替1942年去世的父亲偿还债务。因为其作为历史老人的身份，使得其历史叙述超过了"十年法治人物"的时间，跨越了67年的历史，从父亲1942年因战乱去世，郑宜栋就走上了替父还债之路。不过，他的还债之路在新中国成立后被打断，其宣传短片中并没有留下空白，而是用他个人的照片（结婚、生子）来标识，并且说郑宜栋积极参与农村工作，领导群众搞土改、合作社、人民公社等。在那个"没有还债"

的年代里，郑宜栋"算得是乡亲们的大账，顾不了家里的小账了"。直到 1996 年，郑宜栋才开始重新接续新中国成立前未完的还债承诺。1949 年的历史断裂，通过 1996 年的还债行为而重新接续，这种历史剪辑策略来自于 1980 年代以来把 1950—1970 年代作为异质段落减去的历史叙述方式。在 1980 年代出现了两种历史叙述，一种就是把 1980 年代直接对接到五四（从而宣布 1950—1970 年代为前现代），另一种就是强调 20 世纪历史整体论，重建被左翼文艺压抑的现代性脉络（如把 1980 年代的上海对接上 1930 年代或晚清民初的华洋杂处的老上海，或者把 1980 年代以来在现代性逻辑下的自我/文化自觉接续到 1949 年民国的脉络之上）。不过，在这里，这种历史叙述法发生了一种变奏，就是把曾经被剪掉或有意忽视的 1950—1970 年代历史重新填补上，而且使用一种正面的叙述方式。而 1950—1970 年代就以这种方式接续到从 1942—1996 年不间断的历史想象中。

这样一台"赚人眼泪"的主题晚会，与其说是进行一种"命题作文"式的例行宣传，不如说更是一种整合不同主体、表述、立场的舞台。仅从获奖成员就可以看出，法治、法律在这里成为一种超级能指或崇高客体，入选的人员中更多的是普通公民、环保人事、助人为乐者等，可谓无所不包、方方面面，法治把这些差异性主体统一起来。在这个意义上，霸权建构的过程就是一种把差异性耦合起来的过程。"法治的力量"如同一粒"万灵丹"，不仅"包治百病"——医治、弥合、协调、偿还诸种社会/历史的伤口、矛盾、缝隙和债务，而且完成了主流意识形态的说服工作——冤屈得到昭雪、环境得到保护、丢失宝贝得以回家的"人间正道"或"人间奇迹"是在政府/中央电视台的舞台上完成的，从而使得这些充满戏剧冲突或斗争的折子戏有着"大团圆"的结局，因为在伤口、矛盾获得彰显的时刻，政府/国家/媒体的颁奖、认可和命名已经可以充当"破镜重圆"、"匡扶正义"或者至少"获得精神/物质的双重赔偿"的抚慰功能。这不仅涉及主流意识形态在经历七八十年代的历史创伤以及八九十年代的多次尝试、重新获得社会认同的问题，而且关乎国家借重"法治"的话语完成功能转换，并在"依法治国"（党的"十五大"提出）、"依法执政"（党的"十六大"提出）的论述中重新确立执政的合法性，这也正是"法治"在当代/当下中国具有的格外重要的功能。

第三章 中产阶层的"隐身衣"与"文化中国"的想象

如果说中产阶层是工业社会向后工业社会转型过程中出现的一种独特的历史主体，那么这些在后工业大都市的绚烂舞台中占据中心位置的消费者，不仅被期许为社会责任、慈善事业的中坚力量，而且在文化表述中也被作为叙述的主体。本章选择两篇当下的小说作为解读对象，第一篇是"70后"作家鲁敏2010年的作品《惹尘埃》，这篇作品讲述了一个丈夫离奇死亡之后，陷入怀疑症的妻子重新找回中产阶层日常生活秩序的故事，小说采用侦探悬疑的笔法，呈现了中产阶层核心家庭的脆弱与虚妄；第二篇是先锋作家格非于2012年发表的小说《隐身衣》，这篇作品以古典音乐器材发烧友为主角，讲述了他在北京所经历的个人生活与事业的变故，他穿着时代的"隐身衣"，成为生活在国际化大都市里的中产者的文化隐喻。

除了这两篇文学作品，本章还分析其他三组文化现象，第一组是2012年中央电视台制作的饮食纪录片《舌尖上的中国》。这部作品一经播出就引起热烈反响，不仅呈现了中国各地有名的民间小吃以及悠久的饮食文化，而且通过吃文化来展现一种对于家乡、故土的怀念，这吻合于工业时代对前现代乡土文化的浪漫化想象，也是后工业主义时代把饮食也作为一种文化消费产品的体现。第二组是解读大众文化中的"孔子热"。孔夫子是20世纪历史上争议最大的历史人物，近些年重新登上精英思想界、大众文化消费的舞台上，成为令人瞩目的传统文化符号的代表；第三组是"民国热"的出现。从1990年代的上海怀旧热到新世纪以来的"民国范儿"，其背后的叙述主体从上海变成了中国，这种民国文化的流行满足了双重文化心理，一是对"逝去的"旧时代的怀念(暂且不管是否真的存在这样一个时代),二是借古讽今传递对当下社会的不满。

第一节 悬疑故事的另一种讲述版本

《人民文学》2010 年第 7 期上刊载了南京作家鲁敏的中篇小说《惹尘埃》,这篇作品讲述了一个患有"不信任症"的中产阶层家庭主妇肖黎的故事。丈夫的意外死亡打破了肖黎旧有的三口之家的生活秩序,使她陷入对任何事物、语言的"不信任"之中。楼下好心的邻居徐老太太和住在地下室的保健药品推销员韦荣试图帮助肖黎走出心灵的雾霾,可是这种曾经自足和透明的核心家庭生活再也无法修复如初。小说在呈现了中产阶层/现代人生活的脆弱、破碎和不稳定的同时,也打开了以中产阶层为主体的现代都市生活的缺口和裂隙。那个留在丈夫手机上的神秘信息"午间之马"如尘埃一样无孔不入、又无处不在,"午间之马"究竟是什么?让肖黎如此寝食难安、如鲠在喉。肖黎是一个病人、一个伤口、一个从中产阶层完美生活中"惊醒"的人,她既是一个怀疑者和反思者,也是一个对语言这个看不见的上帝之手的批判者。这种强烈的批判意识使得肖黎无法通过组建新家庭而回归旧有的中产阶层生活秩序,新的或别样的生活又在哪里呢?作者没有给出现成的答案,也许"新生活"只能在故事和文本之外。那匹在文本中留下踪迹又不见踪影的"午间之马"会跑向哪里呢?这恐怕是像肖黎一样对世界和生活充满"不信任"的人们需要思考和回答的问题。

一、谁在"惹尘埃"

这篇小说有着一个惹眼的标题《惹尘埃》,在强有力地诉说着小说所试图表达的意义,谁在"惹尘埃"、"尘埃"又是什么?这样一个来自于六祖惠能的经典偈语"本来无一物,何处惹尘埃"的标题使文本笼罩了些许宗教或道德寓言的色彩,而故事本身也讲述了一位意外丧偶的年轻女人从"不信任症"中解脱出来的心理过程。丈夫在不该出现的时间和地点中非正常死亡,留下一个"午间之马"的神秘号码和信息。从这个无法读解的蛛丝马迹中,女主人公肖黎想到了丈夫的不忠和自己的被欺骗，从此，她不再相信任何人的话，对世界充满了高度拒绝和质疑。

小说并没有让肖黎——这个瞬间失去丈夫和丈夫忠贞的女人——去寻找、侦破、解密"午间之马"究竟何指，反而把这种家庭创伤内化或反转为一种主体自身的"不信任症"，直到小说结束，"午间之马"都是一个漂浮的能指，一个没有解开的秘密。读完小说，笔者首先产生了这样一个疑惑，为什么作者没有把这部具有侦探小说潜质的故事写成一个希区柯克式的悬疑剧呢？漂亮的女主角应该怀着对"午间之马"的好奇心，去发现一个惊天大阴谋，何况还牵涉国家工作人员来替丈夫的死圆谎，也许在这个涉及最高机密的阴谋中，丈夫只不过是其中一个微不足道的小角色，甚或是替死鬼，丈夫的"意外"死亡一点都不意外，死在与情人约会路上也只不过是一个美丽而平淡无奇的幌子。最终肖黎和读者发现"午间之马"是一个核心机密的代号，是一种毁灭人类的秘密武器，故事的结局是找到并拆除掉这个隐秘的"午间之马"，肖黎也从不安与疑虑中重新开始"新生活"。这也正是侦探小说、科幻小说、恐怖故事等自18世纪作为大众流行读物以来所充当的意识形态功能，不仅把未知的秘密、裂隙和恐惧呈现出来（给被抛弃在现代世界的人们提供一个宣泄的出口），更重要的是要驯服这些未知的恐惧，给这些无法命名的能指找到一个安全的所指（正如福尔摩斯式的侦探故事所告诉人们的，这不是一个神秘的时代，任何鬼魅都可以在科学的试剂中显出原形和"真容"）。也就是说，这些大众文化的叙述样式在暴露时代的伤口、困境、不和谐的同时（就像好莱坞总能以最快的方式、最精美的故事来讲述这个时代最大的痛），总要为这些困境提供一种想象性的解决方案，找到某种治愈伤口的方法，把打碎的中产阶层/现代性之梦重新缝合起来，恢复平静和秩序，不再保留那个无孔不入的小缺口①。

显然，作者并非没有意识到把《惹尘埃》讲述为侦探悬疑故事的

---

① 就如同好莱坞电影《2012》中在全球海啸/金融海啸下岌岌可危的中产阶层下层依然可以拯救自己的婚姻和家庭，就如《阿凡达》中瘫痪或瘸腿的中产阶层/美国大兵依然可以在想象他者的空间中站起来，在对布什主义/武力的殖民主义做出反抗之时——这多像奥巴马政府的宣传片，成为一个有知识、有教养、有环保意识的具有反思意识的文明人，当然，这种有保留的反思意识如果不是在金融危机这种挫折面前恐怕也很难出现。

可能性。在故事一开始，就是小伙子韦荣给徐老太太读阿加莎·克里斯蒂的成名作《罗杰疑案》①，小说中还多次提到爱伦·坡，提到《东方快车谋杀案》，这些经典"老派悬疑"成为小说的互文本，如"《罗杰疑案》的第三章《种南瓜的人》结束了，抽象的老派悬疑停滞于树枝间的晨光里，公园这一角在摇晃的虚构镜像中重归温暧的现实"。而"情同兄妹"的韦荣和肖黎选择在徐老太太经常遛弯的公园来祭别老人，其方式也是把徐老太太遗留下来的侦探小说烧掉，"书很厚，两个人蹲着，慢慢地撕了一张张往火里扔，火苗舔着白纸黑字，然后蜷缩着变黑、变灰、再消失，像是悬疑故事的另一种讲述版本"。而作者有意要讲述这"另一种版本的悬疑故事"，在这个故事中，肖黎不是一个世事洞明的侦探，也不是一个对世界和秘密充满好奇的女人，她没有走出自己的世界去寻找、界定、解读编制"午间之马"的密码网（相信在这幕精心织就的网络中，徐老太太和韦荣会充当不同的角色，也许是指引肖黎的先知、帮手，也许是迷惑、误导肖黎的邪恶网络的一部分），与此相反，她走进了内心深处，把自己变成一个"不信任症"患者，徐老太太和韦荣是来帮助肖黎走出困境的"医生"。如果沿着侦探故事的路子，《惹尘埃》最终应该给"午间之马"找到一个合情合理的解释，从而把这个威胁、麻烦化险为夷，把"午间之马"这个小小的尘埃彻底解密和去魅。但这篇小说没有采用如此"老派悬疑"的套路，没有把撕开的伤口"严丝合缝"地缝上。可以说，作者/肖黎拒绝了这种廉价的拯救方法，因为她"不信任"任何语言，"不信任"任何讲述，"肖黎深知自己已经坏掉了，没有办法再跟另一个人融合在一起了，不仅是跟一个人，包括跟这整个世界吧"。

这篇小说虽然不是希区柯克式的悬疑故事，却处理了相似的命题，这就是现代人/中产阶层在现代都市生活中的脆弱、不安和危机。一个偶然，某个瞬间，一个午夜电话，或者一个"午间之马"的符号，也许仅仅是一粒尘埃，都可以把肖黎——这个生活稳定的"税务小吏"

---

① 徐老太太是一个侦探迷，按照肖黎的解释："在谎言中沉沦的那些旧日日月反倒让老人家如此超脱了，乃至都消遣起现下的各种骗人勾当了！大约是嫌不过瘾，所以还盯着让韦荣念侦探小说，听更专业的谎话去！"小说中的引文皆来自《人民文学》杂志 2010 年第 7 期，不再单独标注。

的妻子——击中、击碎，把她从作为中产阶层核心家庭主妇的完美生活一下子抛入到"震惊与分裂"的状态之中（"肖黎被'午间之马'击中了，满面是血，疼得不敢当真"），可谓小小"尘埃"惹来的是"内心的大暴动"："内心的狂暴像地震与海啸，像所有能想象到的末世灾难，摧毁了她曾有的平和的旧性情"。不管这个导致丈夫奔赴死亡的"午间之马"指的是什么，在肖黎心里，"这伪造的名字涵盖并揭示了一切可能性的鬼魅与欺骗"。尽管肖黎可以找到一个无法验证但又最可信的解释，就是丈夫有外遇了，但是更大的打击在于，在肖黎的世界中，言语与行为再也不是统一的了。对于语言的不信任，使得肖黎认为所有人说的话都是一种欺骗，即使是实话，最终也是为了圆更大的谎言。这种"言行不一"，这种话语与事实的分离，这种"言不由衷"，使得中产阶层处在一种内在分裂的状态，或者如肖黎所说"人人都是双重间谍，职业中靠谎言谋取工资，生活中靠谎言谋取情感或其他任何玩意儿"。这也成为当下中国中产阶层的内在精神症候。正如2010年播出的改编自2003年冯小刚电影《手机》的同名电视剧《手机》，也讲述了一个生活在欺骗与谎言之中的中产阶层故事，与《手机》中"有一说二"的严守一和费墨如鱼得水的生活不同，这种"言行不一"的事实使得肖黎再也无法恢复到原有的生活秩序之中，"她知道她的生活就此裂开，不会再拥有平庸的宁静了"。不过，这篇小说还是讲述了一个神话般地拯救肖黎的行动（差一点就成功了），这就是不断给肖黎介绍男朋友的徐老太太和买保健药的小伙子韦荣，一老一少都是"医生"，他们真的能治愈肖黎的病吗？问题关键在于"午间之马"能不能被找到。

二、中产阶层的"午间之马"

如同"惹尘埃"所带来的禅宗想象，徐老太太和韦荣就如同是在天上看到世间遭遇变故的肖黎，故意化成一老一少来到凡间劝诱肖黎的。一个是世事精明、透彻万物的年老的徐医生，一个是在公园专门给老年人推销保健品和治疗仪的年轻人韦荣。在肖黎看来，如此低级的把戏，为什么徐老太太情愿受韦荣的骗或上韦荣的当呢？正如电视栏目中经常劝诱老年人要谨防上当，而从来不说为什么活了一辈子的老年人是如此地需要"上当"，他们真的如此愚蠢吗？徐老太太告诉肖黎，韦荣可以使她们这些孤苦伶仃的老年人享受到最后的人间欢乐,因为韦荣可以陪她们聊聊天,帮她们打扫打扫卫生,"韦荣真是个有耐心的坏孩子,对所有的老人,他绝口不提他卖的任何东西,他好像是个降临到这帮老头老太中的天使,就是专门来陪他们打发时间的!"而这些在肖黎看来都是卖假药的韦荣所使用的小手腕和小伎俩,目的是为了骗老年人更多的钱,"这韦荣,实在高明啊,他抓住了老人们的心,那些陷于孤独的、衰老并走向死亡的心。他骗的不仅仅是钱,还有他们乏人触碰的脆弱与渴求。"在徐老太太的安排下,肖黎也主动"上当"了,答应韦荣走进了自己的生活。韦荣就如同"海螺小伙"一样使得这个遭遇内心地震的中产阶层之家恢复了生机,不仅成为儿子"最推崇的人物",而且以自己的"言行一致"来挑战肖黎的"不信任症"。

如果说徐老太太是洞察万物的"智慧老人"(是拥有庞杂的人际网络的徐医生),那么韦荣则是朴实无华、纯净如水的孩子(来自偏远山村的、没有被污染的)。在这里,拯救肖黎这个中产阶层主妇的依然是一种是代表着传统伦理价值和纯洁、美好的前现代乡土空间。在肖黎看来,韦荣的眼睛是"黑白分明,干净得像深山的泉,毫不羞愧,也不贪婪","那该死的清澈与理直气壮"。与此相似的是,在电视剧《手机》中也是代表至善美德、通情达理的奶奶和单纯、善良的黑砖头(同样是一老一少),他们的真诚和纯洁正好映照着严守一等中产阶层生活的伪善与狡黠。如果说《手机》中的奶奶和兄长黑砖头试图用一种传统的家庭伦理来拯救中产阶层核心家庭的危机,那么《惹尘埃》中徐医生、肖黎和韦荣以及肖黎的孩子小冬恰好也可以组成一个祖孙三代之家,徐医生是老一辈,韦荣则是肖黎之兄(给徐老太太祭别后,韦荣告诉肖黎:"你知道吗,虽然你在岁数上该算我姐,可不管从哪个方面,我现在都觉得你像妹妹。"),也就是说能够拯救中产阶层核心家庭的依然是一种想象的充满温情与亲情的老式大家庭,前现代的他者被反身建构为现代生活的乡愁之邦。

不过,徐老太太、肖黎和韦荣并非"同在屋檐下"(《手机》中的奶奶、黑砖头与白石头严守一也生活在农村与都市的空间区隔中)。徐医生住在肖黎的楼下,而韦荣则住在肖黎的半地下室,这种空间分布呈现了在中产阶层的想象中,作为"拯救者"的徐医生、韦荣依然处在比肖黎更低的阶层/空间位置上①。对于生活在楼上的肖黎来说,如果不是她遭遇如此变故,也不会认识徐医生,更不会去公园监督韦荣,"曾有的平和的旧性情"本来可以使肖黎安全地生活在中产阶层的"空中楼阁"或"密室"之中。恰好是"午夜来电",恰好是"午间之马",彻底打破了这种封闭而自足的中产阶层生活。尽管如此,肖黎也并没有如娜拉那样主动地走出这间密室②,反而是徐老太太"午夜敲门",反而是韦荣主动走进肖黎的世界(如《手机》中严守一遭遇离婚困境,黑砖头带着奶奶也如徐老太太一样千里迢迢来敲生活在高档社区的严守一的家门)。当然,也正因为中产阶层陷入困境、"惹尘埃",楼下的退休医生(被生活和子女所抛弃的老人)以及地下室的善良孩子(是与富士康工人相似的新生代农民工或蚁族)才有幸"闯入"肖黎所占据"密室"空间。

这些闯入者不是"强盗",也不是阿Q,更不是革命党,是"真心"帮助肖黎的圣诞老人和天使(在这个意义上,这篇小说具有童话色彩)。无论是徐医生,还是韦荣,带给肖黎的劝慰,都是让她接受这个"飘洒着谎言的细雨"、"翻腾着谎言的尘埃"的世界,重新开始"新生活",重新把分裂的"言语"与"行为"缝合起来,即使明知道有缝隙,也应该知道这不过是正常的"人情世故",正如徐医生所说:"人活着嘛,总归要受骗的,被自己丈夫骗骗,有什么了不得的!"韦荣给肖黎带来的不仅是一种三口之家的温馨,而且他自己的人生目标就是一种中产阶层的生活价值(对于寄居在地下室的韦荣来说,与女朋友生活在一起、找到新工作就是"新生活"的开始,这里的"新生活"正是肖黎曾经拥有的中产阶层生活)。但是,这种"新生活"并不"新",不过是恢复到丈夫死亡之前的完满的中产阶层三口之家("那是洁净的天空与无邪的大地")。在这个意义上,比肖黎阶层位置要低的

---

① 肖黎如此恰当地处在"中间"楼层/"中坚"阶层,在这里,上层或顶层是看不见的,因为中产阶层的浮现意味着中产阶层丧失向上流动的可能以及部分底层拥有变成中产阶层的幸运。

② 当然,"娜拉走后怎样"依然是一个老问题。不过,对于当下中国都市女性来说,不是"暂时坐稳了中产阶层主妇"的娜拉如何出走的问题,而是"想做中产阶层主妇而不得"的问题——正如《蜗居》中的姐姐海萍想过上房奴的蜗居生活也不是容易的事情,如何成为娜拉式的中产阶层主妇才是海萍关心的问题。

徐医生和韦荣所维系的正是一种中产阶层价值观，或者这种稳定的、乏味的中产阶层生活恰好是通过徐医生、韦荣这些他者的视野来呈现的。从这个角度来看，徐医生和韦荣不过是肖黎的镜像，正如徐医生是老年的肖黎，韦荣或许代表着还没有从半地下室住到楼上的准中产阶层。

其实，在故事一开始，肖黎就把"午间之马"指认为丈夫的不忠，这种不忠确实击碎了建立在爱情基础上的中产阶层核心价值观①，但这只是关于"午间之马"的一种解释，正如徐医生所说："午间之马！有趣儿！不过，谁告诉你就一定是那码子男女事？或者你丈夫在做小生意？他有个贩毒的坏朋友？他被什么人叫去收一笔小贿赂？一万种可能嘛！他不过是不想让你挂心。"丈夫的死亡将永远无法揭开"午间之马"的秘密，如"尘埃"般的"午间之马"让沉浸在自足生活中的中产阶层"如鲠在喉"，隐隐作痛又无法言说。也许对于当下的中产阶层来说，"午间之马"就是外遇，就是某个"危险女人"来破坏中产阶层核心家庭②，但是小说同样暗示出了"午间之马"的鬼魅之处，就像"尘埃"一样，无处不在，无孔不入，中产阶层也许只能暂时或"瞬间"享受生活的"安谧与空洞"。"午间之马"就像肖黎的靴子，靴子可以脱掉，"却又变成了袜子或其他什么玩意儿附到了肖黎身上，其表现形式，即前文所提到的'不信任症'。此病症如微风，非常之细碎，无孔不入"。这就如同一个不断转化、滑动的能指，一个无法确认但又始终存在的莫名的威胁，让中产阶层始终感受到还有他者，还有自身以外的生活存在，那种封闭而自足的生活不过是一种虚幻。

如果对闯入肖黎生活的徐老太太和韦荣做一点也许并非过分的庸俗社会学解读，这"一老一少"所象征的或许是用不了多久就会成为中

---

① "她本可以凄凉地怀念，于饮泣中追忆他们的恋爱与怀孕、三口之家的零星片断……婚姻固有的温情部分，足可以像流水一样取之不尽，让她像其他的未亡人那样心碎地消瘦，然后在健忘中恢复，开始人们常说的'新生活'——但显然，现在不可能了。从拿到丈夫手机起，从那条短信所属的怪异名字开始，事件的质地就变了，被某个活动力强大的异形分子给搅和了。"

② 正如2010年张杨执导的电影《无人驾驶》清晰地说明，家庭是不可动摇的，哪怕是真爱也不能破坏家庭的稳定；而如电视相亲栏目《非诚勿扰》所表述的不是超越现实藩篱的爱情，哪怕是一种想象性地跨越阶级鸿沟的白日梦，而是一种毫不掩饰地建立在物质、金钱基础上的男"财"女貌式的现实主义婚姻——正因为中产阶层/资产阶级婚姻是如此"现实"，所以才更需要罗曼司的小说。

国社会的大问题,一个是"未富先老"的人口老龄化问题,一个则是处在"回不去,进不来"的新生代农民工问题,其严重性已经在逐渐增多的都市空巢老人和富士康工人自杀的事件中显现出来。前者是独生子女政策下倍感沉重的养老问题,后者则是中国城市化所带来的非农人口转移问题。一方面是遭到抛弃的垂暮老人(对于徐老太太这些退休的中产阶层来说缺少的也许只是亲情——毕竟她们拥有退休金至少可以从韦荣那里"卖来"亲情和慰藉,而对于那些承载社会转型之痛的下岗或早退的城市职工来说,养老无疑是一种慢性自杀),一方面是维系城市日常生活的廉价劳动力(从保姆、护工、清洁人员到建筑、工厂等工人主体,正因为其廉价的劳动力价格,使其根本不可能在都市中扎根,却可以使中产阶层过上"中产阶层式"的生活,尽管这种"体面的"生活在金融危机的打击之下显得岌岌可危)。这样两类人与中产阶层生活密切相关,尤其是新生代农民工恰好是中产阶层生活秩序的必须产物。中产阶层/白领的出现被美国社会学家米尔斯看来是"一群新型的表演者,他们上演的是20世纪我们这个社会的常规剧目","白领的存在已经推翻了19世纪关于社会应该划分为企业主和雇佣劳动者两大部分的预测"①,也就是说是中产阶层打破了19世纪一分为二的资产阶级与无产阶级的二元世界,其"进步"意义在于更多的蓝领工人白领化、知识精英成为职业经理人——不再是"白手起家"的美国梦,而是成为中产阶层上层,而"反动"意义在于世界被一分为三,底层世界在晋升为白领的美梦中若隐若现。"二战"后美国等发达国家的中产阶层化,相伴随的是制造业的转移和大量非法移民的进入,日本、韩国、中国台湾、中国大陆依次为第一世界的中产阶层充当着廉价劳动力的角色。资本主义制度在中产阶层主体的社会中获得合法性,而中产阶层占据社会大多数的"幻想"建立在底层群体的被转移和被消隐,中产阶层不仅没有消灭或减少底层,反而是底层的制造者。因此,在"冷战"终结/全球化急速推进的时代,有两类群体经常浮现出来,一个是体面的跨国公司的世界公民,一个是全球涌动的非法劳工,这种现象也呈现在中国沿海大城市中的中产阶层生活与永远也"进不来"的

---

① (美)米尔斯:《白领,美国的中产阶层》,周晓虹译,南京大学出版社2006年版,第1页。

农民工的区隔之上。

在这个意义上，中产阶层的"午间之马"也许不是肖黎的情敌，而是这些被中产阶层生活抛弃和遗忘的徐老太太和韦荣们，小说以徐老太太向韦荣购买保健品、韦荣帮徐老太太照料日常起居生活的方式来想象性地解决了这"一老一少"的现实困境。显然，肖黎以及徐太太的子女们并非没有意识到徐老太太和韦荣的存在，但是，他们虽然看见了却感知不到徐老太太的孤寂和韦荣从底层"奋斗"的艰辛（韦荣就是一个卖假药的"骗子"，当然，最后肖黎从这"一老一少"中有所了悟）。这也成为这篇小说所实现的格外成功的意识形态效果，重要的不在于遮蔽、看不见"一老一少"的存在，而在于一种"视而不见"，一种对社会结构问题的想象性和解。

三、"掀开遮盖物"：批判可能吗

如果联系近几年一系列关于中产阶层的故事，从中可以看出中产阶层的双重生活，一方面是如《杜拉拉升职记》式的职场故事，另一方面是如《手机》式的婚恋家庭故事（包括电视剧《马文的战争》、《金婚》、《双面胶》、《王贵与安娜》、《蜗居》、《媳妇的美好时代》等），分别对应着中产阶层的工作与家庭。如果说《蜗居》、《蚁族》的出现使得人们看到在杜拉拉升职的背后还有海萍这样即使努力奋斗也只能过上房奴的"蜗居生活"（除非像海藻那样"二奶致富"），那么，与《手机》、《非诚勿扰》式的中产阶层男人忠诚与背叛的婚恋剧不同，鲁敏的小说《惹尘埃》则讲述了一个中产阶层家庭主妇遭遇"午间之马"而患上"不信任症"的故事。《惹尘埃》并没有提供一种廉价的抚慰和解释，反而呈现了一种无法根本治愈的"午间之马"的创伤。这种创伤打乱了肖黎的中产阶层生活秩序，但也使肖黎拥有了穿越种种话语雾障的"火眼金睛"，哪怕只是对这份中产阶层生活的一分迟疑。

丈夫的意外死亡以及国家工作人员对于丈夫死亡解释，再加上那个"午间之马"，让肖黎从中产阶层生活的虚伪中"惊醒"，这种"惊醒"使她无从区分虚实，究竟忠于职守的丈夫和孩子组成的三口之家是真实的，还是阳奉阴违的不忠的丈夫更真实？正如两位国家工作人员对于丈夫死亡的重新解释，与其说是呈现了丈夫死亡的真相，不如说是对真相的剥夺、掩埋和遮蔽。肖黎的"不信任症"是一种对中产阶层"言行不一"的反思，也是对中产阶层"完美生活"的戳破。这种对于语言的不信任，使得肖黎认识到，"语言的全部价值，就是用于消耗和装饰！"她再也无法相信广告、新闻、观点、政策、职业等各种或功利或权威的说辞。在肖黎看来，卖房子的、卖保险的、卖基金的、卖汽车的、记者、医生、公务员、足球运动员、经济学家等都是大大小小的骗子，"都是各种观点、政策或假相的制造者与阐述者"，这些话语是一种对事实、真相、现实、生活的"遮盖物"。而肖黎"唯一的兴趣就是掀开这层布"，揭露和揭穿语言的伪装和异形。可以说，肖黎一个人在试图揭开这些笼罩在中产阶层周围的话语迷雾。患有"不信任症"的肖黎其症状恰好是一种"女性"的特征："最近都这样，她很容易愤怒——像另一些不同种类的人，很容易疲劳，很容易多情，很容易哭泣"。与丈夫/男性（《手机》中的严守一、费墨）在忠诚与背叛中游刃有余不同，女性这一弱势的、差异的性别位置再一次被选择成为承载着"言行分裂"的中产阶层生活之痛的假面，以女性的身份承受和消解着中产阶层生活的伪装，让她在这个世界中如批判知识分子般"失魂落魄"又"格格不入"。

这种"惊醒"让肖黎体验到中产阶层完美生活的"瞬间性"，只能在"此刻"、"这一刻"才能抓住稍纵即逝的、不确定的日常生活①。如在公园中聆听韦荣给徐老太太读侦探小说，"两张表随风微动，微型旗帜般，宣告着日常生活在某一个瞬间的安谧与空洞"；如肖黎面对韦荣给她布置的阳台，"肖黎花了很长的时间凝视这盆月季，甚至是太长的时间，她看花骨朵儿，看它半透明的甜美，她说服自己享用这一瞬间，这样的时刻太罕有了，等这一刻过去，她知道她就会旧病复发、变本加厉"；还有小说结尾处，"暂且，先停留在这一刻里吧。肖黎闭着眼，顾自沉浸在漫长而沉重的告别里，沉浸在越来越浓厚的暮色里"。只有在这一瞬间才能让肖黎片刻享受"安谧"，片刻之后，肖黎就会"旧病复发、变本加厉"。在韦荣把遭遇"地震"的肖黎之家重新修复、还原到原有状态之时，肖黎愤怒了，这种愤怒不仅仅在于韦荣的行为是

---

① 这种瞬间的现代性体验也正是本雅明所论述的波德莱尔对现代都市中转瞬即逝的体验。

一种"放长线、钓大鱼"①，而且在于"午间之马"已经使得这种温馨、天伦之乐变得虚伪和荒诞，肖黎不愿意让这种温情脉脉来遮蔽欺骗、圈套和背叛。于是，肖黎的质疑和不妥协，在徐老太太和韦荣看来是一种不合情理的疯狂、较真和较劲，是一种不成熟，是一种以卵击石。肖黎最终意识到"韦荣好好的，他跟女朋友也好好的，世界万物都是正确的完好的"，肖黎"不信任"这个世界又能怎么样？除了"自欺欺人"、把自己变成"一根筋的孤家寡人"之外，世界难道真的会改变吗？正如徐医生临终前劝慰肖黎："要知道，说谎这种事情，真算是咱们最大的人情世故，它是有传统有渊源的，你就得服这个软！你想想，古往今来、历朝历代，随便扒开一个缝儿往里瞧瞧，哪里不是谎言！远的不说，就我们这代人，前前后后，从上到下听了多少大谎小谎、自己又撒了多少大谎小谎！唉，你啊，要学着从古往今看呐……"而韦荣临走前也送给肖黎这样的"忠告"："世界就是世界，它脏也好、假也罢，存在就是合理，想那么多干吗，只管去适应就好！我周围的人，谁都明白这个道理，偏偏你跟它去较什么真！你在对抗什么？完全就是以卵击石嘛！嗳，真的，不要怪我说得难听，什么真话假话的，老天，真是弱智真是童话啊！你是成年人啊，三十多岁了！我都觉得你太可悲了！"这些古往今来以及"人人"都明白的大道理恐怕不是说给肖黎一个人听的，也是说给那些对现实、对语言不满的人听的（正如那些总对这个世界发现异样和怪味的批判知识分子②）。换句话说，何必要抱怨世间的谎言，何必要纠缠于"午间之马"不放呢？难道这些真的能改变世界吗③？从这里可以看出，徐老太太、韦荣不是以找到"午间之马"、给"午间之马"一个明晰的来源，而是以取消"午间之马"、假装"午间之马"不存在、假装什么都没有发生、假装古往今来的历

---

① "他并不是真心想做这些！这是用来包裹欺骗的蕾丝花边！他只是要收买她，他想稳妥地继续他肮脏的营生，就是这么回事！"

② 参见本书第四章第五节一块布的寓言：社会创伤与精神治疗。

③ 就在1980年代或者1950—1970年代，那还是一个人们能够相信一己之力可以改造世界、可以做自己主人的时代，而短短一二十年之后，人们却只能向现实世界妥协和认命——"能做个房奴也不错"、"当然能挤进中产阶层就更完美了"、"以至于做不成房奴、做不成中产阶层成为这个时代最大的抱怨和反抗"，仿佛历史真的如徐老太太所言从来都是如此，历史之手真的是太善于在重写中遗忘掉那些不和谐的段落了。

史没有任何变化来消解"午间之马"给肖黎/中产阶层所带来的创伤和震惊。总之,像肖黎这样给儿子"建造无菌室"的想法不仅是一种痴心妄想,更是一种对下一代"美丽心灵"的"毒害"①。

这些"好心人"的"人之常情"的劝慰,使得肖黎把自己看成是一个与"谎言的风车"作战的"女版的当代唐·吉诃德",唯一的作战工具就是"掀开这层布"。在这个意义上,肖黎执着于"掀开这层布"就如同"老派悬疑"故事一样,也是一种给"午间之马"找到一个隐秘的、未知的核心,就如同"核"武器的出现使得人们对于这个世界总是充满了"不信任",总觉得有一个"内核",一个埋藏于深处的超能源或"惊天秘密",可以毁灭地球、人类和世界。而徐老太太和韦荣对于"谎言的风车"的辩护,却并非要否定这是一个"谎言的时代",恰恰是承认肖黎说出了世界/语言的秘密就是"语言的全部价值,就是用于消耗和装饰",甚至韦荣和肖黎还能在半地下室空间"促膝而谈"分享这份"秘密"②。这种"愤世嫉俗的同仇敌忾",建立在韦荣和肖黎都认同于这样一个关于世界充满了"谎言"的判断,而问题在于韦荣和徐老太太想告诉肖黎的是"这个世界上除了布满谎言之外,别无他物"、"正是这谎言的大地,孕育出辛酸而热闹的古往今来",即使"掀开这层布",找到的不过是另一种语言/谎言罢了,"这世界飘洒着谎言的细雨,这世界翻腾着谎言的尘埃,众生皆在细雨中奔跑在尘埃中打滚,满身的泥泞与腥臭"。从这里可以看出,如果说肖黎使用了19世纪的批判语言,相信可以"掀开这层布"(正如马克思主义对于意识形态的理解,就是一种遮蔽、一种欺骗和虚假,而批判的功能在于揭开这层意识形态的伪装),那么韦荣和徐老太太回应的是一种后现代主义的狡黠和犬儒:不错,语言在遮蔽现实,可是除了语言之外,难道真的还存在语言背后的真相吗?只是这份后现代主义的"洞见"还渗透着

---

① 正如韦荣的斥责:"我真不知道,你到底在他心里埋下了什么种子?不错,你教会他识别一切所谓的谎言,可你知道吗,你同时也破坏了他的信任感,他永远那么紧张、排斥、敌意,看到的全是事情的反面,我真担心他将来体会不到生活的美好。"

② "一场因月季花而起、蓄意酝酿的敌意性交涉,竟在一个混乱而夸张的逻辑中演化成为愤世嫉俗的同仇敌忾,当争先恐后的语言高峰过去,狭窄阴暗的地下室重新归于安静时,肖黎惊愕而哑然了——怎么回事,她竟是承认了韦荣那份'工作'的合理性吗?"

些许前现代的腐蚀和庸常①。

　　这种无奈或"服了软"充分呈现了后现代主义的"进步"和反动之处,"进步"在于正如语言学转型之后的文化理论基本认可这样一个事实,就是语言及其由语言建构的现实和世界不过是如洋葱头一般,遮蔽、剥离一层皮并不能找到那个真理的内核(语言掏空了现实,建构了现实),而只不过是另一层皮而已。反动在于这种对于语言的解构工作被认为是一种无意义的、无用的②,从而使得一种后现代主义的批判锋芒消磨在犬儒主义的"咯咯"笑声中。也就是说,徐老太太、韦荣用20世纪的后现代主义来嘲讽肖黎的现代主义批判的无效和不可能,既然如此,批判如何可能?批判还能有什么用呢?正如肖黎对自己产生了怀疑:"自己的如此这般,明知不可为而为,到底在执着于什么?公道良心?绝对真实?道德正确?这便是她苦苦维系的信仰吗?然而扪心自问,她果真信仰什么吗?这样的世道,早已没有了'相信',信仰又如何存在?"这也呈现了"唐·吉诃德"作为批判者的困境,不在于风车如此强大,而在于"唐·吉诃德"所使用的是用旧时代的武器来反抗历史的新风车。面对这种围观者的笑声,肖黎确实如那个可笑的"唐·吉诃德"。

　　问题在于,既然患有"不信任症"的肖黎如此地荒诞和可笑,为什么徐老太太、韦荣要费如此多的口舌和心血来帮助她治好心灵深处的"午间之马"呢?在这里,重要的置换发生了,那个被"午间之马"所惊醒的肖黎,那个受到"午间之马"干扰的肖黎,那个不听劝的、一意孤行的肖黎,成了这个时代和世界上的"午间之马",肖黎由一种对中产阶层生活之痛的发现者、质疑者变成了威胁中产阶层正常秩序的"午间之马"。肖黎在故事一开始,就被命名为是一种患上了"不信任症"的病人,而不是一个"午间之马"的发现者、命名者。也就是说,不是世界上有什么"午间之马",而是"说出"并不妥协地"如此认

---

　　① 只有前现代才是一个永恒的、稳定的、不会被腐蚀的时代,现代人的宿命就如同肖黎那样只能在"瞬间"的片刻中停歇,就如同王家卫电影《阿飞正传》中那只无爪鸟,永不停歇。所以说,革命、变化是现代人的常态,如那句套话"历史的车轮滚滚向前"。

　　② 恰如韦荣的"箴言":"世界就是世界,它脏也好、假也罢,存在就是合理,想那么多干吗,只管去适应就好!我周围的人,谁都明白这个道理,偏偏你跟它去较什么真!你在对抗什么?完全就是以卵击石嘛!"

为"的女人就是这个世界上的"午间之马"。肖黎的处境再次延续了《狂人日记》中狂人的遭遇,狂人发现了吃人的历史,而世人却把狂人看成一个病人(清醒者/批判者以自我病理化的方式呈现着时代之痛)。如果说在彼时的历史中,受到五四新文化影响的读者恐怕不会站在世人的位置上来围观狂人的"胡言乱语",反而会借狂人之眼来看封建礼教是如何"吃人"的,那么在当下的语境中,又有多少人会认同于肖黎这样一个"悲惨且愚蠢的捍卫者"呢?恐怕更多的读者会接受徐老太太和韦荣的劝慰:"听我的,不要去较真,学会自己骗自己!这样,你才能获得安逸"。在文本中,拒绝走向"新生活"的肖黎,也获得了世间最大的惩罚,肖黎成了一个没有男人的女人,一个被婚姻秩序所放逐的女人(就连韦荣都可以在半地下室做爱,这种被放逐的女人也是《芙蓉镇》中那个只知道搞运动的坏女人李国香的下场,"好女人"则是有人爱又有孩子的女人胡玉音)①。

不过,徐老太太和韦荣对"午间之马"的取消,或者说后现代主义对于"午间之马"这个"内核"的消解(这真的是一个抹平深度模式的时代吗?没有纵深感的世界、《世界是平的:21世纪简史》难道不是全球化时代里的中产阶层的"一厢情愿"吗?),并不意味着"午间之马"只是需要被去除的不和谐因素,更重要的是现代社会如此内在地需要"午间之马",甚至建构一个"午间之马"、他者和异质性因素是维系现代资本主义秩序的基本策略。正如福柯的历史研究所呈现的,对于"午间之马"的规训和放逐始终是现代性印证自身合法性的方式,而中产阶层在20世纪的浮现某种程度上是在回应19世纪马克思关于无产阶级作为资产阶级现有秩序的"午间之马"的批判。所以,后"9·11"/后帝国时代的美国(获得"冷战"胜利的美国)是如此地需要一个"午间之马"来印证其帝国秩序的存在,恐怖主义(某种与西方异质的文明)"有幸"被选择成为这个时代的"午间之马"。在这个意义上,"午间之马"充当着反抗和维护秩序的双重功能。而小说的深刻和有趣之处在于,最终并没有找到"午间之马",在徐老太太去世、韦荣

---

① "她是个真正一根筋的孤家寡人,没有任何人懂得她、体恤她,当她做好了软化的准备、想要试探性地靠近这世界取暖,却发现没有可依之处、可依之人——哈,这正是老天爷对她的讽刺与惩罚吧!"

走远之后，肖黎并不能肯定自己就可以开始"新生活"，只能"暂且，先停留在这一刻里吧"。徐老太太的临终遗言"假作真时真亦假，真作假时假亦真"以及从头到尾从来没有欺骗过肖黎的韦荣，最终不过使肖黎暂时接受这个"虚实相间、富有弹性的灰色地带"。在这样一个无法想象"新生活"的时代里，在这样一个任何对生活和世界的不满都只能认命、妥协的时代里，"午间之马"与其说是一种中产阶层生活的威胁，不如说也是一份寻找真正"新生活"的开始。

第二节　文化"隐身衣"与音乐的政治学

2012 年，知名作家格非发表新作《隐身衣》，篇幅不足 10 万字，相比于其创作十余年、近百万字的"江南三部曲"（《人面桃花》、《山河入梦》、《春尽江南》），这部小说勉强算得上一部微型长篇，讲述了一个京城古典音乐发烧友的工作与生活。借"我"这个只愿意"停留在事情表面"而不愿"推敲"的叙述者，散漫地呈现了 30 多年的个人际遇与人生变迁。按照"我"的说法，在北京专门制作"胆机"的人不会超过 20 人，"这个社会上的绝大部分人，几乎意识不到我们这伙人的存在。这倒也挺好。我们也有足够的理由来蔑视这个社会，躲在阴暗的角落里，过着一种自得其乐的隐身人生活"[1]。为何"我"可以自得其乐？为何"我"可以成为"隐身人"？

一、穿着"隐身衣"的手艺人

"我"自称是一个没落的"手艺人"，因为"我"像前工业时代的手工匠一样，保持着一种个人化的生产方式。与流水线上的工厂工人以及朝九晚五的公司白领不同，"我"不受工业化生产的组织与纪律的约束，也与可以在家里举行私人派对或过着前现代田园生活的老板不同，"我"需要不断地接受订单来维系起码的生存。"我"只接触两类客户，一类就是懂音乐或附庸风雅的知识分子，另一类就是"大大小小的老板们"。"我"借给他们组装音响设备的契机，"堂而皇之"地走进他们

---

[1] 小说中的引文皆出自格非：《隐身衣》，人民文学出版社 2012 年版，不再单独标注。

"神秘"的客厅,并偷听一些不甚了了的高谈阔论。对于这些夸夸其谈,"我"并不在意,反而觉得不过是一种"吹毛求疵"和"刨根问底",在故事结尾处,"我"说出了自己的"人生哲学":"如果你能学会睁一只眼闭一只眼,改掉怨天尤人的老毛病,你会突然发现,其实生活还是他妈的挺美好的。"

与那些无法占有自己所生产的产品的工业/异化劳动者(雇佣劳动者)不同,也与那些虽然拥有却无法鉴赏的"腰缠万贯、灵魂空虚"的资产者不同,"我"既能够自食其力(掌握一门可以生产、交换的技能),又懂得欣赏、理解并为古典音乐所感动(是发烧友或收藏家,通过占有/恋物来否定、终止商品的交换价值),恰如那件"我"所钟爱的音响 AUTOGRAPH 是"签名"、"手迹"(或误译为"自传")的意思,这种 DIY 音响设备的工作对于"我"来说也是一种可以烙上"个人"签名、印迹的创造性劳动。所以说,"我"不仅是一个手艺人,更像是一个拥有签名权的作家/文化创意工作者。在这里,音乐/音响就像现代工业社会的商品一样充当着双重功能或价值,一方面具有交换、流通的价值,另一方面就是作为艺术的审美价值,可以成为现代资产者的家居"私藏"。

尽管在"我"看来,1990 年代才是音乐发烧友的"黄金时代",不过,对于这种"信誉良好的发烧友同盟","我"有着一种"乌托邦"式的"自得":"在残酷的竞争把人弄得以邻为壑的今天,正是古典音乐这一特殊媒介,将那些志趣相投的人挑选出来,结成一个惺惺相惜、联系紧密的圈子",这是一个能够顺利完成交换价值的自由市场、一个良性的现代生产关系的典范。甚至,小说的精彩之笔在于,尽管神秘买家丁采臣已经自杀,可是答应支付给"我"的 26 万余款依然鬼魅般地"悉数到账",也就是说,人可以死,但交换价值一定要完成。在这个意义上,"我"与其说是一个前现代的手工艺人或工匠,不如说是现代资本主义生产关系的理性人。

二、"我""隐身"了什么

小说除了描述这种"自得其乐的隐身人生活",还有近一半的篇幅叙述了"我"的历史。如果说穿着"隐身衣"使得人们不知道"我"是一个懂得古典音乐的手艺人(不听刘德华、蔡琴之类的流行音乐,不看《倩女幽魂》等香港电影），那么在这件略显虚弱的"隐身衣"下面还隐藏着另外一个看不见的"我"——一个工人阶级的儿子。

"我"是坐在父亲死后留下的工作台前学会修理收音机技艺的。当"我"把父亲留下的只装了一半的收音机弄出"声音"之后，"我心里忽然一松，那么多天来堵住我嗓子眼、压在我心上的石头，忽然不见了。我终于接受了父亲离去这一事实"，在父亲的空位上，"我"子承父业成为了一个"手艺人"。父亲在这间胡同里的无线电修理店干活之前是国营电子管厂的正式职工，"后来不知出了什么事，就被打发回家了"，从此父亲就沉默寡言。小说中的父亲/1950—1970年代工人阶级是沉默的、因心肌梗塞而死去的父亲，而母亲则带有世事洞明和人情练达的老中国人的精明（跨越了时代界限），这种父亲与母亲的双重形象本身成为描述历史断裂/阻隔与连续的修辞术。小说没有叙述"我"是如何从一个修收音机的"手工匠"变成为胆机制造者的，或许是拜1980年代"走向世界"和分享西方文明所赐。

如果说"我"对收音机、无线电有着特殊的天分，那么"我"与"父亲"最大的不同在于父亲曾经是1950—1970年代的工人阶级（经济上代表先进生产力、政治上是国家主人），而"我"则只能是一个"手艺人"/个体劳动者。正如2011年的电影《钢的琴》中所呈现的，工人阶级在下岗之后只能变身为一种技术大拿或手工匠，这种阶级身份的消失或衰落也是从1950—1970年代到新时期的历史转折中完成的。其意义在于改革开放之初的"我"处在一种都市贫民的状态，如"我"没有读大学（勉强读了一年电大）、曾经作为鞋店的售货员以及母亲清晰地指出"我"这种"穷人"是留不住玉芬这样的姑娘的，都可以看出"我"这个工人之子自1980年代以来就生活在社会底层的位置上（包括"我"的姐姐、姐夫同样处在这个阶层上）。当然，更为重要的问题在于从工人阶级到手工匠的转移以及这种阶级政治的衰落还造成1990年代在都市空间中出现的农民工群体始终处在一种匿名或暧昧的状态，而无法获得占据工人阶级的命名。

对于"我"来说，唯一的命运转折就是1990年代末期做音响生意在北京赚得一套住房，也是这个时候"我"拥有了与玉芬结婚的资本。随着玉芬提出离婚，"我"这种"手艺人"/私营小业主也就再次面临居无定所、朝不保夕的生活。如果说玉芬先后嫁给海归、外国人（黑人）是一种女性上升的路线，那么姐姐把一位带着孩子的大舌头女人侯美珠介绍给"我"之时，也意味着在姐姐看来"我"也就只配得上这样的女人。在小说的后半部分，"我"不得不把最心爱的"ATUO-GRAPH"卖给神秘买家，以换得在郊区购买一间农家小院的资本。在这个意义上，"我"对于1990年代的怀旧以及"现如今，论起手艺人的低位，已经与乞丐没有多大区别"的抱怨，就不仅仅是一种古典音乐文化的衰落，而是一种切切实实地1980年代以来关于"勤劳致富"、"个人奋斗"的小私营企业主的破产。

1990年代对于"我"这种手艺人来说还有社会上升的空间，那么新世纪以来不仅"我"经常成为客户眼中的"他者"——就像保安、保姆等外来农民工那样出入中产阶层或资产者的"客厅"，而且一不留神就被打回"原形"或跌入社会底层，除非出现丁采臣这种来无影从无踪的人物以及没有面孔的女人的收留，否则"我"将丧失掉在郊区偏居一隅的机会。值得进一步追问的是，为何"我"这种文化手艺人也会在新世纪以来遭遇"滑铁卢"？这恐怕与中国从20世纪八九十年代的以制造业为中心的世界加工厂/实体经济走向以"房地产+金融资本"为中心的城市化/虚拟经济有关。如果说1990年代农民工等实体劳动者以廉价劳动力的方式完成了中国近代以来最为剧烈的工业化过程（截至2012年，农民工已经突破2.5亿人），那么新世纪以来"飞涨的房价"以及城市消费成本的上涨则让刚刚在都市风景中浮现出来的"主人翁"中产阶层迅速"屌丝"化，这也正是作为"手艺人"的"我"所经历的家庭（从玉芬到侯美珠）、空间（从城里到郊区）的双重放逐，这显然是一种阶级身份再次下降的过程。从这里可以看出"隐身衣"对于"我"的特殊功能，就是隐去"我"作为工人阶级之子的历史。

三、"腹黑"版的启示

这部小说最吸引人的地方是神秘买家丁采臣的出现，不管是引荐人蒋颂平的"欲言又止"，还是"我"千里迢迢像探访吸血鬼伯爵德古拉的古堡一样来到人迹罕至的盘龙谷，让这部略带现实主义的"纯文学"笼罩上一点侦探/哥特小说的味道。不过，"我"不是一个合格的侦探，也不喜欢刨根问底，拒绝做时代的推理者和探究者。因为"我"坚信

"不论是人还是事情,最好的东西往往只有表面薄薄的一层,这是我们的安身立命之所。任何东西都有它的底子,但你最好不要去碰它。只要你捅破了这层脆弱的窗户纸,里面的内容,一多半根本经不起推敲"。所以,直到故事结束,这个神秘的别墅、幽闭在别墅中"被严重毁损"面孔的女人以及丁采臣的离奇死亡都无从知晓。

这种压抑自己的"蠢蠢欲动"、拒绝"推敲"的人生哲学,使得"我"既不知道父亲为何会沉默寡言,也不知道姐姐和蒋颂平之间发生了什么事情,更不知道周围的世界为何会变成这样(姐姐用苦情计逼自己搬家,曾经信誓旦旦要"以死相报"的兄弟也不愿出手相助)。在这个意义上,"我"带有后现代主义的聪明(拒绝深度模式)和犬儒主义的随遇而安。与深夜中听音乐的孤独、心酸相伴随的就是"走投无路"时的"鼻子发酸,忍不住流下了眼泪",这是一个脆弱的、缺乏行动能力的、孱弱的男人/儿子,也是 1980 年代所孕育的"个人"在新世纪以来的社会生产关系中的自画像。

幸好,有"好事者"不甘心看到这种结尾,替"我"/作者找出了答案,一种"腹黑"版的《隐身衣》("腹黑"一词来自日本动漫用语,通常指表面和善温和、内心却想着奸恶事情或有心计的人):"其实毁容女就是玉芬,她雇了丁采臣帮她实施计划,目的就是与主人公重归于好。玉芬一定是继承了一大笔遗产,然后找到了丁采臣,她告诉丁采臣通过告诉蒋颂平他想购买一套顶级音响一定可以与主人公联系上,然后丁采臣消失,将主人公逼到绝境,主人公一定会找上门,玉芬的脸怎么会变成这个样子不得而知,但她了解自己的老公,她知道古典乐是他的最爱,她先是挽留他,然后又打电话再次建议他,当一切已成定局,她让丁采臣把余款打回给他,一切一切只是一个女人的阴谋!"①

很显然,豆瓣上的网友借用了当下网络文学中已经流行六七年的"宫斗文"的叙事策略(如电视剧《步步惊心》、《后宫·甄嬛传》就是代表之作)把《隐身人》改写为"一个女人的阴谋",而"我"不过是一个被算计的"棋子",可以想见,丁采臣、蒋颂平以及"我"的姐姐都是这盘"很大"的"棋局"中的环节或走卒。暂且不管严肃小

---

① 阿蓝™:《我们每个人都有一件隐身衣》,豆瓣读书,2012 年 5 月 30 日。

说与网络文学之间的区别，如果说《隐身人》是一个谜面，那么"腹黑"版很像一个谜底，问题不在于玉芬为何会变成"最毒妇人心"，而在于这个自得其乐的"我"为何会陷入步步为营的牢笼之中，在这里，"睁一只眼闭一只眼"并不重要，重要的是"我"生活在一个被高度理性化的算计所支配的世界中却浑然不觉。

四、音乐/声音的政治（阶级）学

这是一部关于音乐的小说，也是一部关于音响装备的小说，正如小说的章节采用了音响和古典音乐的盘片名。音乐/古典音乐不仅是一种个人爱好、收藏，而且还是"我"得以在这个时代"安身立命"的隐身衣、护身符或者襁褓之所。

小说中深情描述了每当夜深人静的晚上听自己心爱的音响煲出"至爱"的音乐时的"快感"："当那些奇妙的音乐从夜色中浮现出来的时候，整个世界突然安静下来，变得异常神秘。就连养在搪瓷盆里的那两条小金鱼，居然也会欢快地跃出水面，摇头甩尾，发出'啵啵'的声音。每当那个时候，你就会产生某种幻觉，误以为自己就处在这个世界最隐秘的核心"，即使暂时寄居在有裂缝的房间里过着"半死不活"的日子，"当那熟悉的乐音在夜幕中被析离出来"、"我禁不住喉头哽咽，热泪盈眶"，还有在大款蒋颂平的地下室/视听室中所进行的如同祭祀般的音乐活动。尽管妻子玉芬抛弃"我"、姐姐把"我"扫地出门以及朋友蒋颂平（昔日的发小）也拒绝伸出援手，"我"依然可以自得其乐（或洋洋得意），这份蔑视或豁达在于"我"有着一颗被古典音乐所充盈/包裹的内心，这种对西方古典音乐的酷爱是"我"最大的象征/符号/文化/美学资本。于是，穿着"古典音乐"的"我"可以"睁一眼闭一只眼"，并"乐于从命"。

在这里，一种文化资本或趣味充当着阶级区隔的功能。这种文化身份让"我"只能看到、遭遇购买音箱或喜欢古典音乐的"同类"，不管是那些"我"看不上的知识分子，还是蒋颂平、丁采臣、牟其善，就连最后收留"我"的没有面孔的女人，也与"我"分享着相似的音乐趣味，所以即使姐姐费尽心机撮合"我"与侯美珠，"我"也不可能和一个唱《天路》的大舌头女人结婚（欣赏不同的音乐意味着不同的阶级身份）。在这里，"古典音乐"成为"我"的"隐身衣"或唯一的身份认同。不过，小说还通过音乐/声音来标识一种历史的禁锢或区隔。童年的"我"留下深刻印象的就是通过自己修好的这台收音机，听到宋玉庆演唱的现代京剧《奇袭白虎团》，其中"这段《打败美帝野心狼》，仍是我唯一学会的京剧唱腔……在那个阳光明媚的午后，我听着这段唱腔，忽然想到，如果父亲还在，如果他也能听见这段唱，知道我已经学会了修收音机，那该多好啊！想着想着，就一个人哭了起来。一阵凉风吹到我脸上，我心里忽然一松，那么多天来堵住我嗓子眼、压在我心上的石头，忽然不见了"。"我"通过学会修收音机以及学会收音机的这段"京剧唱腔"而继承了"父亲"的衣钵，可是这种留在童年记忆中的"现代京剧"在"我"成为古典音乐发烧友之后就再也没有想/响起过，哪怕是以怀旧的名义，这段声音也像沉默的父亲那样消失得无声无息了。

　　如果说这种古典音乐对"现代京剧"的压抑是一种历史的遗忘机制，那么这只听惯古典音乐的"耳朵"对另一种声音也充耳不闻。在"我"遭受蒋颂平羞辱之后，"回到家中，我就像生了一场大病似的，衣服都没脱，就倒在床上蒙头大睡"，"就这样，在附近工地上有节奏的打桩机的轰鸣声中，我昏昏沉沉地睡了过去"。"工地"上的声音出现了，这种在当下急速城市化过程中最司空见惯的声音不过是伴"我"入睡的催眠曲（对于19世纪批判现实主义文学来说，工人阶级或群体的出现成为一种工业化时代的风景，而对于当下的中国文学/文化来说，2.5亿人连"风景"也不是，只是一个"轰鸣声"）。由此，"隐身衣"就像一个时代的"隐身术"/"障眼法"，让"我"拒绝听到沉默的父亲的心声，也无法听见"工地上"的"轰鸣声"。

　　也许，已经到了"我"应该考虑是否脱掉"隐身衣"的时候了；也许，"我"该找到父亲留下的收音机，再听一听"这段唱腔"；也许，"我"该醒过来，去听一听"有节奏的"轰鸣声。因为，这些与古典音乐不同的声音并非真的与"我"无关。

第三节　舌尖上的视觉"乡愁"

一、"文化中国"的想象

近几年，英国"二战"后知名的社会人类学家杰克·古迪（Jack Goody）的书被相继翻译成中文，一本是1982年出版的老书《烹饪、菜肴与阶级》，一本是2006年出版的近作《偷窃历史》[1]，两本书都呈现了杰克·古迪对西方现代性历史的自省。如果说《烹饪、菜肴与阶级》通过对以列维·斯特劳斯为代表的结构主义人类学的反思，把历史/阶级的视野"烹饪"到对不同区域食物模式的分析，那么《偷窃历史》则是对近代以来西方中心主义的认识论进行了毫不留情的批判，认为作为普遍叙述的"时空观"、"民主"、"文明"、"资本主义"、"个人主义"、"爱情"等观念是对非西方（空间）/非现代（时间）价值观的"偷窃"和压抑。这种对西方/欧洲/现代中心主义的内在批判成为1970年代以来西方人文社会学科的重要思潮，诸如《东方学》、《白银资本：重视经济全球化中的东方》、《亚当·斯密在北京：21世纪的谱系》、《大分流：欧洲、中国及现代世界经济的发展》、《黑色阿西娜：古典文明的亚非之根》等不同领域的学术著作都在近10年内翻译到中国[2]，这些西方学院（尤其是美国学院）内部的批判性论述对于打破中国1980年代以来特定情势下形成的"新启蒙"话语具有启示意义。

不过，有趣的文化错位在于这些著作被翻译到中国之时，也是中国经济高速腾飞成为全球第二大经济体的时代，这些批判性作品中所"解放"出来的中国故事（不再是愚昧、专制、停滞的帝国/古代中国）

---

[1] （英）杰克·古迪：《烹饪、菜肴与阶级》，王荣欣、沈南山译，浙江大学出版社2010年版；《偷窃历史》，张正萍译，浙江大学出版社2009年版。

[2] （美）爱德华·W. 萨义德：《东方学》，王宇根译，生活·读书·新知三联书店1999年版；（德）贡德·弗兰克：《白银资本：重视经济全球化中的东方》，刘北成译，中央编译出版社2005年版；（意）乔万尼·阿里吉：《亚当·斯密在北京：21世纪的谱系》，路爱国、黄平译，社会科学文献出版社2009年版；（美）彭慕兰：《大分流：欧洲、中国及现代世界经济的发展》，史建云译，江苏人民出版社2010年版；（美）马丁·贝尔纳：《黑色阿西娜：古典文明的亚非之根》，郝田虎、程英译，吉林出版集团有限责任公司2011年版。

很容易被"一厢情愿"地挪用到对中国崛起的合法性论述中，即当下的"崛起"不过是一种中国历史内部的"复兴之路"、一种悠久的"文明国家"的历史延续。这种当代/当下中国与前现代中国的"完美嫁接"使得这20年经历高速工业化/金融化的中国找到了"连续性"的外衣，比如重新启用"传统中国"的文化符号，不管是至圣先师孔夫子的《论语》，还是老人们晨练的太极拳，都被展示为北京奥运会开幕式上的"中国元素"，再加上文化思想领域的儒学复兴、民间社会中的读经活动以及作为地方经济增长点的文化旅游热（人文、历史"资源"也成为一种文化遗产），文化（传统文化）再次被"发明"为民族身份、国家软实力、差异性的多元标识。

如果说1980年代的文化运动（以人文学科为主）作为负载个人、人性、自由、民主等现代/启蒙价值观的媒介而成为社会关注的中心，彼时的社会经济改革还处在酝酿和调整阶段，那么1990年代以来这种市场自由化的改革就借助强有力的国家力量而全面推动，随之文化被立即放逐到社会经济生活的边缘。而新世纪之交中国在成为世界制造业工厂的基础上依赖以房地产为中心的城市化向产业金融化/虚拟化转型，在此过程中文化软实力、文化产业成为国家与市场重新"青睐"的空间，一批大型文化工程如国家大剧院、国家博物馆被组建完成，而文化产业/文化创意经济学/城市运营也成为都市发展的新目标。经过10年的城市拆迁与改造，以"北上广"为代表的特大城市变成了去工业化的消费主义国际大都市，与此同时也是文化产业中心。此时浮现出来的文化热潮不再是那些负载现代价值观的文化样式（如纯文学、艺术电影等），反而"征用"相对于现代（时间）/城市（空间）之外的传统文化、地方文化、原生态文化等。与1980年代、1990年代对于高楼林立的都市空间的欲望渴求不同（这正是中国1990年代中后期抛弃中小城市走向国际化大都市发展的"升级"之路），这些年只有那些被"复原"的老街、老建筑才被有选择地作为承载城市历史与记忆的文化象征，如北京前门大街、上海城隍庙、广州西关老街等，以及北京四合院、上海石库门、天津五大道洋楼等被指认为代表地方特色和文化身份的建筑符号。

可以说，这些"精心呵护"的怀旧空间成为填充剧烈现代化过程中的中国人情感主体的文化"佐料"。作为现代/城市中国人，津津乐道的不是"密密麻麻的高楼大厦",而是前现代或非现代的"文化乡愁"——对各种文化/自然"遗迹"、"残留物"的无限"热恋",这也说明一种新的"现代中国"(不是革命中国,也不是传统中国)的主体已然建构完成。

二、舌尖上的"秘密"

不仅仅如此,2012年一部呈现中国饮食文化的纪录片《舌尖上的中国》意外走红,这部七集纪录片在中央电视台综合频道《魅力记录》栏目一经播出就在微博上引起巨大"围观",成为近些年难得一见的制作与口碑俱佳的国产原创纪录片。据统计,该节目平均收视率为0.48%,比同时段电视剧高出30%。《新闻联播》专门报道这部纪录片是由相对年轻的团队在资金和时间都不充裕的情况下制作完成,并已经被翻译成外语,成为中国纪录片走向国际的文化案例,这也正是推广文化软实力的题中之义。这部并非有意拍给外国观众看的"中国美食手册",其成功之处与其说是选择有中国特色的饮食文化,不如说中国创意工作者也拥有了一种把"中国元素"风景化的讲述能力。从这个角度可以说,《舌尖上的中国》确实有自己的"烹饪秘籍",恰如片头是一双筷子夹着一块/一张水墨画般的猪肉(或猪肉石),一种只可意会不可言传的"味觉"被调制为一档浓浓的视觉"大餐"。这部纪录片从全国各地(涉及22个省及港澳台地区)采集"自然食材",并把它们"转化"(拍摄、剪辑)为沁人心脾的视觉形象,让观众通过"眼睛"来感知这些"熟视无睹"地埋藏在心灵深处(胃部)的"味道",深得"口福/味觉"与"眼福/视觉"的辩证法。其实,在电视荧屏上从来不缺乏饮食类的节目或专题片,甚至这种"厨房里的秘密"早就被电视机这个客厅/卧室中的窗口据为己有,"美女私房菜"、"厨艺大比拼"、"地方菜大舞台"等不一而足。为何《舌尖上的中国》会"恰逢其时"又"与众不同"呢?

如果借用杰克·古迪在《偷窃历史》一书中开篇就讨论"时间与空间"的问题,指出作为近代欧洲支配性叙述的"时间"(文明的现代)与"空间"(具有比较优势的欧洲)都"偷窃"于非西方地区,那么时间与空间也是现代性的两个基本维度。《舌尖上的中国》也正是在这样两个"卷轴"上呈现中国博大精深的饮食风景画的。从空间来说,这部"美食图"没有过多地留恋于大都市的喧嚣和高档餐饮的奢华,而是走进穷乡僻壤、边陲之地,如香格里拉原始森林里的松茸、藏族人保持了3000年的黑陶工艺、云南大理诺邓山区的火腿、广西柳州盛夏的竹海、吉林查干湖寒冬中的捕鱼者等。那些在少数民族聚集区(相比汉族中心的异域风光)、乡野之间存在的"乡村盛宴",以及特定的民间习俗、传统节日(如春节、端午节、重阳节)与饮食之间的"惺惺相惜"都成为不可或缺的"食材",即使已经消逝、变成民俗旅游项目的高跷浅海捕鱼等也是不可或缺的菜肴,在这里,自然、老传统、手工艺、老味道都成为酿制"乡愁"之酒的酵母菌和酒曲。如果说这种对于边缘、异乡的"空间"想象本身包含着一种"时间的味道"(第四集标题),那么"小时候"、童年、家乡的食物则成为一种时间上的怀旧,如北京、上海、香港、长沙等都市空间开始浮现,这些普通人家的厨房记载着返乡/归国的"80后"、"90后"们那份无法忘怀的妈妈菜或家乡菜的味道,于是朝鲜族姑娘金顺姬"从小在呼兰河边长大,她现在生活在北京。对她来说,故乡,就是这种让她魂牵梦萦的泡菜的味道"。在故乡/北京的空间分割中,作为民族/个人记忆的泡菜成为了那一抹浓浓的乡愁之物。

当然,北京人也有自己的"乡愁"。这部纪录片最后一集《我们的田野》的最后一个故事讲述的是"屋顶上的菜园"。住在胡同里的老北京人张贵春在自家屋顶上精心培育了一个"自己的"菜园。镜头从萧瑟的北京春天拍起,到了夏天,屋顶菜园已是一番"花鸟虫鱼"的丰收景象,立秋时节,邻居们聚在"空中菜园"中一起包饺子,饺子馅就是菜园中收获的大角瓜,真是"采菊东篱下,悠然见南山"。片中画外音说:"贵春种的西红柿酸甜清新,正是令人怀念的几十年前的老味道",这种"老味道"、都市种菜人的辛苦以及邻里之间分享丰收果实的画面,就是"舌尖上的秘密"。这种"秘密"在于,在这个高楼大厦的都市丛林中"意外"出现的"空中菜园",就如同沙漠之海中的一片绿洲,这个勤劳的北京人"复原"了一种对于早就离开"土地"的城里人相当"奢侈"的农家生活。片中特意强调,"当都市中的人们涌向菜场,将远道而来的蔬菜带回家,贵春却像个自在的农夫,就地取材,自给自足"。这种自己种自己吃的"幸福感"还不够,相比一般的都市人,贵春不仅可以吃到"最放心的"、最健康的绿色有机水果和蔬菜,

第三章　中产阶层的"隐身衣"与"文化中国"的想象

更重要的是在这座都市沙漠的"空中楼阁"中贵春和邻里之间"短暂地"体验了一把熟人的、亲情的、带有些许集体感的生活状态，这在个人主义/孤独/原子化/"陌生人"的都市丛林中是多么珍贵的温馨时刻。

不管在现实生活中还是纪录片里，张贵春的故事都是个案中的个案。对于已然过着现代生活的都市人来说，食品的工业化早就深入到从种植到销售的各个环节。也许，正因为对"食品的生产"的绝对"匮乏"，这种农家的、乡村的诗意与浪漫才会成为现代人"屡试不爽"的、"难以自拔"的、欲望的"幻象"。这些足以勾起胃酸/欲望的视觉画面也恰好宣告了这种自给自足的"农夫"生活的死亡或灭绝。张贵春的这种个人创造性地"复现"现代人的"菜园"，既是一种乌托邦式的"海市蜃楼"，又是一次对于前现代农耕文明的"戏仿"。

三、"美食家"的登场

相比一般国产纪录片，《舌尖上的中国》拍摄更为考究，多个机位、两级镜头、微距拍摄应有尽有，尤其是对"烹饪"细节的特写以及"物视点"（摄影机放在食品上），让观众看得"垂涎三尺"。这部获得热映/热议的国产纪录片比那些试图呈现"中国元素"的古装武侠大片（如《英雄》、《无极》、《夜宴》、《满城尽带黄金甲》等）更加赏心悦目，不仅没有卖弄、纠结和矫情之感，反而以小见大实现"润物细无声"的文化功效。如果说古装武侠大片存在着对权力中心的认同与被阉割的主体之间的文化悖论①（如《英雄》中刺客被迫而又主动地投降秦王），那么《舌尖上的中国》则有意识地建构了一种柄谷行人所论述的"外在的风景"与"内在的心灵"之间的观看关系。正如《乡村的盛宴》中，"在王小整的村寨里，一些年轻人已经脱离种植糯稻的生活，定居在城市。伴随着糯稻种植圈的不断萎缩，传统农耕所维系的集体生活方式也日渐隐退"，可以说，那些即将消逝的、隐匿在山间乡野中的美食与味道就是"外在的风景"，而"看风景的人"则是充裕着童年怀旧的现代主体/新兴都市中产阶层，只有他们能够实现"才下舌

---

① 贺桂梅：《看"中国"——中国大片的国际化运作与国族叙事》，参见 2009 年 6 月"华语电影与国族叙述"国际学术研讨会的会议论文。

头,又上心头"的"转化的灵感"(第三集标题)。而这种主体位置的形成来自于并不遥远的 1980 年代。

很多评论者在说到这部纪录片时都会提到 1983 年发表的作家陆文夫创作的经典小说《美食家》,现在看来,这部作品无疑成为记载着七八十年代之交历史/文化转型"密码"的重要文本,也正是借助这部作品,"美食家"从"好吃懒做"的、带有资产阶级情调的寄生虫变身为有文化、有品位的"吃货"。小说并没有以美食家的口吻来描述,而是以"文革"中遭受迫害曾经发表"反吃喝宣言"的餐厅经理"我"的视野来展开,讲述了"我"与"好吃成精"的资本家/美食家朱自冶从新中国成立前到改革开放之初 40 年的恩怨。按照"我"的说法,"硬是有那么一个因好吃而成家的人,像怪影似地在我的身边晃荡了四十年"①。朱自冶之所以是"怪影",是因为在"我"这个新中国成立前参加革命的干部眼中,靠收房租过日子的朱自冶就是一个没有一技之长的酒囊饭袋和"贪图享乐的寄生虫",是"朱门酒肉臭,路有冻死骨"的旧社会剥削制度的代理人,朱自冶代表着一种腐朽的资产阶级习气。于是,新中国成立后"翻身做了主人"的"我"想尽各种办法来改造生活糜烂的"美食家"。不过,1980 年代"我"复出之后,才恍然发现这种"文化改造"不仅没有改掉朱自冶"好吃"的恶习,而且新时期以来更加发扬光大,"转身"成为"美食专家"和烹饪协会的会长。

这种僵化的、保守的"老左派"与寒酸、有特殊癖好的"吃货"之间的二元对立是 1980 年代之初保守与改革两条道路之争的漫画化书写,有趣的问题在于作者依然让"我"占据叙事主体的位置,"美食家"是"我"眼中的另类和他者,这无疑延续了 1950—1970 年代革命者作为历史叙述主体的位置。小说的结尾处,"我"中途逃离了朱自冶"奢靡"的家宴,心里淤积着怒火:"四十年来他是一个吃的化身,像妖魔似的缠着我,决定了我一生的道路,还在无意之中决定了我的职业。我厌恶他,反对他,想离他远点,可是反也反不掉,挥也挥不走……"在这里,不管是"怪影"还是"妖魔",都是 1950—1970 年代试图压抑、斩草除根的资产阶级堕落文化,而这种让"我"感到厌恶

---

① 小说引文来自陆文夫:《美食家》,人民文学出版社 2006 年版,其他引文不再单独标注。

的代表着享受、享乐的"美食"却在1980年代"浴火重生"。虽然"我"毅然选择去赴工人阶级之家的喜宴,"一直走到阿二家,我心中的怨气才稍稍平息",但是没有谁还记得这个没有留下名字的"我",反而对那个"只会吃,不会做"的"空头"美食家流连忘返(暂且不讨论小说中"我"的失败与其说是朱自冶的复活,不如说更是1960年代出现的社会主义文化内部如何处理消费与劳动的悖论)。

如果说小说中用新中国成立前朱自冶品尝过的苏州名菜与新中国成立后"我"提倡的"大众菜"作为"资产阶级味觉"与"无产阶级味觉"的对抗,那么这种"吃的政治学"在1980年代被作为新的意识形态重建的修辞,味觉与阶级没有关系,在这个意义上,这种"去阶级化"的味觉政治依然处在一种文化斗争的氛围中。而30年之后播出的《舌尖上的中国》中的"美食"文化则再次抹平或遮蔽了文化的政治性,变成了一种消费主义文化、一种在旅游中展览的"菜肴"。正如许多餐馆的后厨用透明的玻璃橱窗来让食客"看见",或者直接在食客面前展示做菜的过程(新闻直播间也让观众看到主持人背后的调控室,仿佛这新闻不是幕后制作完成的,而是带着新鲜的"现场感"),这种让烹饪变得"可见"正是为了满足文化消费的心理,这也就是为何纪录片会如此关注食材、选料,会如此津津有味地呈现制作美食的每一个环节和细节,包括挖藕人、辛勤的劳作也可以变成一处美丽的风景。这种"风景化"有效地回避了《美食家》中所存在的劳动代表着自力更生、自食其力的阶级美德以及"不劳而获"则是吸血鬼和社会寄生虫的代名词。也正因为文化被消费化,那种在《美食家》中存在的"名贵"菜肴与便宜的"大众菜"之间的阶级/等级之别也被小心地抹除了,"美食家"所不屑一顾的"大众菜"却成了《舌尖上的中国》念兹在兹的美食。

四、"幻象"的功能

如果有好事者把《舌尖上的中国》"穿越"到1980年代放映,恐怕当时的人们很难理解,为何30年之后中国人依然背负着"传统"的"封建专制"的包袱。正如片中把"传统"与"食物的记忆"耦合起来:"中国人的传统家庭观念代代相承,他们传承给下一辈的东西,下一辈也会继续传承下去。就像饺子,这就是中国人一辈子代代相传的一种记忆，一种食物的记忆。"在 1980 年代所建构的"现代化"叙述中，城市与乡村成为了文明/愚昧、开放/封闭、自由/囚禁的二元对立的空间。问题不在于重新使用这种"现代化"的逻辑来批判这种乡土的浪漫想象的虚幻，而在于不管是对现代化的高歌，还是对乡土文化的挽歌，农村/乡土都成为了彻彻底底的他者之地。现代人不愿意承认的正是现代化/工业化/城市化的生活，不仅铲除了乡土生存的主体空间，而且把乡土沦落为城市化的补给站和垃圾填埋场。也就是说，在农村、乡土已然被卷入工业化之后，它们被一种浪漫主义的反现代性的情怀再次"征用"为一处现代性的乡愁。在这个意义上，这些对乡土诗意的符号化所实现的是对乡土生活的再次剥夺和抹平。

就在这部纪录片热播之时，一种质疑的声音也随之产生。面对近些年中国食品安全接二连三地出现重大问题（如"毒奶粉"、"地沟油"、"瘦肉精"等），这部甜腻的纪录片有"粉饰现实"之嫌，也有人写出《舌尖上的两个中国》、《毒舌中国》的文章。这无疑呈现了都市中产阶层的双重主体状态，一方面是无限认同、分享休闲节假之余把饮食文化作为旅行者的风景和记忆，另一方面又对经济高速发展过程出现的食品安全、环境危机保持高度敏感，这种主体仿佛"穿越"在不同的时空之中，这也是当下全球中产阶层的普遍状态。正如齐泽克在解读《阿凡达》时指出，对于观看好莱坞的观众来说，一方面去影院观看土著大败武装到牙齿的敌人（向往潘多拉星球绿色、环保、生物多样主义的理念），另一方面走出影院支持美国用高科技武器发动阿富汗、伊拉克战争（恐怕不会同情那些遭受无人飞机轰炸的恐怖分子或平民）。

在这里，如《阿凡达》、《舌尖上的中国》等文本充当着一种意识形态幻象的功能。幻象不是虚幻、谎言和欺骗，更不是对当下主流意识形态的批判和拒绝，而是一种对现代性逻辑的再次确认和精心维系，使得现代人更加坦然、自然地生活在"异化"的空间中，这是对不够安全、不够完美的现代化生活秩序的有益补充。这也正是城里人周末去农家乐、去郊区体验大自然，或者到租借的农场"亲自"种地的乐趣所在，这种旅游休闲的"乐此不疲"是为了缓解周一到周五在污染的、异化的、非自然的都市丛林中工作的压力和不快，以便"疏松筋骨"之后可以"鼓足干劲"继续回到城里过"正常"的生活。《舌尖上的中国》就是一座有机的、无公害的视觉"氧吧"，让人们（尤其善于操作微博的都市白领）可以足不出户、宅在个人/私密空间中补充绿色的精神食粮。

第四节 与"孔夫子"的文化和解

新世纪以来，伴随着经济的崛起，儒学/国学被重新"征用"为国家形象和文化软实力的代表，成为国家主流文化形态的有机组成部分。一方面各大高校纷纷成立国学院（与此同时，马克思主义学院也在高校出现），另一方面受到政府资助的"孔子学院"也在全球遍地开花（2004年第一所孔子学院在韩国首尔挂牌，至2013年9月，全球已建成435所孔子学院）。孔夫子不仅被作为中华民族传统文化的象征，而且也是实现中华民族复兴的文化标识。正如"中华民族的伟大复兴"所呈现的当下中国与古代/盛世中国之间的隐喻关系，这种因西方冲击而走向近/现代化之路的中国开始与1840年之前的中国建立一种"连续"的关系。在这个意义上，以"有朋自远方来不亦说乎"为开篇语的奥运会开幕式把古代/盛世中国作为当下崛起/复兴中的中国的自我镜像。而支撑"孔夫子"重新登临历史文化舞台的，则是近几年来关于中国古代及近现代历史的大规模重写工作。

一、"孔夫子"的文化"软着陆"

2011年上半年，"孔子像"在国家博物馆前的"短暂"停留，引起了不大不小的争议。这种与"孔夫子"有关的论争在近几年的大众文化中不断浮现。如2006年围绕着"学术超女"于丹的《论语》解读所引发的争论、2010年初上映的国产片《孔子》与好莱坞大片《阿凡达》之争、2010年底在孔子故里曲阜能否修建教堂之争。而新世纪以来在学术（精英）思想界则出现了一股分外强劲和略显庞杂的"文化保守主义"思潮，具体体现在曾经作为二元对立的儒学（传统）/西学（现代化）、儒学/马克思主义（毛泽东思想、革命）之间的融合以及文化和解。从这里可以看出，尽管不乏争议，但"孔夫子"在新世纪的文化舞台上却成为名副其实的"宠儿"。在这个过程中，既有国家意识形态的"重拳出击"（如"孔子像"与"新国博"的出现），又有大众

/民间/新中产把其作为文化"香饽饽"（如于丹版的《论语》），还有精英思想界的"学术蒙太奇"（如儒家社会主义、儒家宪政主义等高难度的剪辑术）。可谓"多方角力"、"众声喧哗"、"成果丰硕"，"孔夫子"总算在某种意义上实现了文化"软着陆"，又重新降临"告别（20世纪）革命"的中国。

如果说"五四"以来中国现代/革命最为重要的文化象征行为就是"打倒孔家店"、"批林批孔"，直到1980年代"第二次启蒙"依然把"反传统"作为开启"现代化"、现代文明的前提条件，那么1980年代中期在反思激进主义/革命文化的背景下也出现了传统文化/中华文化"复兴"的思潮，尤其是海外新儒家对于东亚现代性的讨论使得"传统与现代"的水火不容转变为一种彼此"相容"。1990年代初期在"冷战"终结/全球化的背景中，国学、儒学、传统等不再是"封建残余"，也不是"现代化"的羁绊，而是遭遇/加入全球化过程中形塑民族国家/中华民族"文化身份"的重要组成部分。相比1980年代"传统文化"与"现代文明"的冲突和1990年代"国学热"的浮现，新世纪以来，对孔夫子与儒家最为重要的改写，就是实现了曾经与现代中国/革命中国激烈对抗的"封建遗毒"（以儒家为代表的传统思想），同国家、民间（作为消费者的新中产）和以反传统为底色的现代知识分子之间的全面"和解"。

这次"孔夫子"的"强势"回归或者说"从被放逐被打倒到被寻找被推崇"的"回归之旅"，跨越了20世纪文化思想政治的基本逻辑（激烈的反传统恰是现代中国/革命中国的基本底色），而这10年来也正好是中国加入WTO、经济高速腾飞的年代。2010年中国已经成为全球第二大经济体，在金融危机的背景中"戏剧性"地占据着格外重要的位置。在这种背景下，传统/儒学不仅成为中国对外宣讲的"文化/国家软实力"（"孔子学院"），而且也是对内形塑中华民族文化认同的重要媒介（重新确立一套伦理及道德规范），以至于实现"中华民族的伟大复兴"成为当下中国最为重要和有效的主流意识形态表述。与1980年代中国渴望走向世界/西方、与西方文明"亲密"接轨不同，当下的中国在取得了令人羡慕的现代化成就之后，没有"坦然地"把这份"成功"归结于"西化"的结果，反而迫切地需要找到一件"中国的"、"复古的"外衣，一种文化礼仪之邦、一种扭转了近代以来"落后挨打"命运的"强势中国"的想象成为新世纪以来当代中国的自我寓言。这种"古典中国/盛世中国"的文化重构成功改写了作为现代/启蒙发端伊始的五四运动对于古老中国的经典论断"礼教吃人的中国"和"封建压迫的中国"。如果说1980年代以来中国的主体状态是掏空、否定自我以追求一种"现代化/西化"的新主体,那么新世纪以来实现了经济崛起的中国则试图从斑驳的传统/儒家文化中找回/重建一种具有自我主体性的表述。

这种被重新组装/发明出来的"传统"是一种比新儒家还要"新"的儒家(不管是于丹的《论语》心得,还是内地新的儒学政治想象),充当着格外重要的意识形态"说服"功能。对于经历七八十年代之交以及八九十年代历史转折的中国来说,主流价值观始终处在一种自我悖论和撕裂状态。这种内在分裂使得一种非主流的文化想象成为推动市场化改革的情感动力,也使得1980年代末期出现扶持"主旋律"创作和1990年代推广、界定"红色文化"很难获得由衷认同。新世纪以来,新领导人陆续提出构建社会主义"和谐社会"、全面建设"小康社会"以及实现"中华民族伟大复兴"的"中国梦"等带有传统伦理色彩的治国理念和方向,提倡以"八荣八耻"、"扶老携幼"、"扶危济困"、"孝道和感恩文化"等"中华民族传统美德"来改善社会风气(甚至有些地区把孝道作为公务员考核的重要组成部分)。另外,主管文化和宣传的意识形态部门全力推动、扶持国家文化/国家软实力建设,尤其是逐步确立发展"文化产业"的诉求,某种程度上扭转了1980年代中后期以来直到1990年代对于地方/传统/民间文化的市场化政策,传统文化资源成为不同地区打造文化名片、申请非物质文化遗产以及推动旅游业的重要素材。

更为重要的是,这种文化上的复兴建立在对中国古代、近现代历史的重写之上(尤其是通过《大国崛起》/《复兴之路》的双重论述),传统中国与现代中国的历史断裂被弥合,新的主流文化变成了实现"中华民族的伟大复兴",这在某种程度上克服了1980年代以来主流价值观自身的叙述困境。而与新世纪10年经济的高速起飞相伴随的是阶层分化、区域发展不平衡等严峻的社会问题,面对如此巨变的现代生活,对于处在意识形态和价值观混乱、悬置或真空状态中的人们来说,某种通俗版本的儒学等传统文化也许可以提供一种"安身立命"的说法（按照于丹的阐释就是"发现你的心灵"以"心安理得"地接受其在社会中的位置）。如果说传统/孔夫子的礼仪文化在国家倾力打造的文化工程中作为"盛世中国"的文化符号以及让在"丛林法则、适者生存"的市场环境中备感疲惫的弄潮儿获得心灵慰藉，那么新世纪以来一些精英知识分子则试图通过对儒学政治的重新阐释，调整1980年代以来与体制相对抗的主体位置，无论是儒家社会主义，还是儒家宪政主义，儒家都是中国作为连续的文明体的内在传统。

可以说，儒家/传统如同"万金油"般可以满足如此多元化的诉求（从国家到民间、从普通人到精英知识分子）。儒家/孔夫子这一被中断的文化秘笈终于"千呼万唤始出来"，在新世纪以来的中国文化舞台上"粉墨登场"。不过，这种"复兴"以及"传统/儒家"与现代/工业化/有中国特色社会主义的中国之间的嫁接工程并非没有裂隙，正如"孔子像"的悄然登场、又悄然离去，其间也充满了些许暧昧与尴尬。

二、"新国博"的重修

"孔子像"之所以引起争议，很大程度上在于其放置在天安门广场附近。天安门作为20世纪中国政治/文化的核心/象征地带，不仅是许多历史事件的发生地（如五四运动、开国大典），而且重新改造的天安门广场群落成为新中国毋庸置疑的政治/文化中心（正如那首脍炙人口的儿歌"我爱北京天安门，天安门上太阳升，伟大领袖毛主席，指引我们向前进"）。奇怪的是，很少有人关心"孔子像"身后的中国国家博物馆本身所发生的"脱胎换骨"的变化。在门前放置"孔子像"不过是这次国家博物馆改造扩建工程的项目之一，这次改造工程开始于2007年，历时4年共花费25亿元人民币。如此大规模的改建并非只是简单地扩大建筑面积及完善内部装饰，更重要的是把2003年由中国历史博物馆和中国革命博物馆合并而成"新国博"在建筑结构上实现完全融合，成为名副其实的"国家"博物馆，使曾经毗邻而居的"历史博物馆"和"革命博物馆"完成"无缝对接"。

这两个位于天安门东侧的博物馆有着各自不同的出身，中国历史博物馆的前身是中央博物院北平历史博物馆（筹建于辛亥革命之后），而中国革命博物馆的前身是1950年成立的国立革命博物馆筹备处。"博物馆"的兴起本身与近代西方殖民主义历史有着密切联系，在英国、法国等帝国博物馆中陈列着从殖民地"考古"、掠夺来的文物,而博物馆的陈列方式也以西方(欧洲)/现代为中心来书写、展示世界文明史。随着民族国家作为世界秩序的基本单位,国家博物馆在形塑民族身份和建构国家记忆方面发挥着重要的功能。显然,在中华民国刚刚成立之初就已经开始用"历史博物馆"的形式来再现中国古代历史。而新中国成立之后,这两个博物馆又承担着论述中华人民共和国合法性的功能,历史博物馆以"中国通史陈列"为主,按照经典马克思主义的"人类"发展/进化论:"原始社会、奴隶社会、封建社会"的方式来叙述中国历史的演进,主要以农民起义来联接整个展览。而革命博物馆则是在毛泽东《新民主主义论》的论述中再现1840—1949年新中国成立的历史,凸显共产党领导下的人民群众反帝、反封建的斗争历史。这两个如同连体婴儿般的博物馆在1959年被作为庆祝新中国成立10周年的"北京十大建筑"之一,成为天安门广场的重要标识。"文革"期间(1969年9月),历史博物馆和革命博物馆因为新的意识形态需要而被合并为中国革命历史博物馆,"中国通史陈列"也随着意识形态斗争而被多次修改,如历史下限从1840年延至五四运动,这既说明那句经常被引证的克罗齐名言"一切历史都是当代史",又说明对历史/文化的重写在1950—1970年代占据着格外重要的位置。1983年中国革命历史博物馆再次被拆分,恢复到"文革"之前的状态,直到2003年两个博物馆再次合并为中国国家博物馆。

如果说1960年代的"合并"借重的是"革命"的名义,那么这次"合馆"则是用"国家"的修辞来代替、统合"中国历史"与"中国革命"的分疏,这既呼应着1980年代以来去革命化的论述(包括在历史研究中反思经典马克思主义历史观的僵化认识论),又呼应着1990年代以来尤其是新世纪之后随着中国经济崛起而日益凸显的"国家"认同、一种国家文化的重建。2012年,国家博物馆举行了建馆100周年的纪念活动,把国家博物馆的前身追溯为1912年成立的"国立历史博物馆筹备处",这就把现代中国与当代中国的历史合二为一体。如果说1980年代关于20世纪中国历史一体化的论述把1950—1970年代作为异质性的段落排除在外,那么新世纪以来这种从辛亥贯彻到当代的现代中国历史则把包括1950—1970年代在内的20世纪中国历史变成同质化的国家叙述。与中国国家博物馆同时期出现的是中国国家话剧院

（2001年由中国青年艺术剧院和中央实验话剧院合并组建）、中国国家大剧院等一系列"国"字头文化机构的重组和成立。新国博馆长在接受采访时说："改建后的国家博物馆建筑面积将达19.2万平方米，超过了美国大都会博物馆、大英博物馆等世界著名的博物馆建筑面积，为世界最大的博物馆。今天，国家能拿出25亿元用来扩建国家博物馆，是一个国家软实力的象征，是一个国家的形象和窗口。"① 从这里可以看出，国家博物馆变成了去革命化/去意识形态化的"国家"文化，在这个过程中，中国文化/传统文化的浮现本身是为了更好地服务于国家软实力和国家主流文化的重建。

如果说新国博通过这次大规模改建使得旧有的两个馆在"建筑学"的意义上完成"联姻"，那么其内部陈列及其陈列方式则使其真正实现"旧貌换新颜"的历史任务。新国博依然保留两个常设陈列，以1840年为界，区分为"古代中国"和"复兴之路"，这延续了历史博物馆和革命博物馆的陈列方式，但是从"中国通史陈列"到"古代中国陈列"已经发生了"变脸"，不再采用原始社会、奴隶社会、封建社会等社会演化形态来结构展览，而是以王朝更替为主要线索，分为远古时期、夏商西周时期、春秋战国时期、秦汉时期、三国两晋南北朝时期、隋唐五代时期、辽宋夏金元时期和明清时期等八个部分，其中古代珍贵文物成为展览的核心。与此同时，"古代中国"还包括一些精品展览，如中国古代青铜艺术、中国古代佛造像艺术、中国古代瓷器艺术等，可见，当下的"古代中国"通过把文物放置历史前台而实现一种对历史的去历史化叙述。在这种以珍贵文物为标识的辉煌的古代文明的前提下，"复兴之路"成为重写中国近现代革命历史的基本策略，曾经光彩夺目的"古代中国"正是近代中国所要"复兴"/"怀情"所在。在这个意义上，新国博完成了对"古代中国"和"复兴之路"之间的内在融合。新国博标志着1980年代以来去革命化的历史书写终于实现了作为民族国家历史记忆的重构。从这里也可以看出，孔子像所象征的传统文化/中华文明与国家博物馆所表征的新的国家意识形态之间的裂隙并没有想象的那么大。

---

① 廖翊：《馆长吕章申描述改扩建中的中国国家博物馆》，新华网，2009年5月18日。

三、"发现你的心灵"

《发现你的心灵》是当下著名文化名人于丹在某地演讲的题目,被收入同名图书中,该书的其他作者也是近几年来凭借着电视节目《百家讲坛》而天下闻名的学者/媒体人,如阎崇年、纪连海、易中天、袁腾飞等。如果说1990年代余秋雨的《文化苦旅》在某种程度上分享着1980年代以来对于中国/传统文化的内在批判,与此同时又开启了一种旅行消费式的文化/地理想象,那么以于丹为代表的"百家讲坛"则试图完成经典文本、传统文化与当下生活的嫁接,让"经典"的雨露来滋润干涸的现代"灵魂"。与那些从传统经典、民间智慧中"领悟"出商道、"成功"之道不同(如易中天的"三国权术"、王立群的"史记谋略"以及纪连海的"和珅之道"等有中国特色的职场厚黑学/关系学/潜规则),于丹把《论语》、《庄子》酿成一杯杯"酸酸甜甜就是我"的优酸乳,让在市场大潮中身心俱疲的观众找到了"真的我"。"在现代生活中,我们该如何把握为人处事的分寸,当遇到不公正的待遇时,我们该保持什么样的心态,面对自己亲近的人我们又该掌握什么样的原则,在纷繁复杂的社会环境中,我们怎样才能保持一个良好的人际关系",于丹的"灵丹妙药"就是通过阅读传统来"发现你的心灵",这样就可以让碌碌无为、失去理想和信念只为"稻粱谋"的当下中国人找到心灵快乐的源泉。

相比1980年代激烈反传统、批判中国文化的"文化热"——如1985年前后"寻根"思潮的文化结果不是找到了失落的文化之根,而是重新发现了中华文化的病根和劣根性,需要用西方/现代文化来改造,中/西文化的对抗/比较背后是传统与现代的根本冲突。而新世纪以来传统文化的复兴正好是为了医治、补充现代生活的不足和空虚,传统与现代不仅不是非此即彼的对立关系,反而是彼此兼容的"和谐动车组",正如于丹把《论语》解读为人生之道、处世之道、理想之道、交友之道、心灵之道等人生哲学。这种《论语》版"心灵瑜伽"让那些失意者、失败者、失去信心的人们通过提升"心灵"修养就可以心安理得地获得继续生活下去的价值和勇气。

与这种火爆的"电视文化评书"相伴随的是针对少年儿童的国学班、私塾班、诵经班的兴起,以及民间社会、地方政府发起的"祭孔热、孔诞热、汉服热、祭祖热、古礼热、传统节日热、文化遗产热"等文化活动（2004年被认为是"传统文化复兴年"）。可以说，"传统文化热"成为新世纪以来文化市场中最具商业价值的类型，如国学读物、《百家讲坛》等都获得了巨大的市场成功，于丹的《〈论语〉心得》更是在不到三个月的时间里就创造了230多万册的销量奇观，高额的版税也让"学术超女"于丹一跃成为最有钱的中国作家之一。

  在八九十年代之交，面对亚洲"四小龙"的经济崛起，海外新儒家延续韦伯的问题意识（"新教伦理"/文化、宗教、制度等软实力与资本主义/工业化/经济基础等硬实力之间存在着内在关系），提出儒家社会与东亚模式的命题，试图用独特的文化模式（诸如忠诚、集体主义、勤劳节俭、鼓励储蓄等儒家的传统理念）来解释亚洲"四小龙"——韩国、中国台湾、中国香港、新加坡的经济崛起。这与20世纪新儒家在遭遇西方现代性（尤其是民主与科学两大西方/启蒙的支柱理念）过程中把儒家阐释为心性之学/哲学相关（而搁置儒家政治理念与皇权/王权之间的内在关系）。在东亚模式的论题中，这种心性之学与现代化并不冲突，以儒家为代表的传统文化不仅不是如五四或左翼革命所认为的那样是"现代化"的绊脚石，而且还有利于资本主义/工业化的"落地生根"，恰如余英时所述"传统文化是塑造现代文明的基石"。于丹的"心得"有效地解决了1980年代新儒家等文化保守主义者的文化难题"中国传统的创造性转化"，把中国传统经典作为现代人在现代生活中找寻自我的文化中介，这某种程度上也是新儒家"内圣/心性"之学的通俗或大众版本。与新儒家对亚洲"四小龙"的韦伯式解读相似，让于丹得以实现这种传统与现代"无缝对接"的历史语境同样是中国经济高速崛起的时代。把这些传统经典从历史语境中抽离出来，套上"真空包装袋"变成可以永不变质的"文化快餐"，以供现代人可以健康、方便地品尝。这种看似对传统文化的尊重其实分享着1980年代对于现代化的基本信念，只是1980年代现代生活还是远方的海市蜃楼，而如今一部分中国人已经登上了高速飞驰的列车。

  如果说传统礼仪、文化修养为急速飞驰的列车提供一抹多姿多彩的"中国红"，那么得以登临这趟高铁的"乘客"却是伴随经济起飞的"幸运儿"——新生都市中产者，他们用自己的文化消费支撑着大众文化的景观。如果由"传统文化热"进一步联想到近几年来同样火热的收藏热（如电视中的鉴宝、藏宝栏目层出不穷）以及对古董、器物等物品所负载的历史文化符号的津津乐道，可以看出文化的功能发生了巨大的变化，文化、历史记忆已经成为有产者家庭内景的私藏，成为品位、格调、教养的象征资本。于丹的桥梁作用在于，即使无法像收藏家那样把负载文化价值的"藏品"变成家居摆设，也可以通过"发现你的心灵"的个人修为而变成"脱离低级趣味"的人。

这种具有"仁义礼智信"的儒家"五常"品德的人格魅力也成为新世纪以来诸多热播影视剧中英雄/成功人物的道德风范。如《大宅门》（2001）、《龙票》（2003）、《大染坊》（2006）、《乔家大院》（2006）、《闯关东》（2008）等民国家族商业传奇剧，纷纷讲述中国近代商业奇才的经营之道，这些"成功"的中国商人（民族资产者的楷模）被赋予一种儒商的文化外衣，从而把白手起家的"美国梦"的故事有效地转化为有中国特色的成功学。这样一种"仁义"、"以德服人"、"以和为贵"的儒商精神，恰好是通过重建父权制的封建大家庭来完成的，不再是鲁迅、巴金等五四一代笔下的"吃人"、窒息的"家"，而是大丈夫开创家族辉煌史的豪迈（这种家族发展史又往往借助抗日战争而实现与民族国家认同的对接）。同样的叙事逻辑也被用在了 2011 年岁末热播的现实题材电视剧《下海》中，大哥陈志平如父亲般带领着一帮兄弟姐妹经历 1990 年代到 2000 年 10 年的改革/"下海"剧变，这种"下海"（南下广州发财）的故事也如同"闯关东"（北上东北垦荒/垦殖）般经历各种酸甜苦辣，最终陈志平在坚持"不能损害国家和不能损害他人"双重底线下获得事业成功，对他的"历史"评价是一个具有"仁义礼智信"（好朋友）和"有道德、有底线"（市委书记）的"好人"。从这里可以看出传统文化及其民间伦理的"灵丹妙用"，就是维系陈志平在"下海"过程中所遭遇的一系列创业失败、妻离子散等家庭及人生变故之后的基本伦理规范和道德秩序。从这个角度来说，儒家文化的"现代功效"就是"缓冲"、"削弱"从亚洲"四小龙"到中国崛起过程中现代化/工业化/资本主义化对于旧有社会秩序的冲击，为其间的成功者与失败者都提供心灵抚慰。

四、与"孔夫子"的政治和解

如果说于丹的《论语》解读实现了通俗版的儒家文化与市场经济

中的现实逻辑之间的对接，孔子像、新国博等则代表着国家意识形态对于儒学/传统的"重新定位"，那么新世纪以来在学术思想界则出现了与儒学的"大和解"。相比八九十年代儒学/传统被作为文化保守主义，近几年来最为有趣的文化现象是，儒家与社会主义（新左派）、儒家与宪政主义（"自由派"）试图完成高难度的"太空对接"，这种与中国传统儒家/精英文化"接轨"的内在诉求是，通过反思西方普世价值尤其是西方中心主义的文化心态来确立一种中国文化的自觉与自主，而在这里被指认、命名为"中国文化"的是以儒家为代表的传统价值观。

　　与20世纪以来新儒家尤其是新中国成立后流落海外的新儒家把儒学改造为心性之学不同，新世纪之初内地首先出现了以蒋庆为代表的政治儒学，试图把内圣之学转换为"外王之道"，接续被现代/革命/西方所中断/阻断的儒学政治传统，显然这种"文化蒙太奇"无法安置百余年中国遭遇现代并"追求现代"的历史（包括追求国家独立、民族富强、个人平等基本的现代理念）。相比这些儒家/儒教学派，更为引人注目的是一批以研究西学/西哲为基础的学者从政治哲学的角度重新阐释"通三统"，即打通传统（儒家）、革命（毛泽东时代）与现代（改革开放）之间的内在壁垒，建立一种中华文明连续体的论述。如甘阳在2005年提出"孔夫子的传统，毛泽东的传统，邓小平的传统，是同一个中国历史文明连续统"的说法，随后又提出"用中国的方法研究中国的问题"、"用中国概念解释中国"等研究思路。暂且不讨论与国内思想文化界有密切关系的美国汉学界用"在中国发现历史"取代"西方冲击/中国反应"研究范式，以及日本学者沟口雄三用"以中国为方法"来批判日本中国学研究中的西方问题意识，这种对西方中心主义的批判和对中华文明的自觉，恰好不是1980年代以来文化保守主义者的延续，而是1980年代激烈反传统和1990年代新左派知识分子的学术转型。如果联系到国家关于20世纪"三次革命"与"中华民族伟大复兴"的论述，这种"通三统"的设想与之具有异曲同工之处，都把实现"中华民族伟大复兴"的改革开放放置在更大的中国历史传统中来获得合法性。与之相关的文化语境是2004年以来伴随着中国经济崛起而出现的中国模式、中国道路或中国经验的讨论。昔日曾经作为批判知识分子的窃窃私语（如1980年代末期费孝通在全盘西化的背景下提出文化自觉，以及1990年代面对国家支持的市场自由化，新左派提出重新认识中国社会主义传统的问题),如今在大国崛起的背景下汇合成朝野共享的关于中国文化自觉的大合唱。

如果说甘阳式儒家社会主义实现了新左派与儒家的"和解",那么2008年以来一批1990年代坚持新自由主义立场的学者则提出"儒家宪政主义"的"微言大义",如秋风从儒家经典中发掘出中国历史中早就存在的宪政主义传统,"在孔子以来的中国历史上,具有道德理想主义精神的儒家士大夫群体是抗衡专制的宪政主义力量"①。这种"创造性"解读/误读本身的症候在于通过把自我与体制的关系投射/影射为一种封建与王权的对抗,从而实现一种以自由、民主为基本理念的现代主体与坚持天道人伦的儒生主体的转换,这既延续了1980年代以来体制外的自由/启蒙知识分子的主体位置,又借助儒家宪政传统找到一种曾经缺失的中国身份和中国认同(而不是否定中国文化的西方认同),这些自由派知识分子通过山寨/中国版的儒家宪政找到了某种可以依凭的中国文化的树枝。

不过,这样两种看似南辕北辙的"学术蒙太奇"却分享着相似的文化逻辑,并实现了相似的意识形态效果,就是在对西方中心主义的批判中完成对以儒家为代表的中国传统文化的认同。正如秋风同样讲述了一个"通三统"的故事,"从时间的维度上说,'通三统'就是通当下中华人民共和国之统,此谓新王;'二王'则为中华民国及古代之统"。这种认同改变了20世纪初以来一直到1980年代所蕴含的激烈的反传统思潮,也调整了知识分子与体制的内在裂隙,只是在凸显儒家政治的当代价值以及与民主、宪政、社会主义等理念的兼容的过程中,闭口不谈儒家"政治"自身所携带的封建性和压抑性(如等级制、奴隶道德、皇权思想等),这样一种被纯净化的儒家政治恰好可以与当下社会结构实现某种契合。

如果说1980年代的文化逻辑是一个发现和建构断裂的历史(传统/现代、中国/西方、革命/现代、1950—1970年代/1980年代等处在内在冲突的状态),这种状态导致中国主体处在一种悬浮(如先锋派文学所提供的是一种"没有地点和空间"的世界主义想象)和悖论状态(如

---

① 秋风:《儒家宪政主义之源与流——敬答袁伟时老师》,《南方周末》,2011年6月30日。

寻根文学处在"寻根"与"掘根"之间),那么这种暧昧的主体位置在新世纪以来的历史叙述中获得了改变。无论是"大国崛起"、"复兴之路"等关于中国/世界近现代史的重写,还是从大众文化市场中浮现的传统文化热以及精英思想界对儒家政治的再阐释,都可以看出中国开始呈现为一种作为民族国家的"现代主体"的位置,一个拥有悠久历史和传统,并在近代遭遇现代化的历史中逐渐实现了现代化的新主体。1980年代并没有在八九十年代之交落幕,仿佛直到新世纪第一个10年终结之处,那份笼罩在1980年代的现代化/新启蒙论述才"开花结果"。如果说1980年代是一个强调历史断裂的时代,那么新世纪以来的逻辑则是把断裂的历史重新缝合起来,把曾经激烈对立的传统/现代、革命/现代、中国/西方等弥合起来。

五、孔夫子的幽灵

新世纪以来,"孔夫子"的强势回归是多重力量/立场耦合的结果。对于执政者来说,克服后30年与前30年的内在冲突,建构新的执政合法性是主流意识形态的内在诉求,而领导"中华民族走向复兴之路"的执政理念,这就需要重新回收、倚重传统文化/文明作为形塑"中华民族"的文化身份或国家软实力;对于市场经济内部的人群来说,传统文化被建构为一种抚慰灵魂的"心灵鸡汤",一种阶层区隔的文化教养和品味,对于传统仪式的回归或再造(祭孔大典和仪式)则联系着旅游/文化经济学;对于精英知识分子来说,与儒家的和解,使其不仅找到了"中国"身份,而且重写确认了与国家的认同关系。可以说,政府、市场(民间)、知识分子(左右两派)等面对中国崛起的事实"不约而同"地在孔夫子这个"重新归来的陌生人"身上找到了文化公约数,试图建立一种中国自主、自觉的文化价值共识。

"孔夫子"显然是一个伴随着现代中国制造出来的文化幽灵,一方面,"孔夫子"及其儒家正统被现代/革命宣判为糟粕,这种深刻的自我批判导致"中国主体"的被放逐、被悬置;另一方面,"孔夫子"又不断地被召唤回来,作为"中国文化"的正统和主流,也就是说,"孔夫子"是试图告别但又无法告别的幽灵化存在。新世纪以来,孔夫子及其传统文化之所以具有如此强大的"和解/和谐"功能,恐怕还与当下对于"文化"的重新理解和定位有关。传统文化/现代文化、中国文化/西方文化都可以"握手言和",组成一个多元化的文化拼盘,这本身呈现了后现代"文化政治"的包容性和虚伪性。一方面,包容差异的多元主义文化是1990年代全球化时代的主旋律;另一方面,曾经布满政治裂痕、历史污渍的异质/他者的文化符号被"培育"成了无公害的、绿色的健康食品。值得强调的是,这种分外强劲的文化自主、文化自觉的论述出现在中国加入WTO、全面融入以美国为中心的全球资本主义体系的时期,这十多年中国"主动"承担起世界加工厂的"职责",以廉价劳动力的后发优势成为全球化、一体化体系中的"优质生",并且凭借着以制造业为基础的实体经济在金融危机的大潮中再次占据"后发优势"。在这种社会转型和剧变中,"孔夫子"成为被国家、市场和知识分子多重认同的文化记忆,作为一种不同立场的黏合剂,其实彼此之间并非没有裂隙,但是文化霸权的意义在于一种动态平衡,传统文化/孔夫子成为一种"空洞的能指"/崇高客体,可以收编、整合这些彼此冲突的论述。

第五节　民国想象,谁的民国

一、"民国范儿"的写法

近些年,在大众文化尤其是图书市场中,"民国范儿"的图书特别畅销。不管是乱世英豪、文人雅士,还是大家名媛、革命女侠,就连民国教科书、民国版图书也如出土文物般"重见天日",以至于《走,回民国住两天》、《去趟民国:1912—1949年间的私人生活》、《活在民国也不错》等仅从书名即可获悉这是一趟穿越到民国的文化列车。诸如《民国风度》、《民国气质》、《民国衣冠》、《民国底气》、《民国风景》等林林总总的民国叙述,不再是一个"旧社会把人变成鬼,新社会把鬼变成人"的意识形态战场,也不是"落后就要挨打"的血迹斑斑的近现代中国悲歌,更不是从一次又一次的挫败中最终走向新民主主义胜利的革命史。这些念兹在兹的"民国范儿"无心也无力搭建一条连接近代、现代与当代的高架桥,反而倾心于装饰一座民国化的主题公园,让人们在文武北洋、民国先生、民国女人、民国大学等系列橱窗中流连忘返。如此这般的民国想象就像一个乱花渐欲迷人眼的万花筒,任凭历史的车轮如何翻转看到的总是"那些人，那些事"。

"范儿"是一种北京方言（"儿化音"就很有北京范儿），"够范儿"、"有范儿"是指能够代表某种风尚或风格的气派和劲头，就像京剧演员唱念做打的一招一式就很"有范儿"，一种看得见、摸得着的视觉形象。顾名思义，民国范儿就是一种与民国有关的劲头和做派，按照知名文化人陈丹青的定义，民国范儿是"一种趣味、一种风尚和一种美学"。如此民国范儿与其说是那个时代固有的风采，不如说是这些年重新发现并赋予民国的特殊风韵，只有当民国范儿作为一种命名方式被发明出来之后，那些散落在现代中国历史中的风土人情才能被摆放在民国的橱窗里。这种民国想象固然与图书市场的策划以及跟风效应有关（仅以《民国范儿》为书名的图书就有好几种），但声势如此浩大的民国风恰好是在中国经济崛起时代浮现出来的文化想象，这也反映了当下都市消费者的文化心理。

如果把《新周刊》2010年9月的封面专题《民国范儿》作为一种标识，那么这种新的民国想象让人们"蓦然"发现原来并不陌生的民国竟然如此"有范儿"，"数名流人士，还看民国"。在《新周刊》独家授权出版的《民国范儿》一书中，民国既不是有头有尾的历史大叙述，也不是政治、经济、社会等国计民生的大主题，而是目不暇接、眼花缭乱的民国风情、掌故和逸闻趣事，即使作为系列文章推出的"民国先生"，也是如词条般排列的人物小传，这种字典式的春秋笔法本身是为了实现"可以触摸的民国"的效果，曾经明争暗斗、民不聊生的"万恶的旧社会"华丽转身为民国"新天地"。这些铺陈、罗列式的写作方式也成为其他民国图书效仿的民国范儿，就像《民国说明书》、《民国就是这么生猛》、《那个离经叛道的民国》一样，民国文化经过民国范儿的烤箱变成了风流倜傥的各色糕点，每个糕点都有不同的口味和成色，如章太炎是"疯"、刘文典是"狂"、辜鸿铭是"怪"、蒋廷黻是"犟"、胡适是"雅"、梁漱溟是"呆"与"直"等。在这种事无巨细的叙述中，历史并不长的民国变成了消费主义时代的文化景观。

与1980年代所呈现的民国乱世英雄、大时代（大上海）的风云儿女不同，民国范儿更擅长讲述大人物的小日子、名士的"微历史"。恰如《去趟民国：1912—1949年间的私人生活》的序言中所述："这是一本随意翻翻的书——没有头尾，没有章节，没有次序"，内容就是民国名人们的饮食、穿戴、居所、家事、家境、起居、聚会、恩怨等日常琐事，或者如《民国笑忘书》中所述胡适的糖尿病、陈寅恪的择偶观以及《活在民国也不错》中公务员鲁迅买房记等民国八卦。这些民国图书如同供游客使用的旅行指南，只负责展示、呈现一种文化场景，并不诉诸解释或探究风景背后的历史与社会缘由，仿佛一切都是浑然天成、自然而然，这种从大历史、政治史、国家史向小历史、个人史、物质史的转变，也是"冷战"终结、后现代文化的产物。文化不再像文化斗争、文化革命的年代那样承担着政治实践的功能，而蜕变为一种能够被展示、被消费的去政治化的旅游经济学，甚至连传统与现代、封建与启蒙、东方与西方等之间的价值对立也不存在了，都可以彼此兼容、打包销售。这种如中国卷轴画似的民国风物志，就像一张张孤零零地穿越历史尘埃的老照片一样，既储藏着照片所拍摄年代的文化信息，又在当下读者的注视下从具体历史脉络中抽离出来，变成一个可感、可触、可闻、可观、可把玩的文化"古玩"。

二、民国好风光

在这场民国文化"展览"中，有三个展厅尤为引人注目，这就是玉树临风的民国先生、雍容华贵的民国女人和正义凛然的民国军人，这些曾经在中国革命史及近代史中隐而不彰的群体成为民国舞台的主角。民国先生是指有风骨、有气度的民国知识分子，并"爱屋及乌"民国先生所属的民国大学也受到追捧（如抗战时期的西南联大）；民国女人是有才华、有性情的名家闺秀；民国军人则主要指国民党抗战老兵。如果说民国先生是1980年代以来知识分子想象的新形态、民国女人展示了新的女性故事，那么民国军人则借他者之躯重述新的国家神话。正是这样三张面孔成为吸引人们"回民国住两天"的精神动力，也是"引无数英雄竞折腰"的诱惑所在。

"民国先生"是这三种形象中最具有民国范儿和民国精神的模特，也是民国图书中出版最多的主题。作为"民国背影"、"民国风度"、"民国底气"、"民国风骨"的"民国先生"，可谓包罗万象，几乎把近现代知识分子一网打尽，既有大学校长蔡元培、梅贻琦、张伯苓、傅斯年、蒋梦麟等，又有国学大师梁启超、钱穆、陈寅恪等，还有乡村建设派知识分子晏阳初、梁漱溟、陶行知等。这些耳熟能详的民国先生成为

"名角"与新时期以来关于知识分子的想象有关,20世纪七八十年代之交,知识分子以归来的受难者、劫难的幸存者、暴力的反抗者的身份成为批判"文革"、反思革命的主体,形成了政治、体制、组织作为压抑与自由、独立、个人作为解放的二元对立修辞方式。如果说主动参与政治、自觉承担文化革命的责任是五四以来现代知识分子的主旋律,那么1980年代逃离政治、追求自由精神则成为新一代知识分子的自我想象。这种政治(体制)与知识分子(个体)之间的对立在1990年代被表述为体制内与体制外、国家与民间的区别。

在1990年代的大众文化中,最为流行的文化热点就是以亲历者的回忆录、随笔集为主的"反右"书籍,右派被书写为自由知识分子的代表,其中1950年代受到批判的经济学家顾准、国学大师陈寅恪以及1990年代成名、英年早逝的作家王小波则成为"独立之精神,自由之思想"的实践者,是体制外的文化英雄。相比1980年代知识分子在体制内完成自我批判,1990年代的自由、独立知识分子有了更为坚实的制度基础,这就是邓小平南方谈话之后的市场化进程为体制外的民间想象提供了"真实的"社会(市场)空间。当然,在这种略带悲情的自由知识分子想象中,看不见的是同样在1990年代处于体制外的农民工和从体制内下岗的工厂工人的身影,他们显然无法分享因市场的来临而释放的独立、自由的幻象。新世纪以来,自由(民间)知识分子被民国先生所取代,民国先生不仅大多拥有留洋(美)背景、是文化知识精英,而且在民国政府中担任要职,还保留着传统文人的风雅和趣味,可谓"脚踏政治、文化两只船"。从这里可以看出,民国先生绝非布衣先生,而是"谈笑有鸿儒,往来无白丁"的民国大佬、上流权贵和名人雅士,这也呼应着近些年对"富而有礼,贵而不骄"的贵族文化的向往。

与之相似,被人们津津乐道的民国女人也绝非"寻常百姓家"。如果说20世纪八九十年代上海怀旧潮中晚清歌妓、民国月份牌美女以及旗袍女郎作为摩登上海的性感尤物,那么在民国范儿中女人则变成了一种"含着金钥匙出生的名媛"。在《民国女人》一书的彩页中依次出现的女性是宋美龄、冰心、李霞卿(中国第一位美女飞行员)、林徽因、张爱玲、赵四小姐、何香凝等,这些出身显贵的女性不仅有大人物做丈夫(预示着和谐美满的家庭),而且也是有自己独立事业的职业女性(新女性)。这种新女性与高阶层的社会身份的结合,无疑示范着当下社会最让人"羡慕妒忌恨"的成功女人的形象。

在民国想象中,最为重要的历史事件不是决定"建国大业"的国共之争,而是抗日战争。与民国先生、民国女人收编了20世纪八九十年代的大众文化想象相似,1980年代就出现了国军正面抗战的历史叙述(如电影《血战台儿庄》等),以至于在《南京!南京!》(2009)、《金陵十三钗》(2011)等国产大片中抵抗日军的中国军人都是英勇善战的国军将士。最近新发掘出来的民国军人是1942年作为英美同盟军的国军入缅作战的中国远征军,已经出现了多部关于中国远征军题材的图书、电视剧和电视专题片,这些被遗忘的、承担国际责任的抗战老兵被命名为国家英雄。正如在一本"献给为中华民族抗击日本侵略者而战的中国军人和盟军军人"的书《国家记忆》中,作者从美国国家档案馆中找寻到当时美国随军摄影师拍摄的赴缅作战的中国远征军的身影。在序言中作者深情地写道,以前抗战历史都是"认贼作父","直到此前多少年,做梦都想不到,有那么多父辈的影像,如此清晰,宛如眼前"。这是一次借助美国摄影师的目光把曾经的敌人、国军重新指认为"父亲"的故事,而同名作者的另一本书直接命名为《父亲的战场:中国远征军滇西抗战田野调查笔记》。这种寻父之旅所实现的,是把当代中国与现代中国"合并"为抽象的民族国家的过程。

三、民国想象的文化功能

从民国先生、民国女人和民国军人的形象中可以清晰地看出民国范儿与当下的主流文化有着多重的结合关系。只是这种去政治化的民国想象中渗透着充裕的"政治"偏见,这就是在这幅风姿绰约的民国图景中唯独没有左翼、革命、苏区、解放区的位置,虽然在陈丹青的《民国答问录》中提到纯正的革命范儿也沾染民国气息,但几乎没有左翼知识分子、左翼文化人出现在民国范儿的风景里,正如民国军人的序列中无法看见红军、八路军、解放军的身影。在这里,不用过多解读,人们"心知肚明"这种民国范儿是谁的民国、是哪一个民国。这种民国世界中反叛者的缺席,使得民国好风光无需面对为何最终付诸东流、烟消云散的疑问,这与其说展现了一个真实的中华民国,不如说是新时期以来从国共冷战对抗到恢复国民党作为民国正统位置的历史重写及其历史主体的置换。不过,借用一句老话"一切历史都是当代史"以及福柯的名言"重要的不是故事讲述的年代,而是讲述故事的年代",民国想象的文化功能在于使当代中国实现了两重身份转换。

在1950—1970年代关于中国近现代历史的叙述一直采用从"近代"到"现代"再到"当代"的命名方式,当代中国(新民主主义中国和社会主义中国)不仅是对现代中国(旧民主主义中国)的批判,更是一种超越。1980年代在新启蒙、回到五四的历史想象中,当代中国比现代中国"进步"的逻辑发生逆转——现代中国被想象为启蒙与现代化的起点、当代中国则成为破坏现代化进程的"封建残余",正如在上海怀旧潮中改革开放后的新上海直接把新中国成立前的老上海指认为"前世"。在1980年代中后期出现了用现代化把当代中国与现代中国整合在一起的"20世纪中国史"的论述(一种去除了1950—1970年代异质段落的历史),于是,当代中国完成了"去当代化"(去革命化)、变成了追求现代化的现代中国。1990年代中国进入从体制内的微调转变为双重体制的转轨,1930年代老上海、摩登上海、咖啡馆、购物街成为现代都市文明的理想空间。从这里也可以看出,1990年代支撑上海怀旧的社会主体是刚刚离开体制获得自由的文化小资,而当下的民国范儿所询唤的主体则是随着中国经济崛起所浮现出来的社会上流精英。当然,从上海热到民国范儿的升级中,历史叙述的主体也从一个城市变成了民族国家。

新世纪以来,随着中国加入WTO并实现经济崛起,一种从晚清到新中国的革命史、悲情史逐渐被大国复兴之路的历史叙事所取代,支撑这种宏大历史叙事的主体就是作为现代民族国家的中国,核心情节为在挫折中不断追求现代化的历史。在这种背景下,已经现代化的当代中国再度"民国化"。与1990年代在公民(民间)社会中"做一只特立独行的猪"不同,"民国先生"不再焦虑于体制与民间的二元对立,知识分子与政治、体制的关系从一种逃离、反抗变成了既深度合作又在"借古讽今"中保持独立人格的主体想象。人们穿越到民国不是一种从现实世界中解脱,而是渴望在民国中遭遇到更加真切的现实,一种与民国先生、民国女人"做朋友"的奇幻之旅。

第四章 双重社会主体与治疗伤口的方法

这些年,随着西方金融经济危机的蔓延,中国经济崛起日益成为一种可见、可感的事实,但是,总有一些影影绰绰的身影经常打断人们分享大国崛起的心情,这些身影就是1990年代以来市场化改革及经济高速起飞过程中,不断被抛下的农民、农民工、下岗工人等三大弱势群体,他们作为社会主流景观的他者形象,并没有在大众文化的视野中完全消失,而是在特定的"情节"中扮演着特定的角色。第一节以三个作家为例,分析1980年代、1990年代和新世纪以来中国文化体制的转变。如果说1980年代是计划经济的旧体制自我调整、1990年代是计划经济体制向市场体制转轨,那么,新世纪则是新的市场体制完全形成的时期。第二节处理大众文化书写与社会主体之间的关系,尤其是作为社会主体的新中产阶层不只是大众文化的消费者,也占据着构建理想社会的主体位置。第三节、第四节和第五节,分别以农民工纵火案的新闻报道、关于改革开放30年的公益广告和下岗女工的精神创伤等电视节目为个案,提出整体性地思考三大弱势群体的问题以及暴露、抹平1990年代的社会伤口成为反思中国崛起和中国模式不容忽视的面向。

第一节 从三个作家看三个时代

随着中国经济实力的增强,理解和阐释这30年来中国经验或中国道路成为文化思想界热议的话题。一般来说,新时期以来改革开放的历史往往放置在1911年现代中国或1840年代近代中国的历史演变中来重新认识,被作为中国遭遇现代化并走向复兴之路的重要阶段,甚或把这种中国崛起、西方衰落看成是"地理大发现"以来改变以西方为主导的现代世界史的重要标识。这些论述有着清晰的现实指向,就是中国成为金融危机时代全球经济最有活力和潜力的地区。在这些宏大叙事和改写世界史的野心中反而不太关注 1980 年代以来中国究竟发生了什么样的变化,1980 年代、1990 年代和 21 世纪的中国又有何不同。这样三个时代就像历史的台阶,根据不同的立场可以描述为向上走或向下走的趋势,而每个台阶又有属于自己的时代主题和话语方式。笔者选择三个作家作为理解这三个时代的钥匙,这三个作家分别是王朔、王小波和郭敬明。

这样三个作家放在一起看似有些奇怪,因为他们的文学风格各异,也没有任何师承关系,但他们却是每一个历史台阶中最有文化影响力的作家,他们之间的断裂和差异就像这样三个异彩纷呈的时代一样。如果说王朔是 1980 年代少有的不依靠作协制度和文学思潮在文化市场中占有一席之地的作家,那么王小波则以自由知识分子的身份成为 1990 年代的文化英雄,而郭敬明更进一步,不仅是文学市场最大的宠儿,而且也是打造青春文学市场的出版人。尽管三个作家一开始不为主流文学秩序所接受,但其共同点在于都是各自时代最受市场这一新体制欢迎的作家,这也说明他们的创作以及人们对于他们的接受高度应和了不同时代的文化需求。他们不仅是与三个时代最为合拍的作家,而且也以自己的方式回应着时代的核心命题,这正是他们作为时代标识的意义所在。

一、顽主与 1980 年代

先看王朔与 1980 年代的关系。王朔登上文坛是 1984 年在《当代》杂志发表处女作《空中小姐》,直到 1992 年发表《你不是一个俗人》、《过把瘾就死》等小说。王朔是 1980 年代最早下海的作家,1988 年王朔有四部作品同时改编为电影,这一年也被称为"王朔电影年",1992 年《王朔文集》出版并热卖,成为"文革"后首次版税付酬制的作家。此后,王朔虽也发表文学作品,但其文学成就和风格主要集中在 1980 年代中后期。王朔的创作显得有些边缘,无法归入 1980 年代伤痕文学、寻根写作、先锋文学等当时的主流文学思潮,反而在 1990 年代城市文学视野中被视为京味文学的传承人。与城南、胡同、天桥艺人所勾画的老北京图景不同,王朔以军队大院子弟的身份彰显的是新中国成立后进城解放军对红色北京的文化记忆。

　　王朔创作的最经典文学形象,就是喋喋不休和洋洋得意的"顽主"。其喋喋不休是为了嘲讽、解构一套又一套的革命话语,把庄严、正襟危坐的革命叙事变成假正经和蝇营狗苟,与此同时,顽主又是洋洋得意的精神贵族,这来自于其纯正的革命之子的身份("文革"后期成长的比红卫兵、造反派更为年轻的红小兵),这些革命"接班人"自认为有藐视知识分子、社会权贵的资本。顽主的这样双重面向被1990年代王朔的两位精神传人冯小刚和姜文发扬光大,前者是冯氏喜剧中葛优所扮演的浑不吝、油嘴滑舌的北京痞子,后者是电影《阳光灿烂的日子》中戏仿父辈革命事业的青春男孩以及电影《让子弹飞》中带领弟兄智斗土豪的孤胆英雄。这就使得顽主一方面是"一点正经没有"的玩世不恭者,另一方面又是不甘流俗、平庸的青春不羁者。

　　顽主对于革命叙事的嬉笑怒骂,在于1980年代人们(尤其是城市居民)依然生活在顽主所不屑的社会主义单位制之中。1980年代的改革开放更多的是一种体制内部的调整,即便保守派与改革派的对立也来自于体制内部的争论。比如国企工厂改革也多采用承包制、奖金制等方式,这与1990年代让大部分国企破产重组不同。就连在农村大力发展乡镇企业也是一种在地现代化的思路,这种"离土不离乡"的现代化路线,使得"在希望的田野上"不是怀念远方的故乡,而是把脚下的故乡变成"四个现代化"的乐土,这与1990年代中国经济走向对外加工贸易为主的发展路径、农民不得不离开故乡涌向遥远的沿海城市打工有着重要的区别。在这里,尽管被顽主所解构的革命叙事变成空洞的话语,但是公有制、集体制的社会结构没有发生大的改变,这就使得顽主的喋喋不休并非无的放矢。1990年代中期随着市场经济重组社会秩序之后,顽主也就丧失了其言说的社会基础。在这种背景下,王小波式的体制外英雄登上了1990年代的文化舞台。

　　二、"特立独行的猪"与1990年代

　　与王朔相似,王小波的创作也很难划到1990年代以来新写实、新历史、断裂作家等纯文学序列中,其"时代三部曲"既有表现"文革"的知青故事(《黄金时代》),也有书写未来故事(《白银时代》)和"故事新编"式的唐代传奇(《青铜时代》),作品多处理后现代的戏谑和个人命运荒诞等存在主义主题。王小波创作开始于1989年，被人们知晓是1991年《黄金时代》获第13届台湾《联合报》文学奖中篇小说大奖，然后大陆开始出版其作品。王小波真正产生巨大影响的是1997年意外英年早逝，直到2002年逝世五周年，各大媒体上对王小波的悼念达到高潮。王小波不仅构造了独特的文学世界，而且在1990年代中期成为给《三联生活周刊》等刚刚创刊的都市文化杂志写稿的专栏作家，结集出版过影响巨大的《我的精神家园》和《沉默的大多数》等杂文集。如果说王朔的文学形象是顽主，王小波则书写了一个体制外的"特立独行的猪"，连同王小波本人也被媒体塑造为自由知识分子的代言人。尤其是其去世后，媒体对他最常见的称谓是体制外的自由主义分子、民间知识分子和独立知识分子。

这些命名方式是1990年代最为核心的文化想象，即体制内与体制外、国家与民间、体制与独立，还有地上与地下，比如把第六代导演的体制外制作（借助民营资本，而不是国有电影制片厂）指认为独立制片以及没有厂标的地下电影。与此相关的思想社会议题，就是1990年代中后期借助海外汉学以及哈贝马斯成名作《公共领域的结构转型》而展开的对民间社会、公民社会、公共领域的争论。这种对两种体制和社会空间的想象是1980年代不曾出现、新世纪以来也很少使用的言说方式，是1990年代的"特色"。这种特有的双重体制与邓小平1992年南方谈话后所开启的市场化改革有关，中国社会处在从计划经济向市场经济转型的双轨制时期。1980年代以来，人们把计划经济指认为一种"旧体制"，一种落后的、没有效率的社会主义大锅饭和单位制，而1990年代的市场化改革一边格式化旧体制、一边开始确立市场经济的新体制。王小波笔下的"一只特立独行的猪"的社会含义就是要勇于打破大锅饭、离开旧体制到市场经济中做一只自由、独立的小猪，这些在1990年代反复使用的民间、自由、独立、体制外等话语方式，是对市场经济体制转型的高度认可。

这种离开旧体制的自由形象成为新世纪之交在都市消费文化中浮现出来的小资主体的理想镜像，不过，在这幅主动从旧体制走向新制度的图画中被遮蔽或消隐不见的是1990年代被动走向市场的两类群体，一类是离开土地进城打工的农民工，一类是国企工厂"强制"破产后的下岗工人，他们虽然也过着市场化的、体制外的"独立"生活，但显然不是"特立独行的猪"、不是体制外的自由人，他们在 2002 年政府工作报告中被命名为市场经济中需要被救助的"弱势群体"。从这里可以看出，如果说 1980 年代的顽主依然生活在社会主义旧体制的松动之中，那么 1990 年代"特立独行的猪"则成为市场经济新体制的弄潮儿。1990 年代的两种体制或制度的想象来自于 1980 年代对社会主义计划经济体制的自我批判。直到新世纪以来，这种双重体制的想象彻底消失，中国进入一个全新的时代。

三、《小时代》与"同一个世界"的出现

最后是郭敬明与新世纪以来中国的关系。与王朔、王小波通过文学期刊或获奖来引起关注不同，以韩寒、郭敬明为代表的"80 后"作家通过"新概念作文大赛"出道，这是由《萌芽》杂志针对高中语文教育应试化而面向中学生举办的"新思维、新表达、真体验"的作文大赛，就像"超男快女"的音乐选秀一样，大赛发掘了一批"80 后"青少年作家。这种更加市场化的文学生产方式改变了作家依靠文学体制（各级作协及文学期刊）成名的模式，因此，韩寒、郭敬明从一开始就是体制外的离经叛道者。相比高中退学成为职业赛车手的韩寒对文坛及社会现象保持着王小波式的独立知识分子的批判态度，同样在上海发展的郭敬明则深谙文学市场的秘密。在连续获得两届"新概念作文大赛"一等奖之后，郭敬明于 2002 年出版了第一部作品《爱与痛的边缘》，2003 年出版的玄幻小说《幻城》销量过百万，使其获得了更高知名度。此时，郭敬明看到了文学市场的潜质，开始与出版社建立长期合作关系，成立工作室、文化传播公司，不光出版自己的作品，还策划、编辑文学杂志，发掘、包装新作家，就像《小时代》中集时尚与资本于一体的杂志帝国《M.E》一样，郭敬明已经成为占领"上海滩"的文化传媒大亨。自 2006 年设立中国作家富豪榜以来，郭敬明多次排名首位并始终名列前茅，在其"青春不老"的面庞下有一颗成熟老练的心。

2013 年郭敬明把自己的作品《小时代》搬上大银幕，引发激烈争议，也掀起对大时代和小时代的讨论。《小时代》发表于 2007 年，2008 年以来已经出版三部曲，是郭敬明近期的代表作。这部作品非常敏锐地把 1990 年代以来尤其是新世纪中国经济崛起的时代命名为"小时代"，一个大历史、大政治终结的时代。从 1980 年代以来那种个人与时代命运相连的"大时代"就已经逐渐成为过去，不管是1980年代的人性论、"大写的人"，还是1990年代的"特立独行的猪"，都把个人、个人主义放置在社会文化舞台的中心，这与市场经济中个人作为理性人、自由人的主体想象是一致的。而《小时代》的意义在于呈现了新世纪以来个人从"我的地盘我做主"变成了一种"微茫的存在"。《小时代》被描述为一种悖论的状态，几个年轻人（富二代及其朋友）一方面把上海浦东陆家嘴变成他们的"儿童主题公园"，他们在这个中国经济崛起的核心地带如履平地、一马平川，另一方面他们却又如此强烈地感受到自己是"无边黑暗的小小星辰"，甚至是"最最渺小微茫的一个部分"。

与这种"小小星辰"相对应的就是《小时代》关于社会的想象。在小说和电影中有一段很著名的话，是青春靓丽的作家周崇光的致辞："我们活在浩瀚的宇宙里，漫天飘浮的宇宙尘埃和星河光尘，我们是比这些还要渺小的存在。你并不知道生活在什么时候突然改变方向，陷入墨水一般浓稠的黑暗里去。你被失望拖进深渊，你被疾病拉进坟墓，你被挫折践踏得体无完肤，你被嘲笑、被讽刺、被讨厌、被怨恨、被放弃。但是，我们却总在内心里保留着不甘放弃跳动的心。我们依然在大大的绝望里小小地努力着。这种不想放弃的心情，它们变成无边黑暗的小小星辰。我们都是小小的星辰。"这段话使用了《小时代》中经常出现的把社会、时代描述为"浩瀚的宇宙"的修辞方式。这种个人之"小"与宇宙、社会之"大"的强烈对比不仅是郭敬明式的"长不大"的少年情结，更是一种新的个人与社会关系的想象。社会中的个人变成了"陷入墨水一般浓稠的黑暗里去"，"我"（个人）被淹没在一望无垠、无边无际的宇宙沙漠里。

这种支配性的、如同如来佛手掌心般的空间秩序，恰好就是新世纪以来中国在从1990年代以对外出口加工业为主的实体经济向以房地产为中介的金融经济转型的过程中出现的。2001年中国加入WTO，市场经济制度基本确定，对于21世纪的中国社会来说不再有体制内与体制外的区别，也没有国家与民间的对抗，地上与地下的界限也失效了，正如第六代导演的地下电影所采取的体制外制片方式在新世纪以来对民营资本放开的电影产业化改革中完全合法。借用2008年北京奥运会的口号，中国变成了"同一个世界，同一个梦想"，这种八九十年代以来的双重体制演变成了单一的社会制度和空间秩序,在这里,社会、时代对于个人来说成了一种笼罩性的、充满了无边黑暗的"铁屋子"。与鲁迅的"铁屋子"不同,鲁迅可以走进走出铁屋子,他纠结于要不要去唤醒熟睡的人们,因为他没有十足的把握打碎铁屋子,而郭敬明的"无边黑暗"却是看不到边界、走不到尽头的宇宙,只能"被失望拖进深渊",这才是真正的"大大的绝望"。

尽管郭敬明营造的这种个人(主体)的死亡是后结构、后现代的典型命题,但是借助互联网和数字技术的发展,这种个人置身于全球化的"无边的黑暗"的境遇变得更加真切。因此,寻找新的、其他的社会、文化空间显得尤为急迫,因为只有从"小时代"的浩瀚宇宙中"金蝉脱壳",才是获得新的梦想、新的世界的开始。

第二节　新中产与新工人的浮现

一、"中国道路"与双重主体的登场

20世纪七八十年代之交,中国的改革开放恰好与英美世界全面推行里根－撒切尔主义同步开启①。1990年代以来,在经历国内外经济的剧烈震荡之后,中国凭借廉价劳动力"优势"走向了大力发展对外加工产业的亚洲"四小龙"之路(也正是凭借"冷战"终结,亚洲"四小龙"的制造业开始转移到中国大陆)。在21世纪之初,中国沿海地区已经成为名副其实的"世界工厂",正如好莱坞灾难片《2012》(2009)中拯救"人类"的诺亚方舟要由中国人来建造。2001年中国成功加入WTO,这十多年来中国经济始终保持高速增长,这种为"世界"(主要为欧美中产阶层市场供应廉价消费品)打工/生产的角色为中国积累了巨额的外汇储备,以至于次贷危机、欧债危机蔓延之时中国戏剧性地成了全世界最大的金主。这与其说是中国发展道路/经验意料之中/外的事情,不如说更是全球化时代的产业分工及被派定的国际角

---

① 美国马克思主义理论家大卫·哈维在《新自由主义简史》一书中把中国的改革开放也放置在20世纪七八十年代之交英美主导的新自由主义转型的历史脉络中。《新自由主义简史》,王钦译,上海译文出版社2010年版。

色使然。这种建立在经济自由主义和国家威权主义之上的现代化之路，"使得新马克思主义的依附理论和自由主义理论都陷入困境"①。与中国经济起飞相伴随的则是国内社会阶层的急速"沉浮"，中国社会迅速进入阶层分化的时期，借用社会学家孙立平的表述就是社会结构的"失衡"及阶层之间的"断裂"②。新世纪之交，一种在1980年代末期被热情呼唤、在1990年代被想象为社会稳定和民主化力量的中间阶层开始占据社会主体的位置，这就是市场经济内部的消费者——小资、白领及中产阶层，与此同时则是底层、弱势群体等命名方式的出现，新中产和新底层几乎同时登上新世纪的文化舞台。

新中产与新工人之所以为"新"，与中国近30年的发展以及"二战"之后世界产业格局的变化有着密切的关系。中产阶层成为美国及发达国家的社会主体，基本上是"二战"后在福利国家和产业转移的背景下出现的新现象。按照英国马克思主义历史学家霍布斯鲍姆在《极端的年代》中的描述，1950—1970年代是资本主义的"黄金时代"，这是一个蓝领工人白领化、知识精英成为职业经理人、制造业工人开始从事第三产业的时代。随着中产阶层的崛起，原有的劳动力密集型的第二产业并没有消失，先是转移到日本（20世纪五六十年代），随后是韩国、中国台湾、中国香港等亚洲"四小龙"地区（20世纪六七十年代），最后转移到中国最先对外开放的沿海地区（1980年代开始）。这种新的全球产业分工在"冷战"终结之后以全球化/新自由主义的名义被再次强化，直到新世纪之交中国成为名副其实的世界加工厂，中国过度生产、欧美过度消费的全球资本主义空间地理学形成。2012年有一部好莱坞科幻重拍片《全面回忆》（*Total Recall*），这部影片把未来世界呈现为两个空间，一个是机器保安、戒备森严的后现代大都市空间欧美国（Euromerica），一个是人声嘈杂、拥挤不堪的唐人街式空间新上海（New Shanghai），技术工人居住在新上海，每天乘坐穿越地心的

---

① 正如意大利学者艾伯特·马蒂内利在《全球现代化——重思现代性事业》一书中所接着指出的"前者认为居支配地位的中心国家与欠发达的边缘国家之间的差距会越来越大，后者支持经济增长与政治民主之间相互强化的观点"。李国武译，商务印书馆2010年版，第3页。

② 孙立平：《失衡：断裂社会的运作逻辑》，社会科学文献出版社2004年版；《断裂：20世纪1990年代以来的中国社会》，社会科学文献出版社2003年版。

高速地铁到欧美国家工作,这样两个空间不仅是金融危机时代美国与中国的隐喻,而且也代表着消费与生产空间的分裂。

二、去工业化与再工业化

如果说欧美社会通过不断地产业转移逐步进入去工业化的消费社会/后工业社会/晚期资本主义社会(从实体经济升级为去实体化的金融经济),那么中国则在产业转移中完成新一轮的工业化,换句话说,欧美世界的去工业化与中国1980年代以来依靠外资和廉价劳动力所完成的工业化是一体两面。在这种新的资本主义图景下,中产阶层取代了19世纪资产阶级/无产阶级的二分法成为社会的主体,尤其是以消费者的身份成为大众文化景观中可见的主体。随着产业转移而制造出来的以中国为代表的新型产业工人大军则成为不可见的他者。那些基于西方消费社会的批判理论也由建立在以生产者/无产阶级为核心的经典马克思主义变成对消费社会、符号经济的批判,这种以消费者为中心的批评视野同样看不见全球化时代里的双重生产者,分别是产业转移到第三世界所制造出来的新劳动力大军以及隐匿在第一世界内部的多由非法劳工组成的体力劳动者。这种欧美消费者与第三世界生产者的主体分裂,一方面使得都市中产阶层所从事的旅游经济、文化产业、高新技术、信息产业、金融产业等第三产业成为后工业社会的主体产业类型,另一方面,工业化时代的无产阶级、工业厂房在消费空间主导的都市景观中变成消失的主体和废墟化的空间。这种全球产业的"乾坤大挪移"造成欧美发达国家的产业中空化和以中国为代表的发展中国家的工业化,与发达国家的中产阶层化相伴随的是如中国等新兴经济体的无产阶级化。

同样的产业及社会结构在中国社会内部被复制再生产。1990年代中后期随着中国城市化加速以及新世纪以来的经济崛起,在中国沿海地区成为对外出口的世界加工厂的同时,中国都市尤其是大都市开始向后工业社会转型,消费社会及其消费主义的逻辑成为1990年代以来大众文化的主旋律。与此同时,新中产的命名方式出现于新世纪之交,这既呼应着1990年代以来市场化改革所催生的脱离体制的弄潮儿、民营企业家,又被想象为市民社会/民间社会/以美国为样板的后工业社会的主体与中坚。这种八九十年代以来持续的工业化与新世纪以来实体经济向虚拟经济转型的去工业化,就是新工人和新中产在当下中国登场的历史缘由。相比从事第三产业的新中产被作为主流价值观及样板人生，从事第二产业的新工人则处在匿名、失声的状态。与后工业社会的文化再现逻辑相似，在中国的文化景观中，能够出场的依然是形形色色的消费者，新工人/生产者隐匿在消费主义景观背后。这种消费者/生产者的身份断裂，不仅使得从事工业劳动的生产者在消费空间中被屏蔽①，而且这些流连（留恋）于购物广场的消费者自身作为生产者的身份也被遗忘了。

三、工人阶级的衰落与废墟的故事

如果说新中产与新工人在中国社会的登场是去工业化和再工业化两种并行不悖的历史转型的产物，那么这种去工业化和再工业化的前提，是中国社会主义计划经济体制的瓦解及其曾经作为社会主体的工人阶级的消逝。就在新工人作为廉价劳动力进城、新中产游荡在都市购物广场的消费空间之时，中国社会从1980年代末期持续到新世纪之初经历着国有企业破产重组和体制内工人大面积下岗的历史进程。这种工人阶级的衰落以及阶级政治在"后冷战"时代的失效，成为新中产、新工人等市场经济条件下的雇佣劳动者得以浮现的历史条件。对于国营企业的改革（从国营到国有的命名变更本身是一种所有权从"人民"到"国家"的转移）与1980年代以来反思计划经济、单位制、大锅饭、铁饭碗、低效率等社会主义计划经济体制有关，但与1980年代采取增加企业自主权等放权让利的内部改革不同，1990年代为了缓解1980年代引进外资带来的通货膨胀，国家采取了抓大放小的"甩包袱"的做法，只保留资产优良的大国企，主要充当就业功能的中小国企则被大量变卖。在1990年代的社会表述中，以工人阶级带头分享国家的艰难以及下岗职工创业成功的故事来缓解几千万工人下岗所造成的社会冲击波，其社会代价在于曾经作为社会中坚和城市准中产的工人群体沦为社会底层和边缘人群。正如新世纪之初主旋律话剧《父亲》（后拍摄为同名电影）讲述作为工人劳模的父亲一开始对子女离开工厂不理解，最终欣喜地看到下岗子女再就业成功的故事，其子女就业的方式多是成为自食

---

① 正如城市建筑工地被绿色纱网所包裹，而作为消费空间的高档酒店却要用透明玻璃有意暴露厨房空间，如同新闻直播间同样用透明玻璃让观众看到后台剪辑室，仿佛这样就可以保证看见真相一样。

其力的、与进城农民工一样的底层打工者。

新世纪以来在国企改革进入尾声之时,开始出现了一种把旧有的社会主义工业化时期的工厂建筑废墟化的再现方式,如2003年长达九个小时的纪录片《铁西区》用长镜头呈现了硕大而空旷的工业厂房。借用巫鸿在《废墟的故事:中国美术和视觉文化中的"在场"与"缺席"》一书中对于1990年代以来中国城市化过程中当代艺术对废墟的表述,这些废墟化的工厂成为工业化时代遗留在后工业城市中的遗迹,既是一段过去历史的见证,又是全球化/后现代都市空间中可见的风景[①]。2011年一部中小成本影片《钢的琴》讲述了1990年代初期东北老工业基地工人下岗之后的悲喜剧,剧中的华彩段落是陈桂林重新把昔日的工友聚集在废弃的厂房中造一架钢琴,这种重新回到废弃的工厂、使工厂暂时"复工"的行为本身是一种对工厂废墟化的微弱拒绝和反抗。不过,就在人们带着不无惋惜的心情感慨工人阶级消失的时候或者是面对废墟而产生的浪漫主义式的怀古之幽情,恰恰忽视或遮蔽了当下中国2.6亿新工人正是工业生产线上的产业工人的基本事实,工人在全球产业转移以及中国社会内部的去工业化过程中从来就没有消失过,这也正是废墟化的工厂所无法看到的新工人的故事。新的工人仿佛随着传统工人的消逝而被一同埋葬,但这不过是后工业社会的自我幻想。阶级政治的失败不仅导致社会主义体制内部工人阶级的瓦解,更严重的后果是对于体制外的新工人来说始终无法获得工人阶级的命名。

随着全球金融危机以及中国社会内部以制造业为主的实体经济与金融经济的脱节(房地产本身是一种金融化的产业),曾经在新世纪之初被作为社会主体的新中产不断面临着蚁族化、蜗居化或屌丝化的境遇。"谁偷走了中产的幸福"、"中产阶层的沉沦"、"中产阶层将倒掉"、"中产之殇"、"被消失的中产"等成为媒体热议的话题,尤其是被期许为中产阶层后备军的"80后"、"90后"更成为"失梦的一代",与其在大城市做遥不可及的中产梦,不如"逃离北上广,回归体制内",曾经在八九十年代被作为束缚、封闭、禁锢的"体制"重新成为青年人渴求的理想归宿。就在"80后"屌丝陷入无法逆袭为中产的焦虑之时,

---

[①] (美)巫鸿:《废墟的故事:中国美术和视觉文化中的"在场"与"缺席"》,肖铁译,世纪出版集团、上海人民出版社2012年版,第235~256页。

作为进城打工群体的新工人也发生了巨大的结构性变化，近些年"80后"、"90后"等新生代农民工已经成为打工群体的主力军（占总人数的60%以上）。从富士康工人跳楼到各地制造业工人加薪罢工，再到反日游行中过激砸车的爱国愤青，都可以看到新生代农民工的身影。相比第一代农民工，新生代农民工基本上没有从事农业生产的经验，虽然处在"农村回不去、城市进不来"的尴尬状态，但他们更认同于都市空间及其小资化的生活方式。如果说新中产屌丝化之后面临与新工人处在相似的社会结构上，那么能否把中产阶层的"囧途"变成"坦途"恐怕是未来中国迫切需要面对的问题，也是新中产、新工人这样两类后工业时代的生产者能否真正拥有出路的问题。

第三节 他者的"魅影"与视而不见的主体

1990年代以来，随着都市消费主义文化的兴起，大众文化成为主流文化形态，这种主要依靠市场逻辑形成的文化景观，不仅把都市白领、小资、中产建构为文化消费的主体，而且把不同的、异质的文化变成可展览的风景。集购物、娱乐、餐饮于一体的大型消费广场、步行街使得后工业时代的城市空间变成消费主义的主题乐园，就连废弃的厂房都可以被"创意"为当代艺术的工厂和大卖场，穿行于这些都市空间的消费者基本上是时尚、年轻的都市人。下岗工人、农民工、农民等弱势群体则很难在大众文化的景观中浮现，他们"闯进"大众文化的方式经常是在社会案件及其法制节目中。

一、"闯入者"的身影

2012年12月22日，中央电视台新闻频道《新闻调查》栏目播出《陈店的伤痛》。《新闻调查》是一档开播于1996年的新闻调查类栏目，试图通过记者的亲身调查呈现新闻事件背后的真相，其主创团队来自于《东方时空》的创办者，是1990年代中央电视台市场化改革的产物。这期节目聚焦于12月4日刚刚发生在汕头市陈店镇的一起小型文胸加工厂的纵火案，这起火灾造成14名工人死亡、1名重伤的惨剧，属于国家规定的生产安全事故中的"重大事故"。纵火者是在该工厂打工的湖南籍农民工刘双云,年仅26岁,纵火动机主要是刘双云与工厂老板关于500元的工资纠纷。值得关注的是,这期节目没有从防火设施不完备、工厂无照经营、使用童工、主管部门监管不力等制度层面反思火灾背后的隐情,而是把探寻纵火嫌疑人刘双云的作案动机作为节目的主题。

陈店镇位于汕头市西部,是远近闻名的文胸生产基地,也是1990年代以来东部沿海地区作为世界加工厂的缩影。根据记者的调查,规模比较大的工厂都在工业区,像刘双云所在的规模较小(只有几十名工人)的家庭作坊工厂就直接分布在村子里。这些加工工厂不仅没有正规的营业执照,也不会和工人签订劳动合同,采用计件工资,这是一种没有法律保护的、随时可能被解雇的工作方式。由于没能采访到羁押在看守所的刘双云和加工厂老板,记者只能从工友、老乡、村干部、邻居口中了解到刘双云纵火前后的"心路历程",刘双云开始从一个"罪大恶极"的纵火嫌疑人逐渐还原为身材矮小、经济拮据、木讷老实的打工者。他16岁小学辍学之后就在陈店镇打工,已经近10年。在这段从少年到青年的成长岁月中,刘双云没有能够改变自己的命运,依然是一个勉力维持生计的打工仔,每月工资除了偶尔贴补家用外,还经常找老乡、亲人借钱,500元钱对于他来说虽然不是大数目,也绝非无关紧要。

在这期节目里,让人印象深刻的不是刘双云究竟为何如此"胆大包天"地去纵火,而是节目中重复播放的两段关于他的影像:一是,工厂门口监控器所记录下的刘双云纵火的经过,模糊的影像中看见瘦弱的身躯匆匆跑进工厂,又匆匆逃离工厂;二是,当天就被抓捕归案的刘双云面对警察的询问,不仅对犯罪事实供认不讳,而且声音洪亮地说:"男子汉做事就要敢做敢为",这与记者走访中所了解到的那个沉默寡言、不敢惹事的年轻人判若两人。这样两段影像是刘双云漫长打工生涯的两个特殊瞬间,他作为纵火犯嫌疑人出现在中央电视台的画面中。节目最后,记者深情地陈述:"采访中,我们一直试图走近这个年轻人,我们不敢说已经找到了答案,或许在刘双云身上,在这个城市的背后,还隐藏着某种被我们忽略的东西,我们看清了灾难,但是却没有看清他和他们。"

在这种如此清晰而自觉的"我们"(中央电视台记者、电视机观众、城里人)与"他和他们"(生活在城市阴暗角落的刘双云、工友及14名遇害者)的二元视角中,刘双云这个曾经"被我们忽略的东西"以这种方式"硬硬地"闯入"我们"的生活和荧屏之中,在这里,这期节目的追问从探寻刘双云的作案动机变成了"我们"忽视"他和他们"的存在。而节目在这种"我们"观看、揭秘"他们"生活的驱动下来完成,这种把刘双云讲述为他者的故事已经成为一种媒体的叙述惯例。与那些等待救助的弱势群体形象不同,刘双云是一个破坏者和威胁者。因此,记者不无善意地提醒"我们":"500块钱的纠纷,14条年轻的生命,这两组数字让人心情无比沉重,他为什么会走上这条极端的道路,他的仇恨从哪里来,他的报复心为什么那么强?"也许只有城市的/中产阶层的现实生活被破坏之时,人们才会暂时"围观"那些早就"隐身"于"我们"身边的闯入者,即便如此,那个匆匆逃离的身影依然模糊不清。

二、工人阶级的"冰火两重天"

如果说弱势群体在大众文化的主流景观中以他者的身份登场,那么还有一些特殊的文本以他们为主体来讲述故事,尤其是1990年代下岗冲击波所造成的社会危机变成历史之后,新世纪以来出现了一些对1950—1970年代工人阶级生活的正面讲述,比如电视剧《大工匠》(2007)和电影《钢的琴》(2011)。这些影视剧真切地处理了工人在当代中国的历史中经历冰火两重天的境遇,呈现了不同于1980年代改革时代的文化逻辑中工人没有文化、懒散、吃大锅的负面现象。1980年代中后期开启的城市改革主要以打破大锅饭、中小型国营企业破产、大型国企兼并重组为主调,曾经作为社会主义主体的工人阶级的下岗/失业则成为1990年代以来最为严重的社会问题。新世纪以来硕果仅存的大型国有企业在中国经济崛起和全球金融危机的双重背景下成长为资产优厚的垄断集团,而国企的"华丽转身"则是以甩掉工人阶级/"劳动力"的包袱为代价(即使需要一线劳动力也采用外包给农民工的方式)。这种工人阶级冰火两重天的历史境遇——1950—1970年代是"工人阶级老大哥"/改革开放以来则是"弱势群体",使得1980年代以来建立在发展主义之上的现代化叙述充满了裂隙,因此,即使在1990年代国企改制攻坚战之时,"说"出来的故事依然是"社会阵痛/代价"、

"分享艰难"和"从头再来",或者说主流论述只能讲述如何救助、关心弱势群体,而拒绝讲述工人阶级为何会从"主人翁"变成"被救助对象"的故事。

这种关于"工人阶级"的负面想象与1980年代对于单位制、大锅饭、消极怠工以及臃肿、低效率的社会主义计划体制的书写相关,以至于工人下岗要么被书写为"主动"离开体制下海的故事(创业再成功),要么被书写为个人原因造成的"落伍"(如没有文化和技术跟不上时代发展)。2011年青年导演张猛的作品《钢的琴》显然改写了这种关于下岗工人/工人阶级作为劣质、落后劳动力必然被淘汰的主流叙述。电影中的下岗工人都是深藏不露的、隐匿民间的武林高手和能工巧匠,只是时运不济,他们只能"化装"成街头卖唱者、屠夫、包工头、修锁匠或歌厅混混,而陈桂林的"造琴大业"给他们提供了施展身手的舞台。在空旷的厂房中,这些下岗工人摇身一变成了分工明确、各司其职的技术大拿,废弃的空间中顿时火花四溅、车声隆隆,甚至一种插科打诨、争风吃醋式的车间氛围也瞬间恢复。在这个临时的、借来的空间中,他们不再是散兵游勇的个体,而是各工种密切协作的现代化工厂的集体/组织化劳动。在这种戏仿、怀旧与荒诞中,他们找回了作为技术工人/生产者/劳动者的身份。正如导演张猛在阐述创作初衷时,不管是父亲提到的"文革"中制造的木质钢琴还是下岗工人自发形成的生产钢铁配件的市场,所凸显的都是工人的技术/工匠的身份。下岗工人并非一无是处的懒汉,而是身怀绝技的高手。

三、无法说出的故事

这种重新肯定工人阶级作为技术工人的身份,在2007年热播的电视剧《大工匠》中就已经出现过。剧中的精彩段落是1950年代钢铁工人在工厂中进行技术大比武的场景,工人的尊严和身份认同也建立在对工业技术的追求和占有之上。如果说《大工匠》、《钢的琴》多少唤起了人们对于消逝的工人阶级生活的怀恋和惋惜,那么这些与工人阶级有关的叙述没有说出或无法说出的故事是,另外一个与工人阶级衰落密切相关但又在这种叙述中完全"不可见"的群体就是农民工。在1990年代中国的城市空间中,出现了一种怪诞的场景,一方面是昔日国有企业在改制、转产过程中的凋敝(废弃的工厂成为许多城市的日常景观,尤其是昔日的重工业区，如东北、西南地区），另一方面是生产中国制造的"世界工厂"的蓬勃发展（以深圳为代表的东部沿海地区）。不过，当1950—1970年代的工人老大哥与改革开放时代的农民工"相遇"在同一个历史时空时，他们却彼此无法"看见"对方。

在2007年热播电视剧《大工匠》的结尾部分，退休后的八级大工匠肖长功一觉醒来听见二儿子德虎吆喝买馄饨的声音，他非常高兴，走到大街上，他停下来，背后是某建筑工地外围的地产广告，他望向马路对面，德虎正在一个建筑工地门口摆摊，来吃馄饨的都是附近的建筑工人，显然，肖长功隔着马路凝视的是独自经营馄饨的傻儿子，而不是这些建筑工人。画面中这些戴着安全帽的民工身着蓝色工服，德虎穿着蓝色的工装裤，肖长功也穿着蓝色的坎肩，在这一片蓝色中，两种具有不同历史主体的工人"相遇"了，但是，肖长功对这些工人视而不见。在《大工匠》的小说版中，有一段肖长功在馄饨摊上与年轻工人的对话，这些工人都来自于改制后的钢铁厂，肖长功一一认出了他们的工种，比如"干机械动力"或"钳工"①，而在电视版中，这群工人被明确地呈现为农民工形象，肖长功却与这些建筑工人没有任何语言和目光的交流。在这位老工人眼里，这些进城打工的农民工并不是工人，或者说肖长功根本无法"看见"这些工人。这种文化上的"不可见"，恰好呈现了1950—1970年代的老工人与1980年代出现的新工人是两种历史逻辑的产物。

如果说下岗工人是国有企业破产重组、社会主义工业体制瓦解的产物，是如何甩掉计划经济体制的旧包袱转型为市场经济新体制的问题，那么新工人则是改革开放以来农民离开土地进城打工的故事，是新一轮现代化、城市化的产物。不仅新老工人如此"隔膜"，即使与他们同病相怜的农民也被放置在另外的空间和故事里。如果说在文艺作品中他们无法分享彼此的历史经验，那么在社会学研究中他们也被分别处理为不同的议题和故事。比如下岗工人是下岗再就业、城市社会保障问题，农民工则是保护农民工合法权益的法律问题，农民则是农业、农村问题。这样三类群体和三个彼此分离的故事本身是有道理的，它们确实是不同的历史社会制度下的产物，不过，这样三个群体和不同故事却是同一个

---

① 高满堂：《大工匠》，万卷出版公司2006年版，第533页。

历史进程和社会转型的产物。下岗工人、农民工进城和乡村的凋敝是同时发生的、互相因果的。比如新工人的问题与工人下岗以及阶级政治的失败有着密切关系，而使用更加廉价的劳动力，又使得这种"生老病死有保障"的福利制度被市场化的逻辑所打破。打工者离开乡村，乡村变成老人、妇女和留守儿童的居住地，这种乡村被掏空又是因为城市改革进一步拉大城乡差别，农民无法在农村满足求学、就医等基本的生存权益。

基于这种现实与文化表述上的困境，用一种相对整体性的眼光和视野来理解这样三类弱势群体的历史显得尤为重要。比如，讨论新工人的问题离不开对工人政治以及对乡村伦理的讨论；工人所代表的劳动政治在消费主义时代有没有其他的出路；乡村在主流文化中为何会被想象为现代化之外的地方、不适合人类居住的地方，中国能否出现一种返乡运动，乡村能不能回去，这不仅涉及农民，也关乎新工人的命运。

第四节 "社会伤口"的遮蔽与呈现

2008年"纪念改革开放30周年"的纪念日，如何评价这30年的历史成为重要的社会及学术话题。相比20世纪八九十年代往往把改革开放叙述为一种连续的具有相似历史动力的时代，当下出现了一种新的叙述方式，把这30年讲述为经历了1990年代中期的挫折、创伤的历史低谷又回归到今日"大国崛起"的高潮段落的历史过程，这可以从新世纪以来的大众文化不断地把1990年代中期的下岗呈现为一种社会伤口来看出。

一、一则公益广告

2008年底中央电视台出现一则公益广告，大意是：1978年"我"考上大学，1997年"我"被迫下岗，2008年"我"的儿子考上了大学。故事的叙述人是一个中年男子，根据其经历应该是共和国的同龄人，也就是1949年前后出生的"50后"。广告中没有讲述的是，这既是一批改革开放的亲身参与者或者中坚力量，也是一批"共产主义接班人"。他们诞生之初就被作为红色江山的继承人来培养，可谓第一代社会主义新人。1960年代"文革"期间，他们是红卫兵或红小兵的主体，1970年代赶上知识青年上山下乡（"知青"），随后近而立之年又遇上"拨乱反正"，以种种方式（考大学、招工）参与改革开放的大潮，是建设有中国特色社会主义的主力军，同时也是1980年代文化的重要参与者①，他们的命运与新中国1960年代的命运紧密相连。

仅从广告本身来看，30年之初和30年之末都是人生的辉煌时段，起点是幸运的1978级大学生，末端则是子一辈也升入了大学，或许再也找不到一种比父子相承的意义上来讲述历史的传承和延续更好的办法了。这则广告最意味深长的是新时期的历史并没有被叙述为一个或缓慢或快速的上升动作，而是如同过山车一样，经历了一个历史低谷之后又爬升或恢复到历史的高点。按照这种叙述，改革开放30年就被分为两个阶段，前一个阶段在偿还社会主义计划经济体制的债务，直到1990年代中期出现一系列社会危机、进入改革时代的"艰难时刻"，后一阶段则是社会主义市场经济体制逐渐确立、中国经济实现崛起。对于1990年代中期社会困窘的认识导致知识分子在1980年代所积聚的"改革共识"出现了破裂。在这里，需要追问的是为什么要挑一个国企工人作为历史的叙述人和见证人？是工人阶级的象征意味依然具有现实针对性，还是为了增加这1930年代的起承转合的故事性？

选择工人阶级作为主角是意味深长的。在1950—1970年代，工人阶级无论在话语（"共产党是工人阶级的先锋队"、社会主义革命的主体是无产阶级、"咱们工人有力量"）还是实践（作为享受了工作和保障的"城市"市民阶层的主体）当中都占据着中心位置，某种意义上说，确实也是这个社会主义国家的主体。但是，伴随着1990年代以来国企改革攻坚战，国营企业变成了国有企业，再转变为现代企业制度下的股份制企业，由无所不包的单位逐渐去除了其社会功能或者说"包袱"，只剩下生产、经济功能的功能，工人阶级在1990年代中期遭遇了最为严重的挫败。从这个角度来说，1997年确实又具有某种标志性。在"下岗冲击波"的年代，下岗问题往往被转述为一种"下岗再就业"

---

① 如张承志、王安忆、韩少功、史铁生等耳熟能详的作家都有知青背景，其精神结构与1980年代意识形态之间的和谐及错位是一个重要的话题，如何讲述不堪的青春或者无悔的青春与叙述者对于社会主义革命年代的理解有关。

的问题,媒体报道的只是那些再就业成功的典型(如那首知名歌曲《从头再来》),下岗/失业成了一个无法被"真正"触及的话题,成了一个对当时的意识形态具有挑战性的问题,以至于谈论工人阶级下岗成为对社会持有批判立场的人们的"窃窃私语",这可以从独立电影、地下影像等"特殊的言说空间"(主要以海外电影节、国内学术讨论会或小型咖啡馆等为放映对象)纷纷以这些社会议题为重要的表现对象中看出。

二、"伤口"的彰显

新世纪以来,在"科学发展观"、"和谐社会"等一系列政策调整的背景之下,下岗工人、三农议题、医疗改革、教育改革等社会议题获得高度关注。关于国企改革、下岗工人的讨论也被公开化,特别是2004年通过郎咸平对国有企业管理层收购的"揭秘",已然完成现代企业制度改造的国有企业如何进一步走向资本市场成为争论的焦点①。与此同时,已经远离社会议题很久的文学界,此时出现了对"纯文学"的反思和"底层文学"的呼唤②,在大众传媒中也出现了好几部"农民

---

① 现代企业制度的含义是在"十四大"报告《中共中央关于建立社会主义市场经济体制若干问题的决定》中明确指出的:"建立现代企业制度,是发展社会化大生产和市场经济的必然要求,是我国国有企业改革的方向",十四届三中全会把现代企业制度具体概括为"产权清晰、权责明确、政企分开、管理科学"。而在当下全球金融危机的背景下,美国政府要国有化银行,这恐怕是现代企业制度的大忌,也许"后现代"企业制度要应运而生了。对于现代企业制度的讨论1980年代就已经产生,是1980年代经济学家们通过译介逐渐确立的一种"现代的"企业管理模式,与1980年代初期对于文学的争论相似,经济学家们在讨论如何"企业本位论"、"回归企业本体"、建立企业的自主性,如同现代文学、现代派成为1980年代文学的内在化的他者一样,现代企业制度也成为行政管理、统购统销式的计划经济体制的理想镜像,但是与1980年代中后期"先锋文学"逐渐失去了"文学的轰动效应"不同的是,借助股份制改革、政企分开的现代企业制度,以企业作为基本社会单位的国营公司发生了釜底抽薪式的改造,并深刻地影响着1990年代以来的社会现实结构,在这个意义上,对曾经被1980年代高度分享的"现代主义"话语的反思不能不关注这些在当时没有占据话语中心的"经济改革"的讨论。

② "纯文学"的反思由李陀的《漫谈"纯文学"》引起,随后一批"60后"的文学研究专家进行了自我反思,如果说李陀等是1980年代"纯文学"概念的建构者,那么这些年轻的批评家则正好是那个年代接受大学教育。对于引起"底层文学"讨论的小说《那儿》正是以国企改革为背景的,而"底层文学"是一批生活在学院之中对社会怀有某种批判立场的"70后"们提出,他们是1990年代末期和新世纪初期接受大学教育,也是中国社会发生剧变以及不同立场的知识分子分化的时期。

工"的电视剧（在温总理为农民工讨工资之后）和一些以工人为题材的电视剧（如《大工匠》、《爱情二十年》等）。工人阶级如何经历改革阵痛获得了正面的表述，而"底层文学"也在某种意义上成为"纯文学"创作的新的美学追求、方向和"时髦"（尽管依然被封闭在"纯文学"的影响范围，如矿难小说的出现）。直到近期走出困境的国企改革又成为改革开放的正面成果。

在关于沈阳重工业地区铁西区的《新闻调查》节目中，镜头中呈现的是焕然一新的蓝色厂房、更现代化的设备和工资提高的工人，而当年的厂房已经被置换为房地产的开发项目，其中部分厂区以"文物"、"遗迹"的方式保留下来，建了一个工厂博物馆①，记录的是作为"共和国长子"的辉煌和历史。当一个老工人带领摄影机走过这些被"精致"地排列的机床、光荣榜和万国旗，一种在特殊的产业政策下（朝鲜战争）而被急速推进的重工业化运动所形成的东北老工业基地，再也不是纪录片《铁西区》当中空荡荡的厂房，而是对曾经"火热的年代"的铭记。只是这种历史的博物馆化其功能在于对某段历史的凸显，同时也意味这段历史被彻底的埋葬，或者说与现实生活的脱节，因为"那毕竟是过去的事情了"，也许彰显比遮蔽更能印证一种历史的死亡和"传统"的断裂。

工厂作为一种城市景观也被逐渐抹去，工厂的消失与人们对于现代化都市的想象有关，在彼时的历史中，工厂/工业是城市现代化的标志（以生产为主体的城市），而在此时的历史中，工厂又成为必须或被迁出或消失的"污染源"（以消费为主体的城市）。某些"工厂"或更准确地说是"工厂建筑"被改造为文化创意园，如北京的798（前身是1950年代东德援建中国的军工项目718军工厂）以及南京秦淮河畔的"晨光1865"（前身是清朝末年李鸿章于1865年创建的金陵机器制造局）。在这里，这些先锋艺术占据"工厂"的寄居地（一种1960年代在欧美出现的以废弃工厂为空间元素的生活方式）变成了受到政府鼓

---

① 如被贾樟柯拍成电影的"二十四城记"的房产项目就保留了部分工厂遗迹作为小区景观，而《二十四城记》某种意义上为这种遗迹提供了"视觉听觉"的数据，如同废弃的厂房被改造成纪念物，工人的伤痛与声音也以"遗言"的方式保留下来，这究竟是对过去的祭奠，还是对未来的一种询唤呢？

励的文化创意园区①,"工厂"博物馆或创意园成为中国近代化的某种缩影,而曾经发挥生产功能的工厂也被"以土地换资金"的方式郊区化。在这种空间置换中,消费、消费者成为都市景观的主体,作为生产者的工人以及填充这个位置的农民工在这份消费主义的都市景观中却不可见。

2002年以来的大众文化书写中,曾经在1990年代中期作为"伤口"的故事逐渐被凸显出来,正如这则公益广告,1997年下岗事件被清晰地叙述为个人/社会的创伤性事件。不在于"伤口"是否被治愈,而在于一种日渐显影的主流逻辑是如何收编曾经的批判性叙述,或者说批判性叙述是如何被转化及有效地整合进关于这30年的书写之中,揭示、呈现"伤口"的年代也是抚慰及治愈了"伤口"的年代。

第五节 一块布的寓言:社会创伤与精神治疗

近几年来,为了提高收视率,许多电视台开播"真人故事秀"或"名人讲故事"的节目,多取材于真实发生的社会新闻,采用《故事会》或"法制小报"的"猎奇化"叙事策略,用"暴力"、"情杀"、"离奇命案"来吸引眼球。北京台也有一个"百姓故事"的栏目《怎么办?》,以帮助普通百姓排忧解难。2009年3月《怎么办?》讲述了《一块布竟然毁了一个家》的社会故事。

一、心灵的"怪味"

一位中年妇女从商店中买回来一块桌布,但桌布却发出了怪味,无论该女士使用何种洗涤剂、消毒剂都无济于事,只好把这块布丢掉,可是这块布的气味已经传遍了整间屋子,家具、被褥、衣柜和衣柜里的衣服,都可以闻到这种怪味。任凭该女士如何清洗都无济于事,并且她和丈夫的身体上也出现了异样,只好去就医,检查结果发现自己可能已经

---

① 作为现代主义/反现代主义的先锋艺术与创意产业的连手,某种意义上也说明一种最极端的反现代主义的艺术样式却成为后工业社会中最为重要的产业样态之一,这究竟是资本的收编力量,还是那句"恨之深也爱之切"的爱情的至理名言呢?

中毒了，顺便把那块怪布也带去检测，竟从布上检测一种丁基苯酚的化工产品的残留物，但是没有人知道这是什么物质以及有没有毒。该女士只好把家里的所有东西，包括家具和衣物全部变卖，并且拆掉房顶、地板，重新装修，经历了这次翻天覆地的改造，应该可以彻底去除掉怪味了吧，可是该女士回到家中，依然感觉闻到了怪味。等到记者来到该女士家里（北京城里的某个胡同的平房），发现已经家徒四壁，窗户、房门大开，该女士哭诉着自己的"惨剧"，说自己身上穿的衣服、家里的被褥都是亲戚、邻居给的，每天都要打开窗户通风，即使是大冬天也不例外，她冬天就穿着很单薄的衣服，别人问她不冷吗？她说："不冷，其实这么冷的天，能不冷吗？"他们家也不是富裕的家庭，可是她也不愿意去求人。

该女士认为，都是这块布惹的祸，按照丈夫的说法："一块布简直毁了这个家"。"好心"的记者找来化工专家，彻底搞清楚了这种布上存在的化工产品是一种用在染布之前的添加剂，但沸点高一般很难挥发，即使挥发毒性也很小，更不会在空气中扩散和传播，可是该女士对这种怪味为何竟如此敏感呢？丈夫说，这个家是妻子一手操办起来的，为了除去怪味等于是把家都拆了，所以妻子心里面不可能好受，不过也没有办法，怪味就是除不去。"精明"的记者意识到可能是该女士心理有问题，于是就找了个心理医生来给夫妇做心理测试（记者如同机器猫叮当一样总能从兜里为困境中的小老百姓拿出急需的方案），结果发现丈夫是一个内向的、没有魄力的男人，妻子则是一个外向的、要强的女人，心理医生还发现了一个小细节，就是在妻子发现了布的怪味之后，去找商店理论，结果被拒绝，就让丈夫去商店要求索赔，但丈夫没有去，丈夫认为去了也没有用，"亏自己咽下去"。于是妻子就执拗地一定要把气味去除掉，为此不惜把亲手建立的家庭翻个底朝天。接着，心理医生让妻子画了一张画，画画过程中，妻子突然哭了，她说自己就像大海中的帆船，天下着雨，很无助。心理医生解释说："我只是让她画一个人乘船出海，她却选择画了一艘小帆船，还遭遇了暴雨，这小船就是无助的象征，而暴雨则是她心里的眼泪"。

这种无助的感觉可以从无法去除桌布怪味的行为中看出，但是为什么要如此"神经质"似地坚持要去除怪味呢？心理医生"发现""怪味"就在妻子心里，或者说妻子如此执拗的表现是因为十几年前

(1996)因动脉闭塞症而被单位以病休的名义辞退（病休下岗）后就一直待在家里，心理医生指出该女士抑郁症的根源就是那次下岗所带来的心理创伤体验，妻子固执地要证明自己的能力，但又始终印证自己的无力和无助。节目最后，"细心的"记者又去讯问了化工专家如何才能去除掉这种怪味，化工专家建议说把认为有怪味的地方用酒精擦拭就可以。于是，栏目最后一个镜头停留到该女士用蘸了酒精的抹布来擦破旧的大衣柜。相信该女士在去除家具的异味的同时，也在去除心灵的"怪味"。

二、抚平伤口的工作

这是一个看了让人很伤心，也带有惊悚色彩的故事。一个中年妇女执着于除去家里的异味，而最终发现怪味就在自己心中，或者说心理医生给她解开了心中的这个结，这是多么荒诞，又是多么具有寓言色彩的故事。可以说这类"大千世界，无奇不有"的社会故事成为当下许多电视台的重要栏目，已经司空见惯，而故事讲得有头有尾、有因有果，很圆满也很现实。最终异味在记者、科学家、心理医生的"多管齐下"之下被合理地去除掉，该女士回到了"正常"的生活之中，仿佛什么事情都没有发生过。了悟自己病因、找到伤口的过程，同时也是抚平伤口、获得治愈的过程。

笔者感兴趣的不是问题被解决，而是这种十几年之后才提出的解决方案使得曾经的伤口"大白于天下"，或者并非说1990年代中期所遭遇的社会性创伤"下岗"本身有问题，而是下岗以伤口的形成彰显出来，这种彰显本身发挥着抚慰的功能。正如十几年前下岗成为社会热点话题的时候，下岗的故事被讲述为成功再就业的故事，很少有这样对下岗所造成的精神疾患（即使社会的疾患，也是个人的疾患）的呈现，而现在却可以如此精致和顺畅地把这样一个身体的、家庭的、具体的困境，投射到或还原为下岗所带来的精神创伤上，也就是说现在之所以可以把过去的伤疤、伤口亮出来，是因为我们已经找到了愈合的方式，或者说工人下岗的问题在"和谐社会"和"大国崛起"的背景已经被成功消化了。

在这里，有效的意识形态运作不在于拼命地遮蔽或掩饰伤口，而是坦诚地暴露伤口、暴露创伤，甚至是让这些化工专家、心理医生等来帮助人们找到异味或精神的伤疤，然后告诉人们该如何来抚平伤疤。当然，在这种治疗或者自我治疗的过程中，伤口总是旧伤口，伤疤也是旧伤疤，至于为什么会有伤口就没必要追究了。这类故事的精致和无懈可击在于，反正布也是你自己买的，下岗也是因为自己身体有病，社会是没有问题的，有问题的总是个人，所谓"点背不能怨社会，命苦不能怨政府"的网络流行语，万一要细究起来也没有关系，因为那毕竟是十几年前的旧事了，现在已经可以成功克服那时的伤痕了，这是不是因为现在的"医术高明"、"科技"又进步了呢？不过，社会确实在进步，要不怎么这么有信心和能力来治愈历史的伤疤呢？

三、批判知识分子的位置

从这则一块怪味布的寓言中，还可以看到那些帮助这位大姐"降妖除魔"的"神仙"是记者、化工专家和心理学家，这些参与社会的"有机知识分子"不仅找到了"怪味布"的科学原因，还找到了该女士内心的怪味，并且把这种"医治"过程通过电视媒体"宣告天下"，可谓环环相扣，共同"制造"或讲述了一个精彩而完满的故事。在这次治疗事件中，充当"医生"角色的是记者、化工专家和心理学家（也许可以对应着人文、科学、精神学三个学科及专家），病人则是这位女士，病原体是一种怪味，治疗的结果是怪味被找到并成功去除。这种对于肉体、身体、叙述的规训和控制被以专家和客观的名义来呈现，这位发现了怪味的女士最终被专家"宣布"或划定为病人，从而使得怪味得到控制和解决。可是这位女士真的能被治愈吗？

在笔者看来，被怪味困扰的女士也可以解读为一种批判知识分子的位置[①]，她们老觉得世界有种异样的味道，老觉得房间里有某种东西不对头。批判知识分子如同这位女士一样不断地在房间里嗅出、找到、发现、命名这种味道，但与向这个妇女指出了味道是什么的科学家和精神分析师不同，如果说科学家、精神分析师、记者是以专家的身份来治愈

[①] 如同娜拉一样，知识分子的理想镜像为什么总要带上女性的假面呢？是中国传统中"香草"、"美人"的自许？是男性文化与批判知识分子的位置存在着天然的冲突？还是乏味的男性文化只能提供出刻板的个人主义英雄或萎缩的守财奴等定型化类型呢？尽管女性在女性主义的理论中才是定型化的群体，但如同福柯所分析的歇斯底里的女人也被作为现代社会的症候所在。

这种味道，使这种味道固定化、符号化，以降服和驯服这种味道，也是消除危险、弥合意识形态的有效方式，那么批判知识分子恰好是寻找味道，使味道不被逮住，或者希望味道不被逮住。于是，味道变成了一个修辞，一个能指，一个抓住了又滑脱开去的东西。此时，笔者想到了两个人，一个人曾经说过"打扫干净屋子再请客"，正如打碎了一个旧世界，建立了一个新世界，可是新屋子里依然有怪味，怎么办呢？这个人就把自己亲手建好的房子再重新拆掉，结果怪味并没有被"真正"去除，但是在旧有的地基中翻建成富丽堂皇的大高楼就能去除怪味吗？还有一个人把自己家的屋子重新装修过，发现还有怪味，就去拆邻居家的房子，不过，在第二间房子还没有拆完之前就被邻居们联手杀死了。邻居们把这个人当成了怪味自身，认为除掉了他就可以使得怪味消失，只是怪味依然存在，但没有人敢拆房子了，更没有人敢拆别人家的房子了。在这个意义上，发现世界有怪味的人变成这个世界最大的"怪味"，但是除掉这些发现怪人的人们，怪味就能够消失吗？

怪味在哪里呢？

怪味是刚刚发生的矿难，矿井是我们这个时代洗也洗不净的布；

怪味是三聚氰胺，牛奶是那块被传染的布；

怪味是恐怖主义，阿富汗、伊拉克是那块洗不净的布；

怪味是金融家内心的贪婪、邪恶，华尔街的证券公司和银行是那块洗不干净的布；

怪味到底是什么？

怪味是人们内心深处不安的心灵，这个世界是我们这个时代洗也洗不干净的布。

第五章 草根的"显形术"与屌丝逆袭故事

2014年初,电视节目依然是小荧屏上竞争最为激烈的战场,不只有湖南卫视的《我是歌手》(第二季)、中央电视台的《中国好歌曲》等音乐节目,还推出了江苏卫视科学类的《最强大脑》、北京卫视的圆梦真人秀《私人订制》以及东方卫视的喜剧类节目《笑傲江湖》等。这些或原创或引进的电视节目,不惜花重金邀请国内外一线演艺明星担任嘉宾、导师,俨然成为各大卫视鏖战娱乐江湖的独门绝技。本章主要从五个角度来分析草根达人和屌丝逆袭的故事,第一节分析草根明星所充当的文化功能;第二节以屌丝为关键词,呈现屌丝产生的文化脉络;第三节以当下最流行的电视节目为例,解读梦想背后的文化机制;第四节从电视剧的角度来看屌丝逆袭的故事;第五节探讨郭敬明的电影《小时代》如何讲述青年人的双重处境。问题不在于屌丝们能否获得越来越多的逆袭机会,而是曾经相信"我的地盘我做主"的屌丝如何沦落为必须参加"饥饿游戏"的人质,屌丝为何如此内在地需要逆袭。

第一节 草根明显的文化功能

随着旭日阳刚、西单女孩等草根明星登上2010年春节晚会的大舞台,他们也被认为是这个时代成名最快的人之一,春晚过后,许多电视栏目把他们作为访谈嘉宾,让其现身说法讲述梦想成真的故事,但没过多久,这些草根明星的娱乐潜能就被耗尽了(大众文化没有"不老的传奇","速朽"正是常态)。不过,近几年来,《星光大道》、《中华达人》、《中国达人秀》、《我是大明星》、《你最有才》、《我要上春晚》、《中国梦想秀》、《天下达人秀》、《中国好声音》、《中国好歌曲》、《最强大脑》、《出彩中国人》、《笑傲江湖》等电视栏目纷纷以草根选秀或草根达人为主角。如果说"超女快男"作为草根阶层走的是青春靓丽的帅男美女路线，那么这些被猎奇化的草根明星、草根达人为什么也会分享"草根"这个命名，并成为时下电视荧屏的"宠儿"呢？或许，值得追问的不是草根是谁或者草根包括哪些群体，重要的是草根被定义的方式以及草根作为社会修辞的文化功能。

一、"我是草根，我怕谁"

尽管"草根"早在1980年代就进入中国，但其成为一种社会流行语则是2005年前后才出现的文化现象。在此之前，即使那些以草根为主角的娱乐节目，也很少使用草根，而用老百姓、平民、普通人等词汇，这些表述往往与人民、党、干部、基层、群众等命名方式联系在一起，在新闻报道中，这些词汇依然被使用，只是其特定的政治性已经很少被提及。改革开放以来，个人、个人主义被作为个性解放、人道主义的政治实践逐渐深入人心，再加上1990年代中后期以来公民、公民社会、中产阶层社会的讨论，公民/"审慎而理性的中产阶层"在一定程度上取代人民成为新的社会想象的基础，与此同时，底层也取代基层成为弱势群体的代名词。而1990年代随着商品经济所催生出的"大众文化"也被认为是与政治文化、精英知识分子文化不同的样态（"人文精神论争"某种程度上是人文知识分子被大众文化边缘化的微弱反抗）。可以说，"草根"的出现延续了个人、公民、大众等社会修辞方式关于"非体制"、"民间"的文化想象。

在中国传统的文化想象中，"草"本身是一种轻微的、低贱的身份表述，如草民（一介草民）、草寇（落草为寇）、草芥（草芥人生），是一种与官、士绅相对立的社会阶层。草根某种程度上延续了"草"出身底层的身份（正如富二代、官二代很难被指认为草根），但已经被赋予了现代民主政治的想象。草根来自于对英文"grass roots"的直译，在美国的语境中，多指"基层民众"，被认为是政治学词汇如草根政治运动。草根作为中文词汇最先在港台地区使用，如草根性、草根阶层、草根民众、草根议员等，而1980年代末期台湾民主化运动，草根政治也被作为一种扎根基层的民主实践。显然，草根从1980年代传入大陆，这种"政治实践"的意味被抹去，变成了一种个人/人人都可以获得成功的"草根梦/美国梦"。这种有选择性的文化误读与草根在大陆获得流行的契机有关。2005年湖南卫视举行真人秀节目《超级女声》（第二届）大获成功，这场"全民造星运动"被描述为"一场草根阶层的狂欢"①，诸如李宇春等平民歌手"一夜成名"的事迹被认为是草根阶层成功的典范。

《超级女声》借助手机短信这种新的媒介平台来实现观众与选手的互动，这种通过电视选秀来制造大众明星的方式，改变了1990年代以来依靠演艺公司、演艺学校来推广、打造明星偶像的路线，是对《美国偶像》栏目的成功借鉴。就在2005年，一名"非著名相声演员"郭德纲成为最著名的草根相声演员，郭德纲及其德云社名噪京城，民营相声剧团等剧场艺术开始活跃京城夜生活。相对相声演员多依附于中国广播艺术团说唱团、中国铁路文工团等体制内演出机构，郭德纲被认为是体制外、民间艺术、传统相声的代表。无独有偶，在新世纪以来的影视演员中，群众演员/草根王宝强成为名副其实的"大明星"，草根王宝强以其相对固定化的形象（多演纯洁、善良、傻气的农民工或具有奇异并创造奇迹的普通士兵），"穿越"、整合或者适用于独立电影、中产阶层贺岁剧和红色题材影视剧等不同类型的剧种。如果说超级女声、草根达人主要依靠手机、网络、电视选秀节目等新媒体形式来"梦想成真"，那么郭德纲作为"民间"艺人/民营剧团的成功则与文化生产机制的转变有关（与1950年代相声演员成为人民艺术家以及1980年代以来相声演员最先成为大众明星不同），而王宝强的意义在于日渐成熟的主流文化依然内在地需要草根式的人物来建构完成。

在"草根"借助"超级女声"的媒体效应成为社会流行语之时，有一首网络歌曲《我是草根我怕谁》应时而出，这首模仿周杰伦RAP风格的歌曲讲述了"草根"的心路历程："你是大牌 你是权威/你是媒体追捧的对象/我是草根 我是网虫/我是小角色 我无人问津/你有声望 你很富有/你有腰缠万贯的投资商/我没有背景也没人知道/可这些如今看来并不重要/比的就是创意 拼的就是想法/小人物也可以誉满

---

① 《"超级女声"：一场草根阶层的狂欢?》，红网，2005年7月1日。

天下/你是大人物可以批评我差/但却不能阻止我的步伐/我是草根我怕谁/大家喜欢我的另类/网络时代我和你平等PK/百姓才是真正的评委/天天我都在努力/希望有一天可以出人头地/其实也没有关系/只要秀出自己就可以/天天我都在努力/希望有一天可以出人头地/其实也没有关系/只要秀出自己就可以。"这首歌在"你=成功者=权威=投资商=大人物"与"我=小人物=网虫=草根"的二元对照中,把草根界定为无权无势的小人物,叙述了"天天我都在努力,希望有一天可以出人头地"的奋斗成功的梦想。而得以成功的社会机制在于曾经被作为"背景、后台"的"名声"和"权力"如今"并不重要"了,因为"网络时代我和你平等PK",并且"百姓才是真正的评委"。可以说,这首歌很准确地阐释了《超级女声》的示范效应,通过"平等PK"和"百姓"的短信投票,就可以成为"超级大明星","网络时代"被赋予了平等参与、机会均等的民主想象(短信、博客、微博等新媒体技术都被认为推动了社会民主化)。更为有趣的是,在"你—我"的对比中,"我是草根"是一种彰显主体性的表述。与底层、弱势群体作为他者不同,草根被塑造成或建构为一种成为主体的路径,就是"只要秀出自己就可以"。草根延续了1980年代个人、个人主义的文化想象,也成为"美国梦"最为生动的山寨版本。

从这首歌中可以清晰地看出,草根的浮现与新世纪以来网络等媒体的发展有着密切关系。草根与其说是与体制、国家、主流、精英相对立的概念,不如说是网络、电视媒体重组时代的产物,草根的"被发现"始终联系着不断推出的新媒体(如博客、微博)可以给人们/草根带来更多成功机会的想象。首先是网络媒体。不管是作为草根"前身"的芙蓉姐姐、后舍男生(当时被称为"网络红人"),还是当下的农民工歌手旭日阳刚,都依赖于BBS、博客、视频网站等网络平台的出现。"因为这是一个草根的时代,任何人都可能通过网络在一夜间为广大网民所知,不再有门槛,只要你够个性,够大胆"[1]。草根文化被认为是网络文化的基本特点,尽管"不再有门槛"依然可以看出网络用户中年龄、学历的界限,但相比报纸、电视等非交互式媒介,网络具有参与

---

[1] 刘丁丁:《从芙蓉姐姐、木子美来谈网络的草根性》,华尔街博客,2006年7月11日。

度高的媒介优势。另外，在以点击率和注册人数为基础的网站运营模式中，也不乏网络推手制造网络红人来积累人气。其次是电视媒体。新世纪以来也是电视媒体逐渐走向产业化、集团化的过程，在制播分离的改革中，收视率成为决定栏目存活的重要标尺，在这种背景下，《超级女声》、《星光大道》、《中国达人秀》等真人秀节目成为近些年最受欢迎的电视栏目之一。

也正是借助网络及电视媒体的互动，郭德纲这个名不见经传的草根艺人在2005年成为最为有名的相声演员，旭日阳刚、西单女孩也凭借着网络视频而从地下通道的城市流浪歌手"摇身一变"为草根达人，就连他们的艺名也来自网友的命名。草根的"显形"与其说来自于技术上不断降低的媒体门槛，不如说更是这个媒体整合的时代制造出来的"新噱头"，正如在"个人"式的成功越来越艰难的时代（种种垄断性资源及社会体制的固化使得市场经济内部的机会平等越来越少），草根式的成功或幸运最大限度地支撑着"人人都有机会成功"的神话，只是这并非一个新鲜的故事。不过，有趣的是，尽管博客、微博被认为是草根"出人头地"的舞台，但是真正使这些新"玩意"具有轰动效应的依然是"名人博客"（如徐静蕾、韩寒等）、"名人微博"（如微博达人姚晨等），那些作为草根对立面的"大牌"、"权威"、"大人物"可以凭借着固有的"象征资本"在新媒体中也占据耀眼位置。在这个意义上，"网络时代我和你平等PK"或许只是一种"又傻又天真"的美好愿望。当然，从另外的角度看，当下主流意识形态更显示其文化霸权的意味，恰恰是那些比网友、手机拍客、短信参与者以及电视观众更为弱势、底层的草根，"扮演"着这个时代最为重要的意识形态幻想，让人们仍然相信，这是一个草根也能成功、成名的时代。正如王宝强这样一个小人物/普通人，草根的"成功"演绎着比"没有奋斗的《奋斗》"更具有霸权效应的"美国梦"的故事。

下面将以三个不同的个案来呈现草根在当下大众文化生产中所充当的意识形态功能。第一是通过郭德纲及其草根相声的"成功"，来呈现一种民营、民间文化的"复兴"得以产生的文化机制；第二是通过王宝强及其扮演的工农兵形象，来呈现草根在当下主流意识形态建构中所发挥的重要作用；第三是看看依托电视选秀节目出现的草根明星、草根达人尤其是农民工歌手、农民歌手，是如何满足当下观众的观看欲望的。

二、从"人民艺术家"到"草根艺人"

2005年郭德纲的相声引起媒体的关注,其演出段子风靡网络。郭德纲不仅"一夜之间"成为最著名的"非著名相声演员",而且被认为是"唤回相声之魂"、拯救"传统相声"的文化英雄。德云社等民营演出团体也带动京城相声剧场的火爆,改变了相声艺术尤其电视相声自1990年代以来的衰落状态。尽管时下的郭德纲越来越像一位成功的文化商人,不仅仅是相声艺人,更是影视剧演员、电视节目主持人等多栖明星。本节关注的重点并非郭德纲的相声艺术,而是郭德纲及其相声剧场的兴起得以产生的文化机制,这与相声这一民间/传统曲艺在当代中国文化史中的位置有关。

与那些通过各级相声曲艺大奖赛成名,或进入地方、中央曲艺团体从事专业演出不同,郭德纲的德云社是一家依靠市场演出来生存的公司。历史的反讽在于,德云社剧场就在北京南城的天桥附近,这个地方新中国成立前就是包括相声在内的民间曲艺的聚集地,而郭德纲被媒体津津乐道的也是复兴了"传统相声"。这种叙述把郭德纲、德云社与新中国成立前的老天桥的相声艺术联系起来,仿佛被1950—1970年代所中断的相声传统——被体制化的相声艺术——终于被郭德纲复活了。这种论述不仅忽视了郭德纲与体制内的相声艺术之间的复杂勾连(如2004年郭德纲拜侯宝林之子侯耀文为师,2006年又加盟铁路文工团,这被看成"'草根'郭德纲被主流'招安'"①),而且把依附于专业演出团体的相声艺术作为体制的牺牲品,只有郭德纲所代表的市场化的剧场相声才是自由的、历史的、传统的相声艺术。从这里可以清晰地看出草根立足于民间、市场,与主流、体制形成相对立的概念。

这种站在体制对立面的体制外想象孕育于1980年代,是新时期把社会主义体制(共产党及党团群众组织)他者化的结果,而1990年代非体制又成为论述大众文化、市场合法性的基本修辞,体制之外被认为一种独立、自由的姿态或生活方式,如"自由/独立撰稿人"(如1990

---

① 《即将加盟铁路文工团"草根" 郭德纲被主流"招安"》,《天津日报》2006年3月13日。

年代依靠市场期刊写作的作家王小波等）。这种体制外的或者用民间/市场/资本来对抗国家/体制的想象，是新时期以来支撑改革开放的基本意识形态，以至于形成"一切都是体制惹的祸"、体制只能带来压抑、只有非体制才能获得自由的情感结构。这种情感结构为政府强有力地推进市场化、不断地瓦解或打破原有的社会主义计划经济体制提供了意识形态支撑（如国有企业以及各种单位制，包括依附于各地方文化宣传部门的演出团体都走向市场化），从而有效地遮蔽了这幕资源重组、权力整合过程中的受害者（如下岗工人、农民工①）所遭遇的体制放逐，而得以分享这份非体制或体制之外的"自由"的则是中产及新富阶层。正如德云社的出现与1980年代中后期各级地方演出团体的解体和1990年代市场化的演出团体的出现有着密切的关系。在这个意义上，德云社成为民营演出公司和新时期以来逐渐壮大的私营企业一样是市场化的产物。

相声是一种源远流长的民间艺术，其获得新生来自于新中国对于民间曲艺的改造，这种改造不仅使相声从一种街头卖唱变成"人民"喜闻乐见的艺术形式，而且把曾经三教九流的相声艺人变成了受人尊敬的"人民艺术家"。正如人民政府成立广播文工团、说唱团，在天桥酒馆茶棚说相声的侯宝林、刘宝瑞、郭全宝等艺人成为专业相声演员。和其他艺术形式一样，经过左翼文艺的改造，旧的相声段子也适应新社会的意识形态需要。在这里，仅以知名相声演员马季从学徒工走向专业化的相声之路来说明1950—1970年代相声演员的成长史。从马季的自传和口述中可以了解到，新中国成立后，马季考入新华书店当学徒工，是工人舞会、群众联欢活动的积极分子。1956年北京市举行业余曲艺观摩会演，马季的相声获得一等奖，同一年参加全国职工业余曲艺会演，被相声大师侯宝林和刘宝端相中，成为说唱团的一员。之所以选中马季，除了其个人才华之外，更重要的是，说唱团也需要新人来创作适合新社会的相声段子。马季从一名相声艺术的爱好者（一个普通工人或草

---

① 这种打破"铁饭碗"获得自由或通过自主创业富起来的故事，显然遮蔽了1990年代中后期在以解决社会就业为主的中小国有企业大面积破产重组过程中下岗工人被作为社会包袱所抛弃的命运。这种对工人阶级为主体的社会制度的打破，使得进城打工的农民工虽然成为新工人阶级的主体，却再也无从分享或想象工人阶级主体的制度保护，反而在国家与资本的密切结合中，成为廉价劳动力的供应者。

根），借助业余工人或群众曲艺会演，最终成为职业化的相声演员，所依靠的制度基础是各单位的群众性文艺团体及其各种艺术会演。不得不说的是，马季被调到说唱团工作与侯宝林并非传统的师徒关系，老一辈的相声艺术家已经打破旧社会的门派之见，纷纷把各自的绝活传授给马季。这种制度化的选拔机制及其新型的师徒关系与"体制外"的郭德纲及其电视选秀节目产生的草根达人有着完全不同的文化生产机制。暂且不讨论相声艺术与那个时代的主流意识形态之间的呼应关系，毋庸置疑的事实是，相声从新中国成立前主要在京津两地流行的地方艺术，成为全国人民都熟知、喜爱的民间表演形式。

相声艺术在1980年代借助电视媒体达到辉煌，尤其是通过春节联欢晚会，包括马季、姜昆在内的相声演员不仅成为以曲艺表演为主的春晚的主角（他们也是春晚最早的主持人），而且也成为家喻户晓的大众明星。1980年代出现了一批如《宇宙牌香烟》、《如此照相》、《虎口遐想》、《小偷公司》、《巧立名目》等与时代转型密切相关的段子，人们从相声艺术的嬉笑怒骂中体验着1980年代的文化氛围。这种艺术与时代、现实密切互动的状态，同样发生在文学、电影、美术等其他艺术形式中，其制度基础在于一方面借助于尚未瓦解的社会主义文化体制，另一方面又借助于整体文化思想氛围的开放心态，也就是说，1980年代的文化生产既享受着某种体制化的庇护，又享受着在体制内批判体制、反思体制的自由。随着20世纪八九十年代的转折尤其是1990年代初期极速推进的商品化进程，相声在1990年代经历着迅速衰落的过程，其原因恐怕与整体文化环境的变化有关。一方面，相声在电视媒体中被更为生活化、日常化和娱乐化的小品所取代（赵本山取代了姜昆、马季和陈佩斯、朱时茂），另一方面，1990年代大众文化的娱乐环境使得相声这种与现实生活密切互动以及对现实有所讽刺和批评的艺术形式迅速失去了表演的空间。更为重要的是，在市场化及各种单位的体制改革中，除了中央级的演出团体，各省市县等地方院团面临着解散和自谋出路的问题（从贾樟柯的电影《站台》和吴文光的纪录片《江湖》中可以看到这些走穴的文艺团体的身影），体制内的演出团体以及工人、群众俱乐部等都市演出空间处于一种瓦解的状态。

在这种背景之下，相声艺术面临着重新寻找生存空间和听众的问题，1990年代中后期，包括郭德纲在内的许多相声演员尝试进行剧场演出，但直到 2005 年，郭德纲的德云社才名声大振。这种沉潜 10 年的"迟到的"成功，除了因为郭德纲编排了更为贴近社会生活变化的段子之外，不得不指出的是，这 10 年恰好也是都市中产阶层迅速涌现的时期（如小资文化出现），仅从几百元的普通票到上千元的贵宾票就可以直观看出这些新生的中产阶层成为相声剧场演出的主流观众，而郭德纲最初从网络上声名鹊起也依赖于以都市白领、小资、中产为主体的网友的追捧。正如研究者所指出的："郭德纲的成功只是个人的成功，而不是相声的成功；相声'回归剧场'不是草根阶层的胜利，而是愤青和有闲阶层的胜利。"①

可谓"峰回路转"，当下的相声艺术又回到"街头卖艺"的"自由"、民营的状态，相声演员也由体制内的"人民艺术家"转身为"相声艺人"。与相声剧场的兴起几乎同时发生的是，在东北出现了赵本山的刘老根大舞台（背后是民营文化公司本山传媒集团），在上海则出现以周立波为代表的海派清口（周立波虽然是上海滑稽剧演员出身，但其海派清口却依赖于新世纪以来都市剧场艺术的复兴），这些带有地域特色的剧场艺术，连同新世纪以来蓬勃发展的小剧场话剧（20 世纪八九十年代被作为先锋戏剧），成为大都市中产及新富阶层所热衷的文化消费时尚。从这个角度来说，以郭德纲为代表的"民间"、草根艺术一点也不"草根"，其体制外的"草根"身份不过是小资或中产文化的假面。

三、从"傻根"到"许三多"

在新世纪以来的影视文化中，很难找到像王宝强如此"幸运"的群众演员。这样一位没有接受过任何表演训练，才貌也并不出众的"北漂"，凭着"偶然"的机缘"本色"出演了一个青年农民工的角色，不仅没有昙花一现，反而成为诸多热播影视剧中最引人注目的角色。从"独立电影"《盲井》（2002）中的年轻矿工凤鸣，到冯氏贺岁剧《天下无贼》（2004）中的农民工傻根，到热播反特片《暗算》（2006）里的瞎子阿炳，再到引起极大反响的军旅剧《士兵突击》

---

① 施爱东：《郭德纲及其传统相声的"真"与"善"》，《清华大学学报（哲学社会科学版）》，2007 年第 2 期。

(2008)中的普通士兵许三多,以及热播革命历史剧《我的兄弟叫顺溜》(2009)中的狙击手顺溜,可以说,无论是小众的独立电影,还是中产阶层贺岁剧,还是当代军事题材和革命历史题材电视剧,王宝强所扮演的普通农民工或农村兵的形象都获得了成功。为什么这些不同叙述样式和生产背景的作品都需要王宝强式的人物呢?王宝强所扮演的高度类型化的角色又充当着什么样的文化功能呢?

在独立制片或地下电影(体制外制作)《盲井》中,王宝强出演了一个寻找父亲的初中生凤鸣,被两个矿工骗到矿场,这两个矿工专门以介绍工作为幌子,通过制造矿难来骗取高额赔偿金,而这两个矿工正是谋害凤鸣父亲的凶手。这种呈现中国社会转型时期的底层故事,是1990年代中后期独立电影及独立纪录片所偏爱的主题,如独立电影贾樟柯的《小武》(1997)、王超的《安阳婴儿》(2001)、刘浩的《陈默与美婷》(2002)等以及纪录片朱传明的《北京弹匠》(1999)、杜海滨的《铁路沿线》(2000)、宁瀛的《希望之旅》(2001)等都以农民工、妓女、城市边缘人为主角。这些体制外制作很难获得公映(或者并不谋求"地上"放映),往往以参加海外电影节并获奖为唯一的诉求。这种体制外的制作方式连同其讲述的主流景观之外的底层故事,在海外的语境中被指认或误读为对社会主义中国的批判,而在国内对现实持有批判态度的知识分子看来,这些影片恰好呈现了中国市场化进程中对弱势群体的剥夺和压制。《盲井》把凤鸣处理为一个不谙世事的、对于背后的算计和死亡陷阱完全没有感知的、纯洁天真的农民工,而这份善良淳朴又意外地使得其中一个罪犯动了恻隐之心,最终凤鸣反而获得一笔意外"横财"(剧外的王宝强也因着这部"地下电影"获得台湾金马奖最佳新人奖),他对此却完全不知道是怎么回事。王宝强的"伯乐"、《盲井》导演李杨说:"我看到他的时候,他还是个流浪北京的小孩子,十五六岁,农村来的。我当时电影里正好需要一个非专业演员来演来自农村的角色。……他身上质朴的东西代表了中华民族的传统美德。他质朴,还有感恩的心。"[①] 王宝强就如同未被雕饰的、等待被发现的璞玉,这种"又傻又天真"的性格成为他此后所扮演人物的基本特征。

---

① 王宝强:《向前进———一个青春时代的奋斗史》,作家出版社2008年版,第165页。

在冯小刚的贺岁片《天下无贼》中，王宝强扮演了返乡农民工傻根。在这列行进中的春运火车中，为了圆傻根一个"天下无贼"的梦，贼公贼婆与葛优扮演的火车惯犯展开了斗智斗勇，甚至刘德华扮演的贼公为此付出了生命的代价。而傻根却因晕血倒在车厢中昏睡，全然不知道，也无从知晓，更无从参与这场激烈的道德搏斗。傻根是让贼公贼婆幡然醒悟、金盆洗手的净化剂，是一个需要被保护和呵护的纯洁客体。如果把这列火车作为中国社会的某种隐喻，那么傻根作为底层在这出"浪子回头金不换"的故事中所充当的角色就是一种中产阶层道德自律的他者。在这幕"天下无贼"的童话剧中，傻根占据一个"又傻又天真"的儿童的位置。从"地下电影"《盲井》到票房过亿元的贺岁大片《天下无贼》（也是冯小刚首部突破亿元大关的贺岁片），王宝强虽然扮演的都是底层农民工，却带来不同的意识形态效果。如果说在《盲井》中，凤鸣及其矿工群体是支撑中国经济发展的底层和牺牲者，那么在《天下无贼》中，傻根所代表的乡村/广阔的西部/西藏则是一处纯净的、无污染的"精神家园"（冯小刚的电影《手机》同样通过建构一个前现代的乡村他者来参照充满谎言与欺骗的中产阶层生活）。冯小刚"敏锐地"发现了"王宝强"对于以中产阶层为主体的主流文化的积极价值。

《盲井》的成功，也使得谍战剧《暗算》剧组相中王宝强，让其在第一部中扮演具有听力特长的瞎子阿炳。这部谍战剧产生了重要影响，成为新世纪以来从《激情燃烧的岁月》、《历史的天空》、《亮剑》为代表的新革命历史剧到另一种热播红色题材谍战剧的转折点。自《暗算》以来，谍战剧中的无名英雄安在天、余则成取代了石光荣、姜大牙、李云龙等"泥腿子"将军而成为电视荧屏上最有魅力的英雄。相比安在天/父亲作为中产阶层的理想自我，阿炳/儿子充当着他者的位置。阿炳是一个弱智、偏执、善良、癫狂的瞎子，凭借着其出奇的听力才能帮助安保部门破译了敌人隐藏的所有电台。这样一个具有特异或特殊才能的天才，是一个永远长不大、心智不健全的孩子，却非常恰当地完成了意识形态的询唤功能，即个人天才与国家利益之间的有效结合，阿炳既能发挥自己的才能，又能报效国家，从而改写了1980年代以来关于国家/政党政治对于个人自由的剥夺、强制、压制的叙述。与此同时，从农民工傻根到无名英雄阿炳，一种被作为中产阶层他者的形象同样适用于呈现1950—1970年代的社会主义新人，那种大公无私、无怨无悔地为无产阶级/劳苦大众奉献终身的精神被改写为一个智障的奇人阿炳的故事，而阿炳式的人物也是当下大众文化对于1950—1970年代的一种特定想象。诸如《求求你，表扬我》（2005）、《铁人》（2009）等影片中，这些背负着1950—1970年代父辈精神的人物往往呈现一种与当下的时代格格不入或病人的状态。这种病态正好满足了当下主流意识形态对于1950—1970年代双重想象：既是病态的、非正常的（"那个时代的人真傻"），又是善良的、单纯的（"那个时代的人真单纯"）。

王宝强的神话并没有就此止步，当代军事励志片《士兵突击》让他不仅成为男一号，而且其"不抛弃，不放弃"的精神更成为青年人的人生格言。《士兵突击》作为一部小制作，最先在网络上流行，然后获得热播。与傻根、阿炳相似，许三多也是一个有点傻、有点木的农村孩子，但正是凭着对"好好活就是干有意义的事，有意义的事就是好好活"（一种无意义的循环论证）的信念，在经历了新兵连、场站训练场、钢七连、特种大队等一系列考验中最终获得了胜利，成为"兵工"特种兵，这种胜利被归结为一种"不抛弃理想，不放弃战友"的精神。与傻根、阿炳作为被动的客体和他者不同，许三多是坚持理想并奋斗成功的榜样。这部电视剧如同电视台中的PK节目一样充当着相似的意识形态功能（自从《超级女声》所开启的PK赛，各种PK赛式的电视栏目成为电视台最热播的栏目），在比赛或游戏中明白胜利与失败的道理，而不去质疑比赛或游戏本身的合法性。这些一次又一次的晋级比赛，就如同《杜拉拉升职记》中的职务晋级，让许三多成为在市场经济中奋斗拼搏的都市白领的职场楷模。

王宝强在近年出演的两部革命历史题材电视剧《我的兄弟是顺溜》（2009）和《我的父亲是板凳》（2011）中同样扮演小人物，前者是和阿炳相似的具有特殊才能的新四军战士，后者则是借杂耍艺人"板凳"的视角来讲述共产党人面对国民党反动派迫害而临危不惧的故事。2012年底王宝强在迄今为止创造国产电影最高票房的喜剧片《泰囧》中扮演一个纯真善良的小商贩，帮助徐峥扮演的成功人士找寻人生和事业的新方向，让这些光鲜亮丽的成功者珍惜现在的生活，做一个回"家"的好男人、好丈夫。除此之外，走出影视剧的王宝强在春节晚会上"扮演"事业有成的农民工代表。可以说，这样一个幸运的群众演员，在主流文化的舞台中成为农民工、农民等弱势群体的指称。与大众传媒中通常把弱势群体讲述为被救助者或讨薪者的形象不同,王宝强式的底层/草根具有更为积极的文化功能,一方面如傻根、阿炳,充当着中产阶层所不具备的纯洁、善良的前现代品质,另一方面如许三多,是从笨小孩奋斗成功的故事。不仅仅如此,剧外的王宝强同样被作为从底层成长为大明星/成功者的故事,成为现实版的许三多。而裂隙正好在于,王宝强式的成功至今"后继无人",现实生活中几乎没有复制的可能,但是,这并不影响网友分享许三多从底层到成为兵王的故事,这也正是草根故事的魅力所在。这样一个小人物、普通人、草根的"成功"演绎着比"没有奋斗的《奋斗》"更具有霸权效应的"美国梦"的故事。而王宝强的符号意义在于,作为底层的农民、农民工、普通士兵等弱势群体,在主流意识形态建构并非缺席的在场,而是一种在场的缺席。他们并非不可见,而是被中产阶层派定为特定的主体位置和定型化想象中。

四、"见证奇迹的时刻"

上面提到的"超级女声"、郭德纲、王宝强等借助大众文化(电视、网络、手机等不同媒介)这只"神奇的手(舞台)"从草根一跃成为万人瞩目的大明星,而制造"明星"、生产"偶像"本身是大众文化(美国流行文化)的基本功能,正如《美国偶像》、《英国达人》(包括其在第三世界的山寨版本《印度偶像》、《阿富汗之星》等)成为"美国梦"最为直接也最为赤裸的体现。2011年春晚舞台上一曲翻唱版本的《春天里》让两位农民工歌手旭日阳刚迅速红遍大江南北。从2010年8月份两人的视频被传上网络,到参加中央电视台的《星光大道》、《我要上春晚》等节目,经过短短几个月的时间,他们成为当时轰动一时的草根明星。除此之外,近几年来,在《星光大道》、《中国达人秀》等电视栏目的推动下,涌现了一批身怀绝技、才艺的草根明星,如李玉刚、阿宝、凤凰传奇、杨光、刘大成、朱之文、"鬼步女孩"周露、鸭脖子夫妇、甜菜大妈、"孔雀哥哥"、断臂钢琴家等,这些其貌不扬、没有接受过正规教育,依靠视频网站、电视选秀节目"一夜走红"的明星,如同中了彩票或者"贫民窟的百万富翁"般成为这个时代的"幸运儿"。除了李玉刚、阿宝、凤凰传奇等走向了职业歌手的道路

（他们的"传奇"故事/个人奋斗也被人们津津乐道），其他草根达人则更多地凭借着身残志坚的故事、奇异的才能以及煽情/苦情的表演而"昙花一现"（"苦情第一，才艺第二"）。

在这里，关于草根的想象也发生了重要的偏移，从网络、网虫、白领、青年人（如超女李宇春、快男陈楚生），变成了更为底层的旭日阳刚、西单女孩、农民歌手刘大成、大衣哥朱之文等。1990年代末期以"三农"、下岗为代表的底层群体的显影使得以中产阶层为主体的社会想象出现了裂隙，但是在大众传媒中，他们往往出现在自杀、讨薪、抢劫等社会新闻中（在主流媒体中是致富成功的带头人），他们是公民社会之外的法外之民、秩序的破坏者。从近期的草根达人中则可以看出，底层以"草根化"的方式在大众传媒中变得"可见"，底层以某种正面、积极的形象/面孔出现在本不属于他们的舞台上。如果说旭日阳刚是农民工，西单女孩是北漂，那么从他们被命名为草根就可以看出，草根耦合了新世纪之初出现的两种身份想象，即农民工/弱势群体/社会边缘人（尽管农民工早就成为城市工人阶级的主体，但在社会表述上依然是弱势的、边缘的）和北漂/"飘一代"（没有户籍的大学毕业生、白领、蚁族等）。随着城市房地产价格的攀升，这样两个本应属于不同阶级的群体却经常"同命相怜"、相遇在一起，如在城乡结合部出现蚁族村。这种"相遇"还有着更为重要的文化基础。正如旭日阳刚凭借翻唱摇滚歌手汪峰的《春天里》而走红，把《春天里》这首带有小资情调的青春励志歌曲挪用为农民工/都市打工者从底层往上爬或者"出人头地"的故事，也就是说，只有借助他人的话才能讲述自己的故事。

翻唱和模仿成为草根歌手最为重要的看点和技能，如农村歌手刘大成对男高音和朱之文对《三国演义》主题曲的模仿，这种对流行歌曲或高雅艺术的"高超"模仿与其农民、农民工、流浪歌手的"底层"出身之间的错位，给电视机前的观众带来了"见证奇迹的时刻"（恰如刘谦的近景魔术，电视达人们也具有魔幻效应）。这一方面可以看出从网友红人到电视真人/模仿秀的越来越娴熟的文化生产机制，以至于旭日阳刚的"终南捷径"使得全国各地的流浪歌手纷纷涌进北京的地下通道；另一方面也改变或建构着人们关于电视机之外的世界/生活的"传奇性"和"奇观化"想象，仿佛这是一个不断发现"达人"和创造"奇迹"的时代。这些出身底层的草根明星的"出场"并没有让以网络、电视机为消费主体的中产及市民观众更多地关注和了解城市"地下"通道和城市之外的农村空间，反而这些在消费主义景观中鲜有呈现的空间被进一步定型化为盛产"奇人异事"的化外之地。他们的载歌载舞、高超艺能与其"真实"的生活/生存状态之间没有任何关系。无论是专门访谈还是现场讲述，这些草根明星的故事都被讲述为怀揣着梦想并梦想成真的故事，而观众也丝毫意识不到这些草根明星的"成功"很大程度上来自于发现他们的"眼睛"（网友的围观及摄像机）及其网络、电视媒体的生产机制，仿佛他们"从天而降"，来自于"乌有之乡"。或许，在这样一个社会阶层越来越固化，就连蚁族、蜗居都要"逃离北上广"，中产及准中产阶层备感都市生活之艰的时代，人们不仅仅需要白领杜拉拉升职/升值记的"奋斗"故事，更需要底层草根的"一夜成名"的"成功记"和"变形记"的故事。因为观众可以从这些草根达人/弱者（身体、性别、年龄和社会意义上）身上看到"身残志坚"、"生活虽贫困却拥有美好心灵、才艺"的想象，他们被赋予纯洁的、没有被污染的"有机/绿色"人生。可以说，这些"达人秀"在把草根变成"草根达人"的同时，更实现了一种消费"底层"，把"底层"传奇化、他者化的意识形态效果（与围观"犀利哥"、"凤姐"等相似）。

　　草根之所以会成为一种有效的社会命名，与新世纪以来社会阶层的分化有关。伴随着1990年代急速推进的市场化改革以及国有企业攻坚战造成的下岗阵痛使得新世纪之初底层、弱势群体已然形成（下岗工人创业及"三农"问题成为当时的社会议题），与此同时，在大众文化的都市景观中小资、中产、新富也开始"浮出水面"（小资"趣味"、中产"格调"、新富阶层的"富而知礼"等成为消费、时尚话题）。新世纪以来这样两种搭上经济高速起飞的群体和被放逐在外的群体不仅没有走向弥合，反而形成彼此相对稳固的社会区隔。一方面，中国经济的高速列车急速催生出人口比例甚小却数量众多的都市中产阶层（在都市空间中呈现为具有消费能力的消费者），另一方面，以农民、农民工、下岗工人为代表的弱势群体依然被排斥在城市化/工业化之外（无法成为消费者，只能以生产者的身份参与其中）。这种阶层分化从建立在都市化、城市化基础上的大众文化中可以清晰看出，那些能够在"公共领域"或媒体上发言的群体及其讨论的议题基本上与作为消费者的中产阶层有关，如文化领域的国产大片、社会领域的房价问题、绿色环保的生活理念（如少开一天车）等。而弱势群体在新世纪以来的大众媒体中基本上以需要被救助的方式出现。于是，新富阶层的慈善精神、中产阶层的大爱精神[①]、小资的志愿者精神成为黏合社会断裂的"和谐剂"。

2005年前后"草根"的流行就试图整合小资、中产与底层、弱势群体之间的裂隙，不仅使得曾经在大众文化中隐而未见的底层、弱势群体以草根的方式"登场"，更为重要的是出身"底层"的草根精神（奋斗、梦想、纯朴、善良）成为小资、中产阶层的榜样或理想他者。一方面，草根吸收了1990年代以来作为与非体制象征的"民间"想象，草根的成功被指认为一种民间社会/公民社会的胜利；另一方面，草根取代、收编或改写了底层、弱势群体、人民、群众、百姓等集体性的描述概念，去除了底层、弱势群体所带有的批评、不和谐的政治色彩。草根作为一种社会指认方式，在凸显体制外、底层、普通人等含义的同时（相比富二代、官二代，草根是弱者的代表），又有效地成为突破这些社会区隔的成功者（草根式的成功代表着个人奋斗、勤奋等美好的价值观），从而被赋予一种弱者变成强者/成功者的迷思，其意识形态功能在于使得作为底层、弱势群体的农民、农民工被转述/再现为一种可以"实现个人梦想"、成为令人羡慕的"大明星"的故事。

第二节 屌丝是如何炼成的

2012年初，"屌丝"在网络上一经被发明就迅速成为流行语，这种带有自我嘲讽的命名方式是都市小资们新的自我指认，其对以少胜多的军事用语的挪用已经说明屌丝无法踏上阳光下光明正大的"坦途"，只能采取黑夜里血雨腥风的奇袭或偷袭之旅。与历经艰难险阻终见"彩虹"的奋斗励志故事不同，"逆袭"强调的是一种"无法完成的任务"以及"从绝望中寻找希望"的奇迹，正如《中国达人秀》、《中国好声

[①] 参见李玥阳《现代性的悖反——当代中国影视文化研究（2005—2012）》，人民出版社2013年版，第27～42页。

音》、《中国好歌曲》等电视栏目的魅力在于给寂寂无名之辈提供逆袭的传奇舞台。

一、忽然"屌丝",忽然"逆袭"

2012年6月15日,嗅觉敏锐的小资读物《新周刊》"顺势"推出《屌丝传:从精神胜利到自我矮化》的封面文章(2013年6月15日),图片采用一个两手抱头、身材矮小、面孔丑陋的粗糙石雕作为(男)屌丝的自画像,正好吻合于屌丝的"题中之意":相对于"高富帅"的"矮穷矬"。从"矮穷矬"到"高富帅"不再是"不抛弃、不放弃"的康庄大道,而是"见证奇迹"、"相信梦想"的独木桥。于是,曾经被反复"灌输"的阳光下的奋斗、励志、成功的"心灵鸡汤"变成了黑夜中刮起的血雨腥风的逆袭之旅。如果说2011年是草根达人"见证奇迹的时刻",那么2012年则是屌丝上演逆袭(抑或无法逆袭)大戏的舞台。"逆袭"这一网游中相对于"正面进攻"的奇袭行动,成为屌丝念兹在兹的"口头"专利,只因屌丝都是"无力改变现状而内心充满黑色幽默感的社会边缘人群",所以逆袭也只能在意念中过过嘴瘾。

《新周刊》一方面把这种自我矮化的屌丝精神"追溯"为阿Q的精神胜利法,另一方面也"清醒地"指出这种阿Q式的精神自慰与"中产阶层逐渐消失,上升渠道堵塞"有关。换句话说,都市白领、上班族只有在"上行通道受阻"的特殊日子里,才会想起文化记忆中的阿Q这一鲁迅笔下的庸众和贫苦农民。不过,确实与阿Q喜欢做梦相似,《新周刊》详述了屌丝的五大梦想:幻想从"穷忙族"逆袭为老板(工作),身居陋室幻想"女神"牵手(爱情),在沙县小吃、兰州拉面中幻想必胜客(吃饭),寄居在斗室幻想在虚拟世界中寻找认同(游戏),梦想环游世界(旅游)。可以说,这些涉及屌丝"衣食住行"的并不奢侈的梦想经常被描述为一种"中产阶层"式的日常生活景观,恰如广告中习以为常的剧情:年富力强的青年人创业成功、收获甜美爱情、拥有房子和孩子、开车带着家人一起去远方旅行或自己徒步攀登高峰以寻找人生的新高度等。这些对于2012年的"屌丝"来说,都变成了"黄粱一梦"。尽管如此,屌丝们并不想遭遇"梦醒时分",反而越来越"躲到网络构建的小世界里去玩"、沉迷于游戏中成为开疆扩土的英雄或富甲一方的金主,他们选择"退回到内部世界,自娱自乐,用各种方式治愈自己：装宅，装萌，装小清新，然后就是自甘堕落地装屌丝"。

如果说"装屌丝"是一种姿态和文化符号的标识，那么从《新周刊》所罗列的屌丝"日行录"中毫不掩饰地"暴露"了屌丝们实际的"身价"。在《屌丝一枚》一文中如此描述屌丝形状："他最常做的事是蹲着，蹲着吃泡面，蹲着想人生，蹲着打魔兽，蹲着抽阿诗玛，……懂养生的屌丝爱喝营养快线，有果汁，有牛奶，又有营养，最重要的是比任何果汁、牛奶都便宜；极客屌丝爱'水果 Phone'，上面有个橘子或是香蕉，又营养，又尖端；Fashion 屌丝爱立领衫，20 块钱一件的'Puma'正合适，既可竖着领子，又可翻着领子，打造多变造型。"而随后《高富帅留学地图》一文被凸显的则是海外留学生高额的学费和生活费。在这里，无需多言，这些用消费主义的符号"打肿脸充胖子"的屌丝最大的身份焦虑就是不愿意从华丽完美的中产梦中醒来，尽管在物质层面、在居住环境，"爬不上去"的蚁族与都市打工者处在相似的阶层位置上，只是相比没有话语权的新工人阶层，屌丝们还需要保有一份自轻自贱的文化/符号面具或说辞："在一个自己无论怎样努力也无法改动分毫的冷酷世界上，如何对自己遭受的一切创伤保持漠然的态度，并且转化为黑色笑话，这是每个屌丝的终极哲学思考。"在这一点上，屌丝确实与阿 Q 有着跨越近一个世纪的"心有灵犀"。

《新周刊》用一种金融危机背景下日本、美国等发达国家的中产阶层都在"下流社会"的全球视野指出，屌丝与其说是中国特色，不如说更是一种"屌丝全球化"。不过，伴随着中国经济起飞而浮现出来的中产梦从诞生到破灭仅仅十余年。仅以《新周刊》、《三联生活周刊》这些"密切"关注都市小资"安危"的杂志为例，不知不觉地勾画了一幅屌丝的"下行路线图"：新世纪之初是"小资"格调、"忽然中产"，2005 年前后是"超女快男"、"贱客来了"，2008 年前后是许三多精神、杜拉拉升职记、"穷忙族"，2010 年前后则是公民力量、蚁族、蜗居，到了 2012 年最终蜕变为"屌丝传"与"后宫有戏"。在这种从小资到"忽然屌丝"的如过山车般的游戏中，屌丝虽然依旧保持喋喋不休地调侃、无厘头和自嘲自贱的"本色"，但却现出了"原形"——少了些许洋洋得意的犬儒主义，多了几分苦涩的自怨自艾。

面对如此"囧"境的屌丝，《新周刊》并没有用广告语言讲述逆袭案例来鼓励"千万屌丝们站起来",反而降下身段挪用阿 Q 的精神胜利法以寻求一种"自我治疗",劝解屌丝用"付之一笑"的淡定来欣赏这分外"惨淡的人生",这份少有的"现实主义"态度说出了"'高帅富'永远是'高帅富','屌丝'终将是'屌丝'"的箴言或谶语。就在屌丝"大行其道"之时,一部热播电视剧《后宫·甄嬛传》再次精准地"刺痛"了时代的神经。选秀入宫的甄嬛被解读为女屌丝逆袭白富美的榜样(暂且不讨论出身名门的甄嬛们都是"官"女子,或许她们是白富美中的屌丝)。相比美国电影《饥饿游戏》毕竟在结尾处保留下一份爱情,后宫的"饥饿游戏"则使甄嬛彻底变成了冷酷无情的孤家寡人,一个深谙后宫规则的"腹黑女"。除了逆袭,真的就没有其他出路,或者选择了吗?

二、潘晓的"路"

2013 年初知名导演冯小刚批评屌丝这个词汇太粗俗,不明白人们为何大摇大摆地挂在嘴边,昔日《一点正经没有》(王朔小说)的顽主却对今日的屌丝如此"正经",这种争议不仅呈现出一种文化(年龄)上的"代沟",更是中国社会两次转型的结果。第一次转型是从 1980 年代的计划经济转向 1990 年代的市场经济,与之有关的社会主体从喋喋不休、洋洋得意的顽主转变为"一只特立独行的猪";第二次转型是从 1990 年代末期自由竞争的市场经济升级或固化为高度垄断的新体制,而社会主体也从新世纪之交充满文化怀旧格调的都市小资变成自轻自贱、自怨自艾的屌丝。这种从顽"主"到屌"丝"的变形记,正是 1980 年代以来中国社会与文化变迁的产物。

1980 年夏天,《中国青年》杂志刊登"潘晓来信"《人生的路呵,为什么越走越窄……》①,这篇编辑部集体策划的"读者来信"一经刊登就获得巨大反响。这封信讲述了经历"文革"的"我"从"无私"到"以自我为归宿"的思想蜕变,一方面醒悟到保尔、雷锋等共产主义战士所代表的"人活着是为了使别人生活得更美好"、"为了人民献出生命也在所不惜"的信仰都是"宣传的"、"虚构的"、"可笑的",另一方面认识到"人都是自私的,不可能有什么忘我高尚的人"、"任

---

① 《潘晓来信:人生的路呵,怎么越走越窄……》,《中国青年》1980 年第 5 期。

何人，不管是生存还是创造，都是主观为自我，客观为别人"才是可信的人生真谛。最后，信中写到"我"不愿意和工厂里的其他家庭妇女为伍，"我不甘心社会把我看成一个无足轻重的人，我要用我的作品来表明我的存在。我拼命地抓住这唯一的精神支柱，就像在要把我吞没的大海里死死抓住一叶小舟"。从这里可以看出，这封信的重点不在于控诉"文革"伤痕，而是在既有的社会制度下这种追求自我价值、渴望实现作家梦的"人生路"越走越窄。那些人生的拦路虎就是"组织"、工厂式的单位制等体制性力量，这也就是1980年代用个人成功来批判分配制、"铁饭碗"的禁锢与压抑，"体制外"成为一种实现自我认同的"自由"象征。

1990年代猝然加速的市场化进程，从两个方向上促进计划经济向市场经济的转型。一个方面是鼓励个人离开体制自主创业、在市场经济大潮中经历大风大浪，这就是邓小平南方谈话之后的"下海热"；另一个方面就是"重拳出击"打碎"铁饭碗"，强力推进原有的社会主义单位制解体，尤其是国有企业的破产重组。这种一边格式化、一边重装操作系统的社会改革建立在对两种制度安排的判断之上：1950—1970年代的单位制（包括各级政府机关、工矿企业、人民公社等）是以公有制为基础、相对平均分配的社会主义制度，其制度设计来自于对资本主义社会的贫富分化、分配不均、高失业率和缺乏保障等弊端的批判。在20世纪30年代西方发生经济危机、苏联迅速完成工业化的背景下，市场经济（资本主义）与计划经济（社会主义）成为两种不同的制度理念。"二战"后西方发达国家普遍采用凯恩斯式的福利国家制度，很大程度上也是为了回应1930年代大萧条和社会主义制度的挑战。不过，随着1970年代全球经济滞涨，这种强调平均分配、国家（政府）承担社会福利的做法被认为是一种增加财政赤字、效率低下、缺乏竞争的制度模式，正如中国1980年代把"铁饭碗"作为"吃大锅饭"、养懒人、人浮于事、使人守旧、不思进取的"落后"制度，而建立在原子化个人基础上的自由市场经济重新被认为是一种公平竞争、高度流动、个人自由的制度安排。在这个意义上，1980年代以来中国从农村（变成小农经济）到城市（从单位人变成雇佣关系的个人）的市场化改革与里根－撒切尔主导英美新自由主义转向同步发生。

如果说1980年代顽主们用戏仿、解构的方式嘲讽僵化、教条的革命话语，与之对应的社会主义旧体制尚未瓦解，那么1990年代，随着市场经济的确立，一种脱离旧体制成为"独立"、"自由"的主体成为可能，这就是同样在1990年代兴起的大众文化（一种都市商业文化形态）所塑造的具有"独立之精神，自由之思想"的知识分子群像，其中以顾准、陈寅恪、王小波最为知名。与1980年代把"文革"中遭受迫害的知识分子作为历经劫难、重新归来的文化英雄不同，1990年代转向重新发现的思想家顾准和与体制保持距离的国学大师陈寅恪作为"自由知识分子"的代表，而英年早逝的作家王小波也以离开体制、依靠稿费养活自己的"自由撰稿人"著称。很少有人真正关注这些不同领域的"专家"的"专业"，反而只瞩目于他们相对于旧体制的"独立"位置。与之相似，1990年代出现了一种把体制外艺术家（以电影、纪录片、当代艺术为主）命名为独立或"地下"艺术家的方式，当然，这种对于市场精神的呼唤也使得"民间（公民）社会"、"公共领域"成为1990年代反对计划经济体制的"希望的空间"。

这种体制外的自由话语不仅能够为自由市场提供合法性，更重要的是完成社会结构的"乾坤大挪移"。就在潘晓、王小波凭着"一叶小舟"荡漾在"自由市场"的海洋之时，还有另外两个群体也获得"自由"，一是几千万工人在"下岗冲击波"中从"生劳病死有依靠"的单位人变成"一无所有"的自由人，二是同样数千万之众的农民工从1980年代末期得以摆脱土地的束缚，"自由"地成为沿海制造业加工厂的廉价劳动力。正是在新世纪之交，中国社会完成了第一次阶层重组和分化，有文化，追求独立，渴望自由的小资、白领们与新富阶层一起走向体制外的成功之路，他们分别占据着文化、社会、经济的主流舞台，被想象为新的社会中坚和主体，而农民、农民工、下岗工人等"弱势群体"则从工农兵的人民主体被放逐到社会边缘和底层的位置上，他们成为社会救助和慈善的对象。1990年代的社会改革一方面使得中国沿海地区完成新一轮工业化，另一方面以"北上广"为代表的大都市开始了新的去工业化的进程，工业（产业）资本开始向金融（银行）资本转型、升级。

三、从英雄梦到"密室"想象

新世纪之交，中国凭着以外贸加工出口为导向的发展模式成为全球制造业中心,也使得中国(工人)生产、西方(中产阶层)消费的产业链格局形成。2001年加入WTO标志着中国已经与美国主导的全球经济秩序"接轨",而此时中国社会内部也完成了从计划经济向市场经济的转型。与1990年代新旧体制交错的双轨制不同,新世纪以来计划经济的旧制度已经消失、市场经济的新体制成为主导逻辑(包括文化领域在内也进行市场化的产业改革),1980年代以来社会转型的任务基本完成。那些1990年代所惯常使用的"国家与民间"、"体制内与体制外"、"地上与地下"等修辞方式也面临失效,在市场经济的一元格局中,内与外、上与下的空间区隔丧失了实质意义。这就使得新世纪以来的文化叙述不再讲述体制外的"自由"神话,而变成"同一个世界,同一个梦想",这种梦想就是潘晓的个人成功的人生梦,一种信马由缰、开疆扩土的个人主义英雄成为新世纪之初电视荧屏的主角。

2002年红色怀旧剧《激情燃烧的岁月》的热播让"泥腿子"将军成为新的英雄。这些"泥腿子"将军既是不按常理打仗的个人(男性)英雄,又是打鬼子的国家英雄。当然,这些胜利者也被想象为市场经济中赢家的代表。在新革命历史剧流行的同时,还有两种电视剧类型热播,一种是"帝王剧",从1990年代末期的《雍正王朝》(1997)到《康熙王朝》(2001)、《乾隆王朝》(2002),再到《汉武大帝》(2004),除了《雍正王朝》呈现了"当家难"的苦情皇帝,其他几位都是中国历史中开辟盛世的强势君王。第二种是"家族商战剧",如《大宅门》(2000)、《乔家大院》(2006)、《闯关东》(2008)等,这些从晚清到民国的商战历史剧,基本讲述了白手起家的商业奇才如何运筹帷幄、机关算计、成就家族产业的故事。从这里可以看出,不管是新革命历史剧还是帝王剧、家族剧,都呈现了一种励精图治、成就霸业的王者、强者和胜利者的故事,而且往往把这种个人主义的男性英雄传奇与民族国家的英雄叙述耦合起来,从而支撑起新世纪以来逐渐建构完成的中华民族伟大复兴和"大国崛起"的双重叙述。

这些"从奴隶到将军"的故事与19世纪的"美国梦"一样,是自由竞争时代"优胜劣汰、适者生存"的成功者。可是,这种草莽英雄的时代并没有持续多久,英雄梦很快转变为职场白领们的励志"春梦"。就像美国在从19世纪小私营企业主的时代向20世纪垄断资本主义的过渡,个人成功的美国梦也变成了"二战"后的中产梦。这种中产梦的体现就是 2005 年之后电视荧屏上开始流行职场励志剧,如《士兵突击》(2007)、《奋斗》(2007)、《我的团长我的团》(2009)、《杜拉拉升职记》(2010)等,甚至连同时期热播的谍战剧《暗算》(2006)、《潜伏》(2009)等也借用办公室政治的方式演绎"地下工作者"故事。比如《士兵突击》讲述农村娃许三多凭借着"不抛弃,不放弃"的理念在一次又一次的 PK 比赛中成为特种兵。军队及军事"体制"不再作为 1990 年代所批判的旧制度,而成为一种与外企等新体制相似的个人从菜鸟到达人的晋级空间。在这里,个人已经从"泥腿子"将军、光鲜亮丽的小资,变成了可能随时被碾死的蚂蚁(《士兵突击》原版小说把许三多比喻为一只坚守职责的兵蚁)或战争中的"炮灰"(《我的团长我的团》中的炮灰团),一种公平竞争的职场故事开始变成危机四伏的战场,如《暗算》第三部以及电影版《风声》中谍战故事变成了一种密室里的杀人游戏,这种"无处可逃"、不可掌控的宿命感本身是个人在日益残酷的市场经济环境中的隐喻。

其实,新世纪伊始,以华裔导演李安执导的《卧虎藏龙》(2001)和大陆导演张艺谋执导的《英雄》(2002)为代表的古装武侠大片基本在讲述同一个故事,就是如何从"江湖"走向或认同"宫廷"的故事。在武侠片的叙事惯例下,江湖往往是与朝廷激烈对抗的空间,新世纪以来这种二元对抗开始走向融合、妥协和认同。如果说《卧虎藏龙》尚且保存这种依稀可见的自由江湖世界的想象,那么从《英雄》开始,江湖情仇逐渐过渡到庙堂之上的权力斗争,直到《无极》(2005)、《夜宴》(2006)、《满城尽带黄金甲》(2006)等已经看不到"侠客"的武侠,只剩下无休止的对于王位、王权的争夺。仅以张艺谋的两部影片来说,《英雄》讲述了刺客们自我说服、"主动"放下屠刀、"由衷"认同于秦王的故事,李连杰扮演的刺客无名以自我阉割的方式理解了秦王征服"天下"的"和平"理念。而《满城尽带黄金甲》则用皇后以注定失败的反叛来印证"朕赐给你,才是你的,朕不给,你不能抢"的道理,周润发扮演的篡位者是秩序的化身、不可撼动,所谓"天圆地方"、"各居其位"、"规矩不能乱"。

这种从"泥腿子"将军的"英雄梦"到个人走向宫廷或囚禁在密闭空间的境遇,正好呈现了新世纪以来中国社会从自由竞争的迷梦向权力垄断与固化的转型。中国社会经历第二次阶层分化,昔日作为中产阶层后备军的小资、白领在国际化大都市的资本空间中成为"高学历、低收入、难发展"的"80后"、"90后"蚁族。这与1990年代末期开启的社会、经济领域的激进市场化改革密切相关,随着教育、医疗、房地产等行业的产业化改革,驾驶"一叶小舟"的蚁族们在缺乏社会保障的背景下变得"鸭梨山大",精神"自由"却无力承担物质现实的"暴风骤雨",就如电视剧《蜗居》(2009)中市长秘书对作为情人的白领"一语道破天机":"资本市场原本就不是小老百姓玩的。但老百姓又逃不出陪练的角色。只能慢慢努力吧!"于是,出现了"逃离北上广,回归体制内"的说法,这就是"屌丝的逆袭"的现实基础。

四、雷锋为何不需要逆袭

近些年,在流行文化中不断地讲述着关于狼与羊、狮子与羊的故事,如果羊被吃掉,人们不会责怪狼和狮子的残忍和残暴,反而会怪羊太懦弱、被吃掉是应该的,只有从羊也变成狼、变成狮子,才能在"优胜劣汰"的大自然食物链中生存下去。这种弱肉强食的食物链就是《狼图腾》、狼性精神的真谛所在,也是《星光大道》、《中国好声音》、《中国最强音》、《中国好歌曲》等选秀节目不厌其烦地讲述的草根实现"美国梦"的神话。搜狐视频《屌丝男士》第一季热映,在一个个如漫画般的情景片段中,屌丝男一会和"女神"谈恋爱,一会与大明星打篮球,过着宅男屌丝们"梦寐以求"的生活,这种"天外飞仙"般的白日梦恰好反衬出屌丝无能为力的现实窘迫。屌丝有一个伟大的梦想,这就是实现逆袭,而"逆袭"的题中之义在于"本应该是失败的行为,却最终获得了成功的结果"①。

屌丝之所以需要"逆袭"是因为无法"正面进攻",也就是说年轻人的上升空间变得越来越艰难,只好剑走偏锋、选择成功率更低的"逆袭"。其实值得追问的不是如何提升年轻人的成功几率,而是为何年轻人必须逆袭、必须往上爬才能有出路,否则就是失败者,这显然是"一将功成万骨枯"的成功者文化成为主流意识形态之后的产物。于是出现了两种有趣的文化想象,一种是"黑暗世界"的想象,曾经自由

---

① "逆袭", http://baike.baidu.com/subview/1132898/10810289.htm?fromId=1132898&from=rdtself。

竞争、实现自我价值的职场变成了流着黑色液体的"你死我活"的战场；第二是生活在黑暗世界里，只能以更加黑暗的方式来对抗黑暗，否则就会被淘汰出局、死无葬身之地。尽管逆袭的可能性很小，但除此之外屌丝也没有其他选择。换句话说，逆袭并不诉求于"拨云见日"，更不会挑战黑暗世界的游戏规则，反而是对既定游戏规则的高度内在化，这就是逆袭的悖论之处，正因为无法逆袭成功，所以才要逆袭。在这里，可以举雷锋的例子作为参照。

雷锋作为一个1960年代的共产主义战士，在此后的历史变迁中不断被改写和挪用，至今依然是主流文化试图重塑的英雄典范，人们更多地强调雷锋做好事、做志愿者的一面，而很少提到雷锋还有另外一个特点，这就是雷锋甘心做一颗螺丝钉。这种螺丝钉的想象本身建立在把社会看成一架自动化的机器，每个人就是这架偌大的社会机器运行之中的螺丝钉，这种个人与社会的比喻是现代社会、机械时代的典型想象，一方面可以引申出个人是社会机器中无差别的、永不停歇的零件，另一方面，每一颗螺丝钉又是不可或缺的部件，从这里也可以看出1950—1970年代充满了对现代社会、机械文明的浪漫化想象。作为一颗永不生锈的螺丝钉，有两个含义，一个就是雷锋所做的事情都是普通人可以实现和完成的，不像好莱坞电影中的超人、钢铁侠、美国队长等个人主义的超级英雄，雷锋不需要变身，不需要蒙上脸，更不需要穿上钢铁服，雷锋是一个人人都可以成为的平民英雄；另一个是雷锋即使是一颗普通的螺丝钉，也具有生命和生存的崇高价值，因此，雷锋没有逆袭的焦虑，也不需要参加PK比赛和饥饿游戏，普通人/螺丝钉也拥有不可替代的意义，这是与竞争者文化、优胜者文化不同的价值理念。在这个意义上，"学习雷锋好榜样"不仅是"做好事不留名"，还需要重新反思雷锋得以产生的社会文化制度。其实，逆袭并不能给屌丝带来真正的出路，只有拒绝逆袭的逻辑才有可能走出"黑暗世界"的雾霾。

第三节 "梦想"背后

就在屌丝逆袭大戏纷纷上演之际，2012年夏秋之际红透大江南北的电视栏目《中国好声音》演绎了现实版的逆袭之旅。这档浙江卫视花巨资购买海外版权倾力打造的电视节目,让湖南卫视的娱乐综艺之王《快乐大本营》和江苏卫视的婚恋经典节目《非诚勿扰》黯然失色。《中国好声音》再现了2005年《超级女声》的"盛况",从参赛学员、嘉宾导师到幕后制作、市场营销,都成为人们津津乐道的"微博"话题。这档节目的最大噱头——寻找无名歌者的"好声音"确实有杀伤力,不仅仅让观众大饱"耳"福,而且华丽的舞台、大牌嘉宾的给力表现、细致入微的多机位拍摄以及选手感人至深的"个人"音乐情感故事,都让炎炎夏日中的观众享受了一把"视觉冰淇淋"。好"听"又好"看"的《中国好声音》的成功带动各大卫视推出《我是歌手》、《最美和声》等歌唱类真人秀,针对这种扎堆播出同类型节目的现象,国家新闻出版广电总局"及时"发布调控措施,要求各大卫视对此类节目实施总量控制、分散播出("限歌令"),这有利于避免"恶性竞争"以及给观众带来审美疲劳。

一、"限娱令"的"正面"功效

2012年,随着广电总局的"限娱令"由民间"谣传"变成"一纸文件",成为各大媒体、网络、微博的热议话题。有趣的是,除了新华网发布"网友支持'限娱令'"之外,"限娱令,你被代表了么?"、"限娱令出手,观众最无辜"、"为什么在这个时候还搞计划经济的那一套呢"等质疑限娱令的声音成为某种"主流"民意,更有报道指出"限娱令"背后的政策倾斜,如"中央电视台三套不在'限娱令'范围内"、"'限娱令'限的不是娱乐节目的伤风败俗,限的是各地卫视的逐渐变强;打压卫视的收视率是重塑中央电视台'老大'地位的有效办法"。这些评论建立在对"娱乐=市场化=自由选择"和"限娱令=行政干预=媒体管控"的二元想象之上,而且在"中央电视台与地方卫视"的对比中,广电总局似乎"自然"会偏袒国家媒体。这种广电总局与中央电视台的一体化想象,有效地遮蔽了地方卫视与国家体制之间的藕断丝连,仿佛地方卫视就是"纯洁的"、不被国家权力染指的、市场化的"小姑娘",其实,后者不过是小号的中央电视台罢了。这种地方卫视与中央电视台的对抗,与其说是"自由/民间媒体"与"国家媒体"的对立,不如说更是央企(大资本)与地方国企(小资本)的区分。在1990年代以来文化体制改革的大背景下,媒体与权力的互相借重使得包括中央电视台在内的各大媒体赚得"盆满钵满"。

从这种主管部门的"宏观"调控与各大卫视的市场竞争可以看出中国电视媒体的制度基础,中国没有民营电视台,所有的电视台基本按照行政区划分布,能够上星播映的卫视台也有几百家,相比国外多有几家大型电视公司垄断经营的格局,中国电视媒体高度分散化。这两年来,随着文化体制改革和信息技术的推动,中国广播电视传媒行业处于重要的转型和重组时期,尤其是以市场化和数字化改革为标志,在体制上逐渐从事业单位转向集团化经营,以适应媒体产业化的市场需求,在技术上则从模拟技术升级为数字技术。2009年国家广电总局确定"整体制播分离、转企改制"的改革大方向,随后国家出台的《文化产业振兴规划》中也明确提出加快广播电视节目制播分离改革。上海广电、湖南广电在2009年和2010年开始重组和改制。然而,在2011年初举行的全国广播影视工作会议上,这种"制播分离、转企改制"的市场化方案遭到"搁浅",广电总局新闻发言人强调在电台、电视台改革中,"不允许搞跨地区整合,不允许搞整体上市,不允许搞频道率公司化、企业化经营",同时强调电台、电视台作为党的重要新闻媒体和宣传思想文化阵地,必须坚持事业体制,坚持喉舌和公益性质,坚持以宣传为中心,这种定位在"限娱令"的政策解释中再次被重申。而这种市场化方案的搁浅与其说是"改革方向回调",不如说更凸显中国广播电视产业的双重功能:一是要体现社会主义核心价值(强调宣传性和公益性),二是自负盈亏的市场经营功能,这也基本上体现出党的十七届六中全会把文化作为"推进社会主义核心价值体系建设"、"大力发展公益性文化事业"和"推动文化产业成为国民经济支柱性产业"的多重定位。

"限娱令"的出现,很大程度上针对电视节目"过度娱乐化、格调低俗、形态雷同"等不良倾向。近几年来,各大卫视纷纷瞄准那些获得高收视率的电视节目,往往同类型节目不断地被复制,如《快乐大本营》带动多个主持人的综艺节目、《超级女声》带来选秀热,《非诚勿扰》引来婚恋节目的热潮,而《星光大道》则带动"达人秀"满天飞。这吻合于市场经济从盲目生产到生产过剩再到利润率下降的基本规律,正如"意外"热播的电视剧总会产生跟风效应,直到观众出现审美疲劳。在"限娱令"出现之前,广电主管部门要求各电视台在每年

5—7月建党宣传期间更多地播出优秀的红色题材电视剧，延缓谍战剧、涉案剧和穿越剧的播出。对于广告代言、插播广告、电视直销也进行过多次限定，甚至在2005年，为了扶持国产动画片发展，禁止电视台在黄金时段播放国外动画片。"限娱令"更像经济领域的"宏观调控"，用"看得见的手"对"看不见的手"进行行政干预，某种程度上有利于电视媒体从收视率/市场的紧箍咒中解脱出来。

当然，"限娱令"不仅仅是为了使卫视节目更加多元化，还是为了让电视节目更能体现社会主义核心价值观。近两三年来，宣传、文化部门开展"反三俗"和"走转改"活动，试图让只盯着经济效益的电视媒体承担更多的社会功能。如"走基层"栏目更多地呈现那些在大众媒体中鲜有出现的基层群众，暂且不管"走基层"用边远、落后地区的群众在党和政府的帮助下过上好日子的"传奇"故事，来取代、遮蔽城市、发达地区的"主流"群体的现实生存（如逃离又逃回"北上广"的蚁族和"回不去，进不来"的新生代农民工），起码"老少边穷"地区、"基层"、"群众"、"普通人"可以在电视荧屏上露个脸，而不只是出现在法治案件、矿难、车祸等社会问题的节目中。恰如依然占据中国半壁江山之多的农民，除了在《新闻联播》、半个农业频道（中央电视台军事农业频道）、少量的农村题材电视剧中，还能从电视这一目前中国受众最广的媒体中（相比报纸、网络、手机来说）看到他们的身影吗？在这里，市场化的力量永远不会青睐那些没有消费潜力的群体，除非这些看不见的"前现代"空间在另一种逻辑中变成健康的、绿色的"有机食品"，即便如此，恐怕也没有谁愿意"多看他们一眼"。

二、"既懂娱乐，又懂政治"

如果把"限娱令"解读为政府对于媒体市场化生产的限制和干预，那么这种"娱乐"与"政治"的对立/对抗本身再次凸显了主流文化自身的内在裂隙。这种带有中国特色的宣传性（政治）与产业化（经济）的双重定位，可以说是1980年代以来主流意识形态陷入自我悖论和撕裂状态的产物。从1980年代以来就存在着一种意识形态叙述的"双轨制"，一方面是围绕着以经济建设为中心展开的鼓励个人奋斗、发家致富、勇于下海、开拓垦荒的浮士德精神（近几年来更多地体现在鼓励

"先富者"多做慈善和多献出大爱），另一方面就是以爱国、爱党为核心的维护执政党执政地位的主旋律（如发掘红色旅游和指定红色经典）。

相比 20 世纪八九十年代政府推动的主旋律往往不具有市场效应（如 1990 年代重大革命历史题材的电影需要下达红头文件来组织观看），无法获得在市场经济内部的主流消费群体（以都市小资、白领、中产为主）的认可，近几年来最大的变化在于，这种"双轨制"出现了"并轨"现象，主流消费群体与主流论述之间达成了某种共识。如新世纪以来最为重要的文化现象就是红色题材影视剧的热播，不仅有《激情燃烧的岁月》、《历史的天空》、《亮剑》等讲述"泥腿子"将军传奇经历的新革命历史剧，又有《暗算》、《潜伏》、《黎明之前》等讲述"无名英雄"坚持信仰的谍战剧。与政府投资扶持的主旋律不同，这些热播剧大多是民营公司根据市场需求投资拍摄的。从这些电视剧中可以看出英雄情怀、个人奋斗、国家认同、信仰忠贞等主流价值观或共识的形成，这种既讲述了主旋律故事又实现了市场价值的影视剧，可谓是"社会效益和经济效益相统一"。

这次关于"限娱令"的争议之一是限制或禁止港台艺人登上内地综艺节目，而有趣的事实在于，新世纪以来，随着中国内地经济的崛起，港台艺人凭借着在大众文化当中的超高人气，纷纷"北上"成为国家形象或主流文化的代言人，如刘德华、成龙很乐意演唱《我是中国人》、《国家》等主旋律歌曲，他们是"既懂娱乐，又懂政治"的模范生。当然，更为普遍的现象是，这些市场化的大众明星开始取代体制内的"人民艺术家"成为"唱响中国"的主力军。恰如 2009 年众多一线演艺明星不惜放弃酬劳参演重大革命历史题材电影《建国大业》，这与其说是"强制性"的政治动员的结果，不如说更是个人与国家认同的有机结合。更不用说，2008 年在奥运火炬海外传递受阻和汶川大地震的救灾时刻，青年人、中产阶层、先富者"自发地"呈现出来的献身和志愿精神。这种社会主义主流价值观与市场化的大众文化之间的冲突、错位并没有想象中的那么大。

其实，1990 年代以来电视媒体的双重角色（外在的政治要求与市场化的经济诉求）更多地呈现为一种有中国特色的"和谐"。凭借"体制"优势，电视台在市场经济的大潮中获利丰厚，仅从每年年底中央电视台广告招标会上不断被刷新的成交额就可以看出这种"垄断"媒体的市场价值,恰如2012年央视最为主旋律的《新闻联播》和《焦点访谈》依然是广告代言费最高的电视栏目,其次是江苏卫视的《非诚勿扰》和湖南卫视的《金鹰独播剧场》。如同国企经历过1990年代的转型"阵痛"已经变成优质资产(通过"抓大放小"放弃主要承担就业功能的中小国企、保留大国企,通过建立现代企业制度来实现企业化管理和用工制度,把劳动力密集的工程转包给农民工,免增加企业负担),电视传媒也早在1990年代中期就开始尝试市场化运营,如中央电视台《东方时空》栏目的出现主要依靠体制外人员来完成,"整体制播分离、转企改制"的改革正是建立在无论人员编制还是节目生产都已经充分市场化/公司化的基础上。从这里可以看出,"政治"与"市场"的关系是相互支撑、互为利益的共同体,而"限娱令"、禁播令等行政干预不过是两者之间微妙的分歧,并非实质性的矛盾。这种"行政资源"与"市场机制"的相结合正是阐释当下中国经济崛起的"中国模式"的基本特征,也是有中国特色社会主义的完美体现。

三、综艺电视节目搅动娱乐产业

从1990年代以来,中国电视节目的发展大致经历了四个阶段。

第一阶段是综艺晚会的时代。随着电视机走进千家万户以及1983年"春节联欢晚会"创造了电视晚会的表演形式,1990年代初期流行如《综艺大观》(1990,中央电视台)、《曲苑杂坛》(1991,中央电视台)等以歌舞、传统曲艺为特色的综艺节目,这类节目基本上是微型版的春节联欢晚会。此时的电视节目在强调表演性的同时也展现知识性,如当时有一档以海外旅行风光为主的电视节目《正大综艺》(由泰国正大集团冠名),用旅行者的目光呈现一个中国之外的奇妙世界。

第二阶段是综艺节目的发展时代。1990年代中后期,电视台升级为卫星频道,有线电视网络也随之普及,出现了《快乐大本营》(1997,湖南卫视)、《幸运52》(1999,中央电视台)、《开心辞典》(2000,中央电视台)等更加娱乐化、益智类的电视节目。

第三阶段是2004年以《超级女声》为代表的大众选秀节目的时代,这也是电视行业推行制播分离改革的产物。《超级女声》由上海天娱公司制作完成并在湖南卫视播出。2005年第二季《超级女声》引起轰动，这档真人选秀节目不只让观众体验到"拇指短信投票"的"全民狂欢"，更使得湖南卫视成为名副其实的"金芒果"。这种湖南卫视一枝独秀的格局直到2010年才被打破，这一年江苏卫视推出婚恋节目《非诚勿扰》、东方卫视推出《中国达人秀》，都获得市场认可，尤其是引进英国知名节目版权的《中国达人秀》，标志着中国电视节目发展的第四个阶段，即通过购买海外原版节目、用大投资制作电视节目的时代。随着各地广电事业单位逐渐转制为更加企业化的传媒集团以及越来越激烈的市场竞争，王牌电视节目已经成为各大卫视保证收视率和塑造品牌价值的撒手锏。

这些根据海外节目的"制作秘笈"倾心打造的电视栏目确实在舞台调度、拍摄机位以及后期剪辑上更加美轮美奂。2011年浙江卫视引进英国节目《就在今夜》，把其打造成平民圆梦节目《中国梦想秀》，同样取得市场成功。而真正让"洋节目"落地生根带来更大轰动效应的，是2012年灿星制作公司从荷兰购买版权和浙江卫视合作推出的《中国好声音》。这档节目邀请四位重量级的音乐导师，以发现真正的"好声音"为噱头，再加上华丽的舞台以及制造出有实力的歌手，很快成为最有人气的娱乐节目。《中国好声音》重新让音乐选秀节目焕发生机，而且给歌唱选秀类节目带来双重效应：第一，歌唱选秀类节目迅速"好声音"化。2013年以来其他卫视不甘示弱纷纷强档推出《我是歌手》（湖南卫视）、《中国梦之声》（东方卫视）、《中国最强音》（湖南卫视）、《我为歌狂》（安徽卫视）、《最美和声》（北京卫视）、《中国好歌曲》（中央电视台）等音乐类节目，就连四大导师的设置也被同类节目所效仿。第二，《中国好声音》的成功"落地"再次推动原版进口节目大量涌进中国。如2013年上半年江苏卫视和浙江卫视分别购买不同的节目版权，同时推出相似的明星跳水节目《星跳水立方》和《中国星跳跃》。

就在音乐选秀节目满天飞之时，湖南卫视再次剑走偏锋，购买韩国版权打造国内首部亲子户外真人秀节目《爸爸去哪儿》。这档节目选择五位从事演艺行业的星爸作为主角，让他们带着4～6岁的孩子在陌生的环境中展开两天一夜的亲子活动。其中，笨手笨脚的明星爸爸照顾孩子、萌态可掬的顽童不时冒出的童言无忌以及节目录制过程中随时出现的"意外"状况，都成为节目最大的看点。电影版也完全保留这种电视节目中轻松、搞怪、亲情的风格,成为国产电影中少有的合家欢电影,吸引着作为电影核心观影群体的都市白领观众的目光,也说明育儿、孩子已经成为展示中产阶层完美家庭生活的有机组成部分。从2014年春晚节目单中可以看出很多演员来自于各大选秀节目,这与其说是刚刚一夜成名的新明星"晋级"到更大的春晚舞台上,不如说是老骥伏枥的春晚急需这些人气新星赚取眼球。再加上衍生品《爸爸去哪儿》电影版所带来的产业奇观,可以说,日益火爆的综艺节目不仅成为娱乐产业中最具活力的艺术形式,而且还呈现着这个时代最重要的文化价值观。

四、梦想去哪儿

从《中国达人秀》、《中国梦想秀》到《中国好声音》,有一个重要的关键词反复出现,这就是"梦想",这些"圆梦人"或"追梦者"上演着一场又一场的竞技比赛、演绎着一波又一波的人生悲欢,他们或喜极而泣晋级或黯然神伤退场。借用《中国达人秀》的口号:"平凡人也可以成就大梦想,相信梦想,相信奇迹",如同一句咒语、魔法飘荡在台前幕后。人们不再谈论理想、信仰和成功,坚持梦想、实现梦想替代了一切。如果说电视机是一台哆啦A梦般的造梦机器,生产着普通人也能梦想成真的奇迹,那么,如今在屌丝、土豪"横行"的时代,这台造梦机又如何施展法术、不让梦想变成梦魇呢?

2010年东方卫视播出的《中国达人秀》推动真人秀节目由"超女快男"转向身怀绝技的"草根"达人,而其原版《英国达人》被中国观众所熟知,则是因为2009年4月成功"制造"出苏珊大妈的"奇迹",一个体态发胖、衣着寒酸的小镇大妈却拥有"天籁"一样的声音,于是,在"全球"观众的见证之下,一只"丑小鸭"瞬间变成了"白天鹅"。《中国达人秀》也秉承这样的宗旨,把电视荧屏变成"见证奇迹的时刻",断臂钢琴师、菜花甜妈等草根达人纷纷登场,"相信梦想,相信奇迹"也随之成为当下电视节目竭力营造的"文化氛围"。2011年播出的《中国梦想秀》同样是让"身残志坚"的残障人士或拥有超级才艺的普通人"圆梦"的节目。即使《一站到底》等游戏益智类节目也让人们在冲关、厮杀、PK中分享"一人成功,十人落地"的奇迹,而诸多婚恋节目也变成了男人与女人之间的"选拔赛",如《非诚勿扰》中参与闯关游戏的是男生,掌握生杀大权(亮灯、灭灯)的则是 24 位佳丽。

在《中国好声音》"盲选"阶段,除了一个又一个"好声音"登场之外,最具有戏剧效果的就是嘉宾对选手的"争夺战",四位决定学员能否留在台上的导师,不只是要说出竞技者歌唱方面的优劣,还要时不时地鼓励他们坚持自己的音乐梦想。尽管节目组非常精心地给每一位参赛者"编排"了不同的个人故事,并凸显不同的"个性"及音乐风格,但这些学员如同一个模具雕刻出来的工艺品一样,怀着"同一个梦想",这就是一种个人成功的励志梦、奋斗梦。栏目的"悬念"在于,导师能否如上帝般做出合情合理的判决。从参赛者踏着红地毯走进摄影棚始,到比赛结束、回归亲友的怀抱终,这种成功者将留在聚光灯下、失败者只能黯然离去的"竞技场"非常恰当地言说着这个时代的生存规则。而在"淘汰赛"中,舞台被"适时"地布置成了"拳击场",选手"随机"挑选对手,最揪心的瞬间就是导师含泪宣布谁将留下的时刻(往往会被插播广告所打断,而产生"最后一分钟"营救的效果),因为竞技游戏的规则就是必须有一个赢家。可以说,这些被进口节目所强化的"梦想总会从天而降"、"奇迹总会发生"以及"成者为王、败者为寇"的竞技逻辑,无疑成为自由竞争、适者生存的现代职场的翻版,只是看似命运掌握在自己手中,其实却是在"既定游戏规则"下的"赢家"。在这里,每个参赛者都是一个原子化的个体,这种个体来自于父母之家或者夫妇之家,其"人生"的主体段落就是参加一次又一次的竞技与过关的比赛,这多么像一个压缩版的人生与社会的寓言。

在这种个人与社会的隐喻中,被凸显的是孤零零的个体如何通过自己的音乐才能从已然成功的导师那里获得认可,能够被说出的只是个人及家庭的创伤与困难,而支撑个人与小家庭存在的历史和社会背景都"化为乌有",这使得《中国好声音》的舞台充满了童话般的"魔力",其最大的"魔法"就是让丑小鸭变成白天鹅、让灰姑娘穿上水晶鞋。现场及电视机前的观众一次又一次地"目睹"这一"见证奇迹的时刻",从而不会追问为何每一个人生活在当下的人们都必须经历这种"舞台机制"的遴选。不管是学校里的学生,还是企业中的员工,甚或机关里的公务员,都需要经历不同等级、不同种类的业绩考核,只是在现实生活中，看得见的导师转化为一套看似中立客观的量化指标。更为重要的是，在这种个体与魔幻舞台的对立中，个人成为社会的中心，每个参与者彼此分隔，他们既不是"扶老携幼"的伙伴，也非"同甘共苦"的合伙人，而是相互比拼、搏杀的竞争者，正如好莱坞大片《饥饿游戏》所呈现的"不是你死，就是我亡"的丛林法则①。个人处在一种去社会化的状态中，唯一可以提供心灵慰藉的就是家庭。这种竞技式的选拔机制、个人成功的价值观以及对家庭伦理的强调，正是20世纪七八十年代以来经济自由化所需要的文化规范。在这个意义上，与其说《中国好声音》、《中国达人秀》、《中国梦想秀》等节目成功地营造了个人成功的白日梦，不如说如此直接地再现了个人在社会舞台中的真实境遇。

屌丝的逆袭已经变成一种传奇，能够参与饥饿游戏依然是一份人生的幸运。逆袭故事与其说向人们展示了一种成功的希望，不如说更加暴露了成功的偶然性和奇幻色彩，曾经的勤劳致富、公平竞争变成了一种赌博游戏和赌徒心态。2013年岁末导演冯小刚拍摄贺岁喜剧《私人订制》，沿用《顽主》（1988）"替人排忧、替人解难、替人受过"和《甲方乙方》（1997）"好梦一日游"的模式，继续替人圆梦。新的"私人订制"公司帮助人们完成的梦想不再是戏仿革命者或者扮演过去的角色，而是实现一种阶层身份的互换。三个段落分别让司机体验领导、让商业大导演跌落底层变成贫困艺术家、让清洁女工做"一日"亿万富婆。每一种身份穿越表面上看起来是对阶层位置的僭越，实际上却维系了原有阶层的区隔，司机和清洁工在"梦醒"之后都体会到当领导（权力）和富婆（资本）的不容易，反而更加安于本职工作，如果说大众文化讲述梦想成真的故事是一种白日梦，那么告诉人们"梦想不过是梦想"也会起到白日梦的效果。而大导演与棉花匠的"换血"并没有变成真正的底层人，只不过摇身一变为行为艺术家。成功人士"换血"就像吃了补品或特殊营养品一样，增添了"不俗"的噱头，相反，底层人要想实现人生的逆袭，唯有换上成功者的"血液"，也就是

---

① 《饥饿游戏》是2012年上映的根据同名小说改编的美国电影，讲述未来世界每个选区每年必须向统治者进贡两个选手参加真人选秀节目《饥饿游戏》，将一群人放置在一个人造荒岛中而只有一个人能够幸存下来的故事。

说，逆袭不仅没有打破成功者的"血统论"，反而为这种封建贵族式的等级想象提供了合法性。

2014年初北京卫视借《私人订制》热映顺势推出同名电视节目，这档真人秀不仅把电影变成了"现实"，而且延续了电影反白日梦的精神。第一期是给北漂保安"圆"总经理的"梦"，小伙子的人生偶像是香港富商李嘉诚。"梦想订制团"让他在一个高档美发店做三天总经理，经过亲身体验，北漂发现自己根本不具备总经理的素质，最终了悟到总经理不是他这种人能够当的，白日梦彻底变成了黄粱一梦。与电影版相似，梦想的破碎并没有动摇梦本身的合法性，反而让做梦者更加认同于屌丝的身份。这种屌丝与土豪的区隔已经在荧屏上变成泾渭分明的双重空间，相比北漂保安"化身"为总经理"闯进"不属于他的空间所显示出的无助和孱弱（尤其是在摄影机及成功者组成的梦想团的"训斥"下），第六期节目的主题是安排富豪爸爸与叛逆儿子穿越到四川汶川羌族村寨，通过田间劳作等农家乐体验来缓解父子之间的隔阂。面对辍学的同龄人以及无钱看病的妈妈，富二代最终找到了亲情的温暖，并与富爸爸相拥而泣，这些朴素善良的村民不过是治愈父子感情的前现代异域他者。

这种富裕（城市）与贫困（乡村）的对立不再是文明与愚昧的对抗，而是一种自我与他者的空间区隔，同样的叙事策略出现在户外亲子节目《爸爸去哪儿》中。这档节目既呈现了明星父子、父女背后的"凡人"生活，又让这些习惯现代化大都市的星爸萌娃遭遇城市之外的乡村空间，如第一季12期节目的户外场景分别是北京郊区农村、宁夏沙漠、云南少数民族地区、山东胶东海岛、湖南寺庙、黑龙江雪乡等，这些非城市的差异空间非常准确地表达了一种以城市为中心关于乡村的自然化想象。这些"从天而降"的"闯入者"在走进乡村与大自然和谐共处的同时，并没有心情了解、触摸这些差异化存在，也无法真正走进这些"同一个世界"里的他者空间。这就是当下电视真人秀所竭力讲述的双重故事，一方面把野心勃勃的屌丝打回原形、毫无怨言，另一方面让土豪有恃无恐、无所畏惧，这恐怕才是我们这个时代最无知无畏的无意识流露。

如果说这些竞技类电视节目讲述了一种个人在社会竞争场中奋斗的故事，那么还有一些公益救助类节目把"魔幻舞台"的目标由"个人梦"升华为一种"他者梦",也就是通过参与者的智力过关或技能比拼来赚取帮助弱势群体的公益基金,如 2013 年中央电视台推出《为你而战》、《舞出我人生》等节目。这些节目的微妙之处在于这种"我"作为帮助者的主体位置和"你"作为被救助者的客体位置并没有缩小"我和你"的差距,反而依然是一种《舞出"我"人生》才能《为"你"而战》的悲喜剧。从这里可以看出,这种过于单一化的个人成功梦恰好成为这些电视节目最主要的文化想象,值得反思的不是让更多的人通过"魔幻舞台"实现个人梦想,而是我们能否创造新的更具包容性、互助性的人生大舞台。也许在这个社会结构越来越固化、现实生活越难遭遇奇迹的时代里(正如人人都可以买彩票,幸运儿却只有一个),这些寂寂无名的音乐青年更渴望也更相信幸运之星的降临。谁是游戏者,谁是被游戏者,谁又是这场游戏的幸运儿,是每一个电视机前的观众需要认真思考的问题,因为一旦关掉电视走出家门,下一个上场的恐怕就是我们自己。

第四节　甄嬛启示录与职场腹黑化

2012 年上半年有一部电视剧《后宫·甄嬛传》异常火爆,这部剧改编自时下网络文学中最为流行的类型"宫斗文"(指以宫斗为题材的网络小说),作为后宫职场剧的代表之作,比前些年畅销的白领职场教科书《杜拉拉升职记》更加血雨腥风,也比 1990 年代末期带来文化轰动效应的电视剧《雍正王朝》更惊心动魄。值得思量的不是甄嬛们的成与败,而是偌大的后宫中井然有序地上演着阴谋、算计、党同伐异和赶尽杀绝,历史就如同这部长达 86 集的电视剧和百万字的网络小说般悠长和周而复始。为何"宫斗文"会成为当下网络文学生产的主要类型之一,为何涉世未深的"80 后"、"90 后"由独生子女、"温室里的花朵"变身为压在五行山下永难翻身的"屌丝"之后,会如此深刻而世故地体认出丛林法则的严酷与不可撼动?甄嬛们真的别无选择、没有其他出路吗?

一、甄嬛的逆袭

《后宫·甄嬛传》改编自"80后"网络女作家流潋紫的同名小说，这部小说自 2006 年在某知名文学网站连载后，受到网民热捧，被誉为"后宫小说的巅峰之作"。这部小说创作之时，后宫故事已经开始成为继奇幻文学（如最有名的"九州"系列）、盗墓小说（如"鬼吹灯"系列）之后最有读者群的叙事模式。这些后宫题材的网络文学深受 2004 年香港电视剧《金枝欲孽》的影响，这部后宫争宠的大戏让包括流潋紫在内的网络女作家找到了一种把白领/女性职场故事放置到后宫空间中来演义的方式，《后宫·甄嬛传》在 2007 年第一次出版时也被指认为是《金枝欲孽》的小说版。如果联系 2010 年播出的《宫心计》、《美人心计》等后宫剧，以及 2011 年播出的《武则天秘史》、《唐宫美人天下》等重新把武则天讲述为武媚娘宫斗/奋斗的故事，可以说，2011 年是后宫题材从网络文学的"小圈子"蔓延到大众荧屏的标志之年，"宫斗"已然成为当下人们尤其是年轻人想象历史和言说现实处境的最佳隐喻。

从白领丽人的办公室政治到暗流涌动、杀机四伏的后宫，实现这种空间转换的方式就是"穿越"，或者借用网络文学的术语"架空"。如《宫心计》、《步步惊心》就直接让现代女子"穿越"到康熙朝九子夺嫡的"现场"，并让阿哥们都爱上这位深谙后宫谋略的佳人。当下与历史可以无间地被"架空"，而充满现代意识的小女子无需挣扎，很快就对后宫世界的游戏规则了如指掌，就像一场身临其境、角色扮演的网络游戏。对于这些穿着古装的现代人来说，古代与现代没有本质差别，这种去历史化的想象方式建立在对 20 世纪中国现当代历史的"穿越"/"架空"之上。在这些成长于八九十年代的青年人看来，百年中国"风云激荡"的历史仿佛终结于 1980 年代，历史在从当下"穿越"到古代的过程中被扁平化，从而在这种空洞的历史影片中上演格外剧烈的"宫斗"（政治权术）的大戏。

对于甄环来说，权力的价值就是一场永无休止的宫廷斗争，保护自己的最好方式就是致竞争者及潜在的竞争者于死地。这种尔虞我诈、钩心斗角的行为背后依然是个人主义逻辑，不管是甄嬛、华妃、安陵容，还是皇后、皇太后，都是为了维护个人及家族的"实际"利益。为了获得皇帝宠幸,每个妃子用尽伎俩、算计和厚黑学,爱情神话、姐妹情谊和善良纯真等作为大众文化"心灵鸡汤"的超越性价值荡然无存,在这里,没有正义与邪恶,只有高明和愚蠢,不管是胜利者,还是失败者,本质上都是一样的人。正如每一位打入冷宫的妃子都有一把辛酸泪,都曾经受尽屈辱,或者说每个人都被甄嬛化,就连皇帝也得经历皇子的"死亡游戏"(弑父或手足相残)。所以说,即便是成功者、胜利者,也并不意味着拥有正义或高尚的理由,只不过是比失败者更蛇蝎、更恶毒、更阴险,这与其说是人伦纲常的后宫,不如说更是赤裸裸的丛林法则。

《后宫·甄嬛传》看起来是一个杜拉拉式的白领职场故事,只是相比杜拉拉的得与失,甄嬛所经历的却是如履薄冰的生死之战。在皇帝的后宫世界中,实行的却是一种科层化的管理,妃子分为官人、常在、答应、贵人、嫔妃等不同的级别,在这一点上,看似公正严明的现代科层制度被想象为尊卑有别、纲常有序的封建关系。在甄嬛从"常在"到"皇太后"的晋级之路中,不仅多次被置之死地而后生,而且练就了五毒不侵、心狠手辣的铁石心肠,其"成功"的代价则是从仪态万方的大家闺秀(相信可以遇到"真命天子"和"姐妹情谊"),蜕变为了后宫深闺中的孤家寡人(毒死"真爱"和曾经的姐妹)。对于这种"蜕变",读者和观众更多的是艳羡和叹服,而不是惋惜和同情。如果说1980年代作为历史的人质和牺牲品的个人笼罩着一种自由与解放的梦幻,那么在"深似海"的后宫中个人所能做出的选择只能是"臣服"和顺从。在甄嬛看来,没有后宫之外的世界,不管是后宫,还是发配到寺庙修行,后宫式的"赢家通吃,输家皆失"的秩序永存,除了再次回到后宫继续"战斗",别无他途。伴随着新皇帝即位、甄嬛成为皇太后,这与其说是历史的终结,不如说是新一轮后宫大戏的开幕。

不过,甄嬛的逆袭之路呈现出两个有趣的症候。第一,与《新周刊》中苦哈哈的屌丝男不同,当下热播的不仅是宫斗戏,更是后宫戏。在从宫廷(如电视剧《雍正王朝》,电影《英雄》、《夜宴》、《满城尽带黄金甲》等)到后宫的空间转换中,皇帝、皇子、男性的故事变成了皇后、妃子、女性的故事。这种性别修辞策略从职场宝典《杜拉拉升职记》中已然开始,就是无法讲述男性的成功话语,逆袭的主体变成了一个弱女子,于是,"蛇蝎+美女+权谋"成为新的权力故事。第二，与甄嬛同时入宫的还有两个好姐妹，分别是世家闺秀眉庄和出身低微的县令之女安陵容，三姐妹在宫中遭遇不同的命运。如果说眉庄率先得到皇帝宠幸并率先被抛弃而出局，那么安陵容则变成为达目的不惜出卖姐妹的坏女人。尽管甄嬛与安陵容毫无二致（都是腹黑女），却判若两人，甄嬛被陷害时是楚楚动人，而安陵容遭难则是罪有应得，在这个意义上，安陵容想逆袭也不会有好下场。无独有偶，2012年上半年热播的青春剧《北京爱情故事》中，农家子弟石小猛的逆袭之旅就被书写为向魔鬼出卖灵魂的邪恶之途，而富家子弟落难之后的逆袭则成为迷途知返的羔羊。原来逆袭也是分等级的，挪用假洋鬼子对阿Q的话说，"想逆袭，你也配？"

二、职场故事的腹黑化

如果把《后宫·甄嬛传》放置在新世纪以来影视剧的背景中可以看出，从2001—2005年热播的"泥腿子"将军的故事（以《激情燃烧的岁月》、《历史的天空》、《亮剑》为代表的新革命历史剧）到2006—2010年"无名英雄"的故事（以《暗算》、《潜伏》、《悬崖》为代表的谍战剧），一种不按规矩出牌的草莽英雄变成了拥有信仰、坚守职责的职场白领的故事，而后宫剧则再次由职场故事升级为小心翼翼、步步为营的宫斗故事。尽管都是讲述胜利者的励志/逆袭神话，但是从男人英雄到腹黑女的角色转换中已然呈现了，一种白手起家、个人奋斗、创造"帝国"的成功故事变成了只能在既定规则、既定格局、既定秩序下成为既定的赢家的故事。从这种企业家式的强者到战战兢兢地职场白领的"降落"的现象中也可以看出，1990年中后期以来中国社会从自由竞争的迷梦走向权力垄断与固化的深刻转型，从"不抛弃、不放弃"的许三多到甄嬛，一种个人奋斗的职场理念变成了必须放弃真爱、放弃友情的腹黑女，这是一种"世事洞明"，或许也是一种绝望后的悲凉。不过，《后宫·甄嬛传》的意义正在于让自由竞争、实现自我价值的职场彻底腹黑化，2012年上半年热播的青春剧《北京爱情故事》、年中播出的职场剧《浮沉》以及年末播映的《北京青年》就是例证。

《北京爱情故事》讲述三个大学同窗毕业后在北京"奋斗"的故事，其主创团队（尤其是主要演员）来自于2007年轰动一时的军事励志剧《士兵突击》。如果说在彼时许三多式的"又傻又天真"的农村娃可以在相对公平的升级比赛中一步步成长为兵中之王"特种兵",那么此时农家子弟石小猛大学毕业之后面对北京这个欲望之都,却"清醒地"知道无论自己如何努力、奋斗都不可能与同窗好友"高富帅"站在同一个起跑线上,甚至连入场的机会都没有,只能和屌丝一样成为打酱油的看客。幸好,富二代程峰喜欢这个穷小子的女朋友(一个来自偏远村寨的纯洁而善良的价值客体),在石小猛把女友按照"公平交易"的原则"出卖"给富家公子之后,他获得了"入场"、参与竞争的"原始资本"。就在穷小子一步步变成唯利是图、一心往上爬的小人之时,"纨绔子弟"则通过爱情波折、父辈企业的失败在"逆袭"中找回成长的感觉。"笑到最后"的富二代不仅"赢者通吃"(收获爱情、兄弟情义并成为家族企业掌门人),而且把凤凰男/屌丝打回原形。不过,重要的是《北京爱情故事》中的国际化大都市北京已经变成了与狼共舞的资本战场(剧中的成功人士都是具有狼性精神的资本操盘手),在这个看不见的"资本"角斗场中穷小子石小猛再也找不到奋斗、励志和升职的空间,除非他也变成后宫中甄嬛般的腹黑女。与这种腹黑北京的描述相似,在另一部电视剧《浮沉》中,繁华耀眼的上海外滩也变成了职场菜鸟眼中流淌着黑色液体的尔虞我诈之都。

《浮沉》一开始就是在大雪纷飞之夜,刚刚经历分手的沪漂乔莉一个人茫然地流浪在"夜上海"的街头。作为外省青年,乔莉深知只有成功者才能在这个"势利"的城市中活下去,即使上海男朋友处在"失业"状态,乔莉这个外企总裁助理也会遭遇上海婆婆的白眼。于是,乔莉下决心要做一名销售员,靠自己的努力和业绩来赢得未来,她信誓旦旦地对闺蜜瑞贝卡说:"我要做销售,就是我要挣钱,从明天起,大家可以笑我拜金。我要演一个我想演的自己。"可是,菜鸟销售员乔莉很快发现自己喜欢的、一见钟情的上司陆帆一次又一次地利用自己,甚至不惜牺牲自己来实现公司或个人的利益,自己不过是陆帆职场前进的炮灰、棋子和马前卒。而生存在日本企业中的车雅尼也一次又一次地发现上司土井对自己的爱不过是为了实现销售业绩的工具,这让乔莉深深地感受到,所谓的"业绩"都是依靠一系列见不得人的交易组成的,人与人的关系不是信任与真诚,而是利用与被利用、收买与被收买。这恐怕是近些年流行的职场小说(如《输赢》、《圈子圈套》、《浮沉》等)、官场小说(如《侯卫东官场笔记》、《二号首长》等)的

"真知灼见"。

这种曾经被作为公平竞争、个人奋斗的白领职场规划，充满了明争暗斗和肮脏交易。不管职位多高，每一个参与游戏中人，都深谙并默认其间的游戏规则，正如一向高高在上、信心满满的日企高管土井在遭遇失败之后只能选择自杀，因为在这个"永不言败"的游戏中只允许少数成功者"幸存"。不论是以土井为代表的崇尚赤裸裸的狼性竞争的日本企业精神，还是崇尚快乐工作、享受生活的美国企业精神，都没有本质区别，差异仅在于，对于何乘风、陆帆等高管来说，选择离职之后有可能利用积累的"资源"创业成功（从外企、国企的间隙分得一杯羹），而对于乔莉、瑞贝卡等底层白领来说，离职就意味着在冷漠的大都市中流浪街头。显然，这与其说是光鲜夺目的自由奋斗的"人上人"的生活（从1990年代中期到2005年前后，外企白领一直是离开体制、公平竞争的理想人生），不如说更是甄嬛式的"超级黑"的后宫世界。从《杜拉拉升职记》、《士兵突击》的清新、向上和奋斗到《后宫·甄嬛传》、《浮沉》的职场"腹黑化"，成为近四五年来中国社会转型的最佳隐喻。

当然，对于乔莉、瑞贝卡等菜鸟级别的白领来说，除了只能被自己的上司"玩弄"于股掌之外，还必须承担一份生活上的"窘迫"，这就是国企厂长王贵林在送乔莉回上海的"蜗居"之家时所看到的这些"穿得像上层阶级，住得很劳动人民"的反差。这也恰好正是滕华涛团队拍摄的《蜗居》、《裸婚时代》所呈现的房子对于都市中产阶层来说绝不仅仅是一个居住空间，而是把中产、白领打回蚁族、屌丝原形的"照妖镜"，因为"挣钱的速度永远赶不上房价的速度"。于是，在金融危机的背景下，都市白领出现了"逃离北上广，回归体制内"的选择。"悲催"的是，刚刚返乡的白领们惊讶地发现已经"封建化"的中小城市更没有自己的"立锥之地"，而不得不再次"返回北上广"，正如《浮沉》中被外企解雇、选择"挤进"晶通国企的大学毕业生陈疆，在改制前的晶通厂依然得不到重用，被本地权贵所排挤。虽然"北上广"的"自由市场竞争"已然后宫化，但总比连"宫斗"都参与不了的"中小城市/体制内"要强一些。尽管剧中的陈疆更为幸运，改制后的晶通公司竟然引进了外企的"先进"管理经验，让有才能的、有技术的大学毕业生"物尽其用"（那些无法跟上技术更新的老工人恐怕只能提前退休），可是问题在于，这些"先进"经验是不是也会再次"进化"为甄嬛的后宫呢？

《浮沉》中乔莉并非没有"背着重重的壳，努力往上爬"的梦想，只是当她遭遇一次又一次的挫败、发现"梦想永远无法照进现实"的时候，"另外"的选择和风景出现了。恰如职场金领陆帆（高富帅）苦口婆心地试图"说服"乔莉不要怀疑或者即使怀疑也要"忍着"的时候，乔莉的"闪回"中那个憨厚的、父亲般的大叔王贵林浮现了。因为与其钩心斗角、口是心非地吃一顿法国大餐，不如吃一碗踏实、温馨、热气腾腾的家常面。王贵林对于工厂的感情深深打动了乔莉，这种认同感和责任感也反衬出何乘风、陆帆、土井所"效忠"的外企职场/丛林法则的冷漠、残酷和种族歧视。乔莉陪王贵林在夜幕中看着远方影影绰绰的晶通电子厂，感受到了一种活生生的"人"和活着/生存的价值。借助王贵林对外企的"奚落"，乔莉体认到上海职场的黑暗和"被洗脑"的白领们的可怜。不过，国企的华丽转身与其说是一种"人情味"或人性化管理的回归——王贵林的晶通厂依然保留社会主义文化的痕迹（如王贵林与看门老头平起平坐，与员工一起在食堂吃饭，而不像外企式科层的等级森严，尽管王贵林是绝对的掌门人），不如说也是一种国企资本化的盛宴，"7亿元"资金让王贵林/晶通厂成为外企眼中的大肥肉。晶通厂在经历1980年代的辉煌之后就"一步"跨过了20多年的历史空白来到了2012年、一个"金融危机"背景下国企成为"香饽饽"的时代。其实，与《蜗居》中"二奶致富"的海藻对市长秘书宋思明的"迷恋"相似，《浮沉》中乔莉对王贵林的"真爱"，也正是在"屌丝无法奋斗成功"的语境下"审时度势"地选择了对权贵/官僚资本的"无悔的爱"。

三、"回不去"的时代

相比乔莉不再迷恋于高楼林立的上海外滩而选择邋里邋遢的离婚大叔，《北京青年》中拥有公务员、医生、海归和富二代身份的兄弟四人要一起离开北京"重走一回青春"，尽管这部剧与之前的《奋斗》、《我的青春谁做主》有着相似的主题："找回自我"、"我的青春我做主"，但是这种主动逃离稳定的体制内生活的举动本身也具有新的意义。离开体制的大哥何东做过餐厅服务员、海鲜市场管理员、快递工和劳工市场的小包工头等体力劳动者，这些很少在"奋斗"、"创业"的场景中出现的都市打工者以这种方式与曾经衣食无忧的中产阶层"耦合"在一起，他们实实在在地过了一把"装屌丝"的瘾。不过，这些都市打工者的底层工作不仅没有取得成功（打工者恐怕更没有屌丝所期待的"逆袭"之途），而且也没让他们找回青春，最终他们在云南森林探险中遭遇生死考验之后才真正"长大成人"。尽管这种开着吉普车到异地搞生存体验的自驾游略显奢侈，但这些"80后"并没有回归原来的人生轨迹，富二代何北不再追求开酒吧的梦想，何南也暂时放下创业的梦想，他们一起帮助何北之父打理陷入破产边缘的玻璃加工厂，正是这种逃离使得他们可以"看见"玻璃厂中讨薪的工人等之前看不见的风景。

回到《浮沉》，乔莉对"地方国企"的温情而浪漫想象，忽略了国企作为一种国家资本主义的身份，也无法真正体认"华丽"转身后的国企正是建立在对工人阶级/劳动者的脱钩之上，在这一点上，外企对于一线白领的"压迫"与国企对于劳动者的放弃都遵循着资本利益最大化的逻辑。如果说对于晶通改制的浪漫化处理不过是为了抚慰白领受伤的心灵，那么这种对于王贵林一定要保护晶通、让晶通获得"新生"的信念，在2012年的中国依然具有"正能量"。在《蜗居》中海藻询问/质问宋思明为何老百姓买不起房子时，宋思明不得不赤裸裸地说出"资本市场原本就不是小老百姓玩的。但老百姓又逃不出陪练的角色"的话，宋思明之所以能够"信誓旦旦"、"毫不掩饰"地说出"真理"，是因为他认为"原本在光鲜亮丽的背后，就是褴褛衣衫"，这种"繁华下的沉重"是必然的，于是，宋思明说出了最后的"撒手锏"："这是一种趋势，我们回不去的"。所谓"回不去的"时代，就是"生活在过去的清一色土布灰蓝，每个人收入都16块8毛的日子"。而对于《浮沉》、《北京青年》中的职场白领来说，虽然回归国企、"重走青春"并不一定意味着是另外的选择和出路，但是让他们再"回到"那种后宫化的职场，同样也是一种"回不去的"时代。在这个意义上，能否想象新的出路和未来变得如此真切。

再回到《后宫·甄嬛传》，甄环的幸福不仅仅是她有着相对显赫的出身、被选入宫的"姿色"以及讨得皇帝欢心的"机智"，其"得意"之处还在于她被废赶出宫外之后依然可以绝地反击、重获皇帝的宠幸，并玩弄雍正于股掌，最终贵为皇太后。不管甄环变得多么坏，她仍旧支撑着这个时代小资产阶级、白领或屌丝最大的"梦幻"。也许可以换一种思路，值得追问的不是屌丝如何逆袭，而是为何只有"逆袭"、只有在"聚光灯下"才意味着一种幸福和成功，做一个不会创造"奇迹"的普通人就只能意味着一种人生的失败呢？在这个意义上，要紧的不是给年轻人创造更多的机会参与"逆袭"和宫斗，而是重新思考生命的价值、人生的意义这些最为基本和朴素的问题。

第五节　"小时代"在哪里

2013年下半年随着《小时代2青木时代》的落幕，这场郭敬明的电影首秀华丽结束，两部成本不足5000万元的电影获得超过8亿元的票房，再次印证了郭小四的市场魔力，以至于同期上映的多部青春片毫不留情地遭遇《小时代》的排片挤压。不过，《小时代》的市场冲击波却是在一片骂声中"逆光飞翔"。第一部刚上映之时就受到专业影评人、剧作家对电影品质的怀疑和主流媒体对影片拜金主义价值观的批评，这些批评不能说完全没有道理。这部作品从小说到电影都存在着故事线索单一、人物形象漫画化等弱点，这也多少吻合于商业化文学写作的惯例（以简单、明了、直接见长），只是这些批评依然无法解释《小时代》为何会具有如此大的吸引力，尤其是对于"80后"、"90后"等青年主流消费人群来说，他们一方面对浮华的国际化大都市生活毫无保留地"一往情深"，另一方面又越来越真切地感受到光鲜亮丽背后的"鸭梨山大"，而《小时代》的魅力正好在于同时满足了这样两种看似对立的情感体验，在这个意义上，《小时代》一点都不"小"。

一、"小时代"的命名方式

"小时代"既是一种对当下的命名，又是一种对时代的感受。与"小时代"相参照的就是"大时代"。什么是"大时代"呢？远的不说，20世纪就是一个充满了"大时代"的世纪。从晚清到五四、到抗战、到新中国成立、到大跃进、到"文革"，再到改革开放，这些都是一个又一个的"大时代"，生活在"大时代的儿女们"为了民族、国家、人类的事业前仆后继、不畏艰险，"大时代"的人们有一种被时代裹挟、推动时代发展的"主体感",这种主体意识既是"把我们的血肉,筑成我们新的长城"的民族危亡的召唤(1930—1940年代),也是"为有牺牲多壮志,敢教日月换新天"的建设社会主义祖国的豪迈(1950—1970年代),抑或"美妙的春光属于谁?属于我,属于你,属于我们1980年代的新一辈"的理想与乐观(1980年代)。也只有在"大时代",个人(小我)才能以"我们"的名义获得一种"与时代同呼吸,共命运"的超能量,才能牢牢把握住时代的脉搏。可是,"大时代"还没有等到"再过20年我们重相会"就已然消失,"我们"进入了郭敬明所描述的"小时代",一个"冷战"终结、全球化风卷残云的时代。

相比之下,"小时代"无法讲述民族、国家、革命、救亡等"宏大叙事",生活在"小时代"的"我们"更难以把握时代的脉搏"与时俱进",因为"我们躺在自己小小的被窝里,我们微茫得几乎什么都不是","我们"只是"小时代"中"最最渺小微茫的一个部分",这种"微茫"感正好反衬出一个异常"庞大的时代"。在小说《小时代》第一页第一章第一段是这样论述的:"翻开最新一期的《人物与时代》,封面的选题是《上海与香港,谁是未来的经济中心》——是的,北京早就被甩出去八条街的距离了,更不用提经济疯狂衰败的台北。香港依然维持着暂时优雅的领先,但在身后追赶的,是一头核能动力般的机器巨兽,它的燃料是人们的灵魂,它的名字叫上海。"在这里,"小时代"被转化为一个空间的故事、一座城市的寓言。

在香港、台北、北京等超级城市所组成的大中华地形图中,上海成为了"一头核能动力般的机器巨兽","这是一个以光速往前发展的城市。旋转的物欲和蓬勃的生机,把城市变成地下迷宫般错综复杂",这显然联系着1990年代初邓小平南方谈话之后上海取代1980年代的深圳特区成为改革开放"旗舰店"的历史。这种无法用文字描述的"光速"在电影片头被淋漓尽致地呈现为快速剪辑和航拍镜头中的东方明珠塔、金茂大厦、上海环球金融中心等高耸入云、气势磅礴的摩天大楼,不再是1990年代上海怀旧潮中风情万种的外滩万国建筑群——一处老上海、上海滩的租界遗迹,而是熠熠生辉的浦东陆家嘴成为了"机器巨兽"的象征——一个新世纪以来拔地而起的世界金融中心,恰如两部电影推出片名的方式就是把"小时代"的巨大字体也像高楼大厦般镶嵌在陆家嘴的万千楼宇之间。

只是这个"飞快旋转的城市"也有另外的一面,"这是一个匕首般锋利的冷漠时代。人们的心脏被挖出一个又一个洞,然后再被埋进滴答滴答的炸弹。财富迅速地两极分化,活生生把人的灵魂撕成了两半"。也就是说,《小时代》具有光的速度和匕首般锋利的双重面孔,这些俊男靓女们不仅幸运地降临在一个上海经济高速增长、中国快速崛起的"小时代",也不幸地承受着这个时代所带来的波涛汹涌般的无边黑暗。正如上下两部《小时代》分别讲述了几位大学生恋爱、友谊的小清新和姐妹背叛、商战沉浮的腹黑故事。聪明的郭敬明没有把《小时代》书写为你情我爱、大吵大闹的琼瑶剧,而是让这些无忧无虑、手无缚鸡之力的青年们在"机器巨兽"的黑暗帝国里成为主人翁。

二、"占领"陆家嘴

1980年代以来,上海不仅仅是一座城市,还是一处历史记忆与欲望重建的性感尤物。1980年热映的香港电视剧《上海滩》把老上海、民国上海书写为正邪交织、爱恨情仇的江湖,这些上海黑帮、军阀、妓女、爱国青年的乱世情怀被讲述为"大时代"的风云儿女,他们在时代的大风大浪中踏浪而歌或随波逐流,直到李安的间谍片《色戒》(2006)依然在讲述"大时代"的儿女私情。1980年代中后期随着张爱玲的"重现"以及香港文化人念兹在兹的"双城记",旧上海又华丽转身为摩登(现代)、风韵、带有小资格调的夜上海,这是一个抹除了1950—1970年代革命(工业)上海记忆之后回眸与怀旧中的老上海,使得1990年代经济高歌猛进中的上海找回了昔日的长恨之歌和风花雪月(1996年王安忆出版长篇小说《长恨歌》、1998年女作家陈丹燕出版《上海的风花雪月》)。如果说1930年代的老上海、六七十年代的香港成为新上海的"前世",那么新世纪之交女作家卫慧则把这种"从十里洋场时期就沿袭下来的优越感"转化为"今生"的上海宝贝。

在这波"声势浩大"的"上海热"中,浮现出来的是晚清歌妓、民国月份牌美女和上海女宝贝,而这些上海往事的书写者则是归来的张爱玲、知青作家王安忆、儿童作家陈丹燕和美女作家卫慧等女性,正如《长恨歌》以"上海小姐"王琦瑶作为贯穿历史的主角和见证人。与这些女性的身影相伴随的是,1990年代的上海已经从1950—1970年代布满工厂的新中国工业之都变成一个石库门、咖啡馆、购物时尚广场的国际化消费之都。与这种后工业的国际大都市同时发生的是中国从20世纪八九十年代以来走向对外贸易出口的外向型经济模式。这种女性的身体既作为一种穿行于新旧上海历史的主体，又作为一处全球化时代文化消费和物恋的对象。郭敬明的《小时代》同样以四姐妹作为主角，打破了上海怀旧中所内在预设的被看的渴望。在《小时代》中，无需向历史索要记忆，也无需谄媚于西方的目光（就像《上海宝贝》中性无能的中国男人和超前性能力的德国男人），上演的则是中国人及中国企业家第二代接班人之间的资本搏杀，这成为新世纪以来上海（中国）崛起的表征。

电影《小时代2》的宣传语是"黑暗无边，与你并肩"。这种"黑暗世界"体现为好姐妹之间友情与爱情的背叛以及企业收购中的钩心斗角，正如电影中意外丧父的顾里开始从衣食无忧的富家女变成在资本市场中经营家族企业的腹黑女，与此同时遭遇闺蜜、男友的众叛亲离，这头"机器巨兽"变成了"一个浑身长满水泥钢筋和玻璃碎片的庞大怪物"。这种"黑暗世界"的想象本身已经成为近些年青春叙事的关键词，尤其是改编自宫斗类网络小说的后宫剧，把这种尔虞我诈、阴谋权术的"美人心计"演绎得风生水起，后宫不再是女性遭受囚禁和压榨的牺牲之地，而是"你死我活"的"饥饿游戏"。这种弱女子与宫斗化的空间成为白领职场、办公室政治的隐喻，《杜拉拉升职记》（小说出版于2007年）以及电视剧《奋斗》（2007）中的励志故事开始演变为电视剧《北京爱情故事》（2012）中狼性竞争的战场以及《浮沉》（2012）里流着黑色液体的夜上海。在这里，一种1990年代以来作为自由平等、公平竞争想象的外企、民企职场逐渐被明争暗斗和肮脏交易所取代。

在这些封闭的后宫以及腹黑化的国际化大都市（北京、上海等）的书写中，没有提供超然于世外的空间，其甚至成为现代女性"穿越"的理想之地，每个人都像螺丝钉一样"自愿或被动"签订"饥饿游戏"的契约。既然被选入宫或者进入黑暗的"小时代"，那么接下来的任务不是要"出淤泥而不染"，不是与黑暗王国相对抗，抑或在内心挣扎中与魔鬼相妥协，更不是逃离这个黑暗之地，而是以其人之道还治其人之身，以更大的黑暗对抗黑暗，正如《后宫·甄嬛传》中甄嬛从一个不谙世事的答应（妃子的低级封号）变成了"超级黑"的皇太后。《小时代》也是如此，在上海弄堂女孩林萧眼中，顾里、宫洺都是"那些金字塔顶端的有钱人"、"他们的双脚远离世俗的灰尘，他们是活在云端的命运宠儿"、"他们占据着上海最美的地段，最美好的光线，享受众人羡慕的目光"，这些青春稚嫩的脸庞是这个时代的主人。虽然"我们微茫得几乎什么都不是"，但"我们"要像大人们一样"占领"陆家嘴。就像剧中那个略显自恋的时尚杂志公司 M.E 被作为"小时代"里璀璨夺目的皇宫，宫洺则是光彩照人的青春帝王。《小时代》把陆家嘴变成了这些年轻人的主题公园，这些地标建筑如同情景剧的背景，"我们"一会儿在金茂大厦、一会儿在环球金融中心、一会儿在看见东方明珠塔的楼顶喝咖啡，这就是他们"占领"黑暗的方式。

三、从"蚂蚁"到"小小的星辰"

尽管《小时代》中光鲜亮丽的年轻人在当下的《繁花》①之地上海如履平地、一马平川，可是这并没有带给他们一种成功者的主体感，因为"我们活在浩瀚的宇宙里，漫天飘浮的宇宙尘埃和星河的光尘，我们是比那些还要渺小的存在"。也就是说，《小时代》之"小"并不是世界和时代变"小"了，而是生活在这个时代的人们变成了"无边黑暗里的小小星辰"，所以，电影《小时代1》结尾处小说家周崇光的即兴演讲是如此励志，又是如此绝望："你并不知道生活在什么时候就突然改变方向，陷入墨水一般浓稠的黑暗里去。你被失望拖进深远，你被疾病拉进坟墓，你被挫折践踏得体无完肤，你被嘲笑，被讽刺，被讨厌，被怨恨，被放弃。但是我们却总是在内心里保留着希望，保留着不甘心放弃的跳动的心。我们依然在大大的绝望里小小地努力着。"

这种"微茫"之感正是在 2008 年前后中国崛起的呼声达到高潮之时出现的一种新的文化表述和身份认同。其中，最常使用的比喻是"蚂蚁"。在 2007 年热播剧《士兵突击》的原版小说开头一句话就是"一只蚂蚁攒行于它这一系侦察蚁用腹腺分泌物标志的蚁路上，这东西对它的重要就如铁柜对火车头的重要"，许三多就是那只蚁群中坚守职责的、随时可能被碾死的兵蚁。2009 年出现了一部大学毕业生在大都

---

① 金宇澄：《繁花》，上海文艺出版社2013年版。

市生存困窘的社会学调查报告用"蚁族"来命名这些"高智、弱小、聚居"的群体。无独有偶，2012年的古装大剧《铜雀台》的片头段落也使用了一只沿着历史的黑洞向前爬行的蚂蚁形象，就在即将抵达光明洞口，一只无名的"大脚印"又把银幕变成了黑暗，这只电脑动画制造出来的蚂蚁隐喻那些被绑架到墓穴中训练为刺客的孩子，个体成为刺杀曹操这一从《英雄》以来宫廷斗争的历史大戏中无法选择的人质。

与微弱的蚂蚁同时期还出现了"炮灰"、"粉末"的修辞方式。2009年《士兵突击》的导演康洪雷执导了军事剧《我的团长我的团》，讲述一批中国远征军的散兵游勇组成的炮灰团重新寻找生命价值的故事，不再是许三多式的特种兵，而是这些被战争遗弃的灰心丧气的炮灰成为历史的主角。在2010年获得票房与口碑双丰收的历史武打片《十月围城》中，这些为保卫孙中山而牺牲的车夫、和尚、纨绔子弟等义士，演绎了一出"欲求文明之幸福，不得不经文明之痛苦，而这痛苦，就叫做革命"的悲歌，而这些寂寂无名的牺牲者就是结尾曲李宇春所演唱的《粉末》。这首主题曲把这部电影解读为一段"蛮不讲理的小孩"成熟起来的故事，"什么大爱/什么时代/我弄不明白"、"只要为你活过/我就不是粉末"。影片中每一个义士死去之时，都用定格和打上生卒年月的方式实现一种墓志铭的效果，使得这些历史的"粉末"获得影像转瞬即逝的铭刻。

在《小时代》电影拍摄手记中，郭敬明把这种"渺小的存在"作为一代人的成长体验，"我们这一代人，活在一个孤独而又庞大的时代，从出生起，我们没有兄弟姐妹，我们仿佛一个孤零零的调频，在巨大的宇宙里呐喊着"。这与其说是"独生子女"政策所造成的孤独感，不如说是在强调个人主义的市场化改革中，体制、社会、组织的解体使得每一个孤零零的个人需要独自面对市场经济的浩瀚宇宙，"温室里的花朵"背负着越来越多的"社会"负担。从这里可以看出，在1980年代，个人、个人主义曾经作为历史控诉和思想解放的主体，许多文艺作品里用天空中一行人形的大雁或者茫茫雪地里巨大的人型图案来反思革命的伤痕，1990年代"一只特立独行的猪"（王小波语）成为市场经济时代"独立"、"自由"的象征，而新世纪以来这些"大写的人"却变成了微不足道的蚂蚁、炮灰和粉末。当然，2012年这些蚂蚁们又有了新的命名身份"屌丝"，以及最新的后宫片《宫锁沉香》中闭锁在深宫"小时代"里的"笼中雀"。

　　总之,《小时代》既呈现了以陆家嘴所象征的金融资本的魔力,如历史的"黑洞"摧枯拉朽般把无数的人吸引过来,又呈现了生活在"小时代"的人们处在一种无力、无助、"飞蛾扑火"的绝望之中,以至于"躺在自己小小的被窝里"成为临时的庇护所,这就是充满"肥皂般五彩斑斓的白日梦想"和"把人的灵魂撕成了两半"的《小时代》。也许在"在大大的绝望里小小地努力着"的"我们"也该想一想《小时代》之外的世界和生活了,除了走进那扇闭锁的宫门,就真的没有其他选择吗? 只有走出"小时代",才能寻找更广阔的天地。

　　2014年7月,郭敬明的《小时代3:刺金时代》与韩寒的"公路片"《后会无期》同时登陆暑期档。两个纵横文学市场十余年的"80后"作家又掀起电影市场的波澜。相比张艺谋、冯小刚等"老"一代明星导演,郭敬明、韩寒显得无所畏惧,因为一种新的电影文化、电影市场已然形成,这就是通过2011年《失恋33天》、2012年《泰囧》以及2013年《北京遇上西雅图》、《致我们终将逝去的青春》等影片的票房奇观所验证的,20岁上下的都市青年人绝对成为影院消费的生力军。在这个意义上,电影与文学共享同一个消费对象,这也是近些年网络游戏、网络文学与影视剧等文化娱乐产业密切互动和业界整合的重要前提。"郭韩"联袂挺进电影圈的意义还不仅仅是推高国产电影的票房,而且是他们两个看似南辕北辙又赤裸裸的文化表达应和了当下时代最主流的世界观和价值观。与郭敬明的商业成功相比,韩寒显得有些另类和叛逆,但是他们都表现出了青春的无因反叛,并且这种反叛与消费主义时代的基本逻辑并不冲突,他们均是这个"刺金时代"的形象代言人。《小时代3:刺金时代》和《后会无期》分别代表着当下年轻人对于理想生活的双重想象,一个是衣食无忧、生下来就生活在"云端"的有钱人,一个是说走就走、开着新型Polo轿车的旅行者,两幅"美丽新世界"的图画对于走进影院的屌丝观众来说都具有白日梦的效果。

结语　穿越后工业的文化"雾霾"

2013年以来，不仅华北、长三角地区时常笼罩在一片浓重的雾霾之中，而且中部、西部地区也遭受"霾伏"。雾霾天早已不再是"新闻"，而成为城市居民需要忍受的又一常见城市病之一。尽管从专家调查和新闻报道中，雾霾的形成有着多重因素，但雾霾的"正面"效应已显现，就是享受着现代化生活的"城里人"越来越意识到环保的重要性。不过，人们不愿意追问，为何21世纪的国际化大都市会漂浮着19世纪大工业时代的雾霾？为何去工业化的城市空间会遭遇工业污染的侵袭？固然汽车尾气、冬季燃煤、气候原因等也是加速雾霾形成的导火索，但工业尤其是重化工业污染才是真正的罪魁祸首。雾霾的出现也从反面印证着中国工业化水平的提升，至少达到了19世纪工业之都"雾都伦敦"的状态。如果把雾霾来袭看成是来自工业社会的消息，那么对于生活在后工业社会的人们来说雾霾真正意味着什么呢？

一、两个中国，两个世界

2013年岁末好莱坞科幻大片《地心引力》在中国上映，这部电影不仅在摄影棚中模拟了太空失重、漂浮、行走等逼真幻境，而且非常敏感地把中国天宫号飞船作为美国女宇航员脱离险境返回地球的诺亚方舟。无独有偶，就在美国宇航员踏上地面的那一刻，中国玉兔号发射升空开始登月之旅。与2009年灾难大片《2012》中把中国书写为制造业基地略微不同，中国不仅是世界加工厂，也是与美国比肩的高科技工业大国。相比之下，在另外一些好莱坞电影如《环形使者》（2012）、《007：大破天幕危机》（2012）中代表中国的则是流光溢彩、熠熠生辉的新上海，一个如曼哈顿一般摩天大楼林立的浦东陆家嘴。在近些年好莱坞关于中国崛起的想象中存在着两个中国，一个是承担着从低级到高端制造业的工业中国，一个是去工业化的后工业大都市，这样两个彼此平行的中国也是1990年代以来社会发展的产物。

1990年代邓小平南方谈话之后所开启的市场化进程，改变了1980年代通过社会主义计划经济体制内部调整发展现代化的路径，比如1980年代在农村地区鼓励发展服务地方经济的乡镇企业，农民打工可以"离土不离乡"，城市则进行承包制、奖金制等增强企业活力的管理方式改革。1990年代以来，一方面，中国沿海地区迅速走向以对外出口加工为主的制造业之路，这导致内地农民工外出打工的大潮，也形成新的沿海工业带；另一方面，中国大中城市则开始从工业城市向后工业城市转型，这既伴随着1950—1970年代形成的国有大中型企业在"抓大放小"的改革中大部分破产重组，又导致1990年代末期城市开始发展以房地产、金融产业、文化产业等服务业为主的第三产业。正是这样两种再工业化和去工业化的双重进程，使得新世纪之交中国成为世界加工厂的同时，也出现以"北上广"为代表的国际化大都市。如果说前一个过程产生了近代以来中国最大规模的工人群体——农民工、新工人，那么后一个过程则产生了消费主义时代的理想主体——中产阶层，前者是工业时代的生产者，后者则是后工业时代的消费者。作为社会弱势群体的农民工和作为和谐社会主体的新中产虽然是同时产生的，但却处在彼此不可见、不相交的平行空间里。

这样两种工业化与后工业化并存的社会形态，与其说是1990年代中国现代化的特殊路径，不如说是复制了"二战"后西方发达国家的现代化经验。战后，在苏联等社会主义阵营的压力以及1930年代经济大萧条的阴影下，以美欧为代表的发达国家普遍实行福利国家制度，随着欧洲、日本经济从战争的废墟中复兴，发达国家出现了向第三世界国家（主要是东亚地区）转移低端制造业的现象，这种全球工业产业的再分工使得第一世界从工业社会"进步"到后工业社会，也被称为消费主义社会、晚期资本主义。19世纪的蓝领工人、无产阶级从发达国家的社会景观中日渐消失，蓝领白领化、中产阶层作为一种新的社会主体逐渐登上后工业社会的舞台中心。而那些工业产业的转移之地则借此"千载难逢"的机会迅速完成了工业化，这是亚洲"四小龙"在20世纪六七十年代经济崛起的大背景。就在亚洲"四小龙"工业产能过剩之时，1990年代的中国全盘接过了全球制造业的接力棒，在此过程之中，亚洲"四小龙"向后工业社会转型，直到1997年亚洲金融风暴，丧失了实体经济的后工业之痛才凸显出来。10年后，全球金融危机爆发，以金融产业为核心的虚拟经济遭遇挫败之后，实体经济、制造业的意义再次显影。

2009年美国《时代周刊》评选"中国工人"为年度人物，2013年中央电视台年度经济人物"中国技工群体"获特别奖。2012年在戛纳电影节上有两部中国中央电视台制作的纪录片放映，一部是讲述中国饮食文化的《舌尖上的中国》，一部是讲述近些年中国高端科技工程的《超级工程》。前者在国内放映之后引起了热烈反响，还掀起人们对家乡美食、传统文化的重新认识，后者则没有引起任何反响，尽管"港珠澳大桥"、"上海中心大厦"、"北京地铁网络"等代表着工业中国的最高水平。这种反应正好吻合于后工业社会的文化逻辑，对于前现代绿色美食的欲望要比冷冰冰的机械工程更能打动消费者的心灵。续《超级工程》之后，2013年11月中央电视台再度推出讲述中国重装备制造业的纪录片《大国重器》，只是这种零星浮现的工业中国的面孔在后工业的文化雾霾中很难被看到和理解。

二、后工业时代的工业废墟

1927年初德国表现主义电影大师弗里茨·朗的科幻片（默片）《大都会》首映，这部当时的大制作讲述了2026年未来人类社会的场景，社会被区分为两个空间，一个是地上的阳光明媚、鳞次栉比的大都会（来自导演对纽约的印象），另一个是生活在地下的工人及机器人支撑着大都会的日常运转。这样两重社会空间的想象并非对后工业社会的描述，而是对19世纪资产阶级与无产阶级分裂的两极化社会的再现。这些顺从的、默默无闻的机器人既是一种科技高度发达、机器取代人力的象征，又是对工业时代无差别的产业工人的隐喻，其英文词Robot本身有奴役、苦役的意思。可以说，以机器人为原型的科幻作品一方面呈现了人类生活在"大都会"的未来景观，另一方面又继承了资本主义两极分化的社会关系。2008年《机器人瓦力》就是如此，逃离地球的人类生活在一尘不染的、景观消费的后工业空间，而地球则是被抛弃的堆满垃圾的工业废墟。

结语 穿越后工业的文化"雾霾"

从《大都市》到《机器人瓦力》，19世纪的"同一个社会，两重空间"的工业社会形态已经演化为20世纪的"同一个地球，两个世界"的后工业社会。这种"二战"后出现的新资本主义形态，随着20世纪八九十年代之交"冷战"的终结以及中国的改革开放而真正实现了"全球化"。对于欧美日等发达国家来说，高污染、高耗能的工业社会是一个逝去的昨日世界，金融产业、绿色经济、高新技术、文化创意等第三产业才是后工业社会发展的正途。后工业时代的秘密在于，消费者取代生产者成为社会的主体，这使得作为资本主义生产、消费循环的生产者与消费者的同一性出现了新的断裂。后工业社会的消费者只负责消费，而另外一部分地区的廉价劳动力只负责生产，过度消费拉动过度生产、过度生产又推动过度消费。

新世纪以来，中国也出现了一种典型的后工业故事，就是对于工业时代的哀伤叙述。如《铁西区》（2003）、《钢的琴》（2011）等影像作品讲述工厂空间的消逝以及工人阶级消亡的故事，人们在通过影像记录、回望东北老工业基地剧烈转型的那段历史之时，也不自觉地认同于这种工人阶级必然逝去的挽歌。甚或在电视剧《大工匠》（2007）中把1950—1970年代描述为工业版的"激情燃烧的岁月"，这虽然是一群能工巧匠的感天动地的故事，但毕竟是已经过去的历史。这些都让后工业时代的消费者误以为工业生产真的成为历史、工人真的退出了历史舞台。从这种带有怀旧的感伤中无法看到1990年代中国重新工业化的历史，后工业时代最大的幻想，就是这种以消费为核心价值观遮蔽了生产者的世界，生产者并没有消失，只是转移到别处了。

如果说后工业社会是发达国家的某种真切的现实体验，那么对于中国来说，这种后工业式的文化表述则充当着一种文化雾霾和屏障的功能，使得中国再工业化的历史变得不可见、不可感知，就连承接全球制造业的新工人也变成了后工业社会的隐身人。更为荒诞的是，这种对于生产者身份的剥夺，使得后工业空间的消费者自身作为非物质生产者的身份也被遗忘了，直到他们真的无力消费之时，才意识到自己作为知识生产劳工的"底层"位置。近年来，已经有多部电影讲述后工业社会与工业社会之间的冲突或战争的故事。

三、平行世界的"战争"

2013年初有一部法国、加拿大联合制作的科幻片《逆世界》讲述两个世界的故事,一个是繁华富丽的上层空间,一个是肮脏贫困的下层空间,这是两个彼此平行、相向而立的世界,连接两个世界的是一处叫通天塔的跨国公司。影片采取浪漫爱情的模式,来自下层的屌丝男爱上了上层的白富美,结局当然也是成功逆袭的大团圆,这符合于商业电影充当白日梦的功能。2013年下半年还有一部叫《极乐空间》的好莱坞科幻片,是执导《第九区》的导演尼尔·布洛姆坎普拍摄的第二部电影。在这部大量使用手提摄影的科幻片中,依然讲述了两重世界的故事。在未来世界,地球变成了人口过剩、垃圾成堆的贫民窟,而富人们则逃离地球在外太空建立了一个"极乐空间"。这是一个阳光明媚、绿树婆娑、高度发达的世界,生活在地球上的人们无不向往那样一个遥不可及的天堂。一个工厂工人马克发起了"偷渡"极乐空间的逆袭之旅,最后马克以格式化极乐空间操作系统的方式,让地球人也享受到极乐空间的恩泽。这确实很像全球化时代发达国家所面临的非法移民的问题,值得关注的不在于好莱坞个人主义英雄再一次拯救了世界,而是世界被想象为富裕和贫穷的两极世界,一个19世纪的人类图景再度重现。

与这样两部西方人拍摄的科幻片不同,还有两部亚洲电影用现实题材的方式也处理了相似的议题,一部是2013年韩国暑期上映的讲述恐怖袭击的电影《恐怖直播》,一部是2012年在印度上映的以纳萨尔派游击队为原型的影片《无法避免的战争》。《恐怖直播》同样采用手提摄影营造紧张气氛,场景基本上就是一间狭小的演播室。工作失意、与妻子离婚的男主播尹荣华意外地与汉江大桥爆炸案的恐怖分子电话连线,于是,一场对恐怖分子的现场直播成为最引人关注的媒体事件。就像《第九区》中人类管理员在身体变异中理解了被囚禁的外星人的悲惨境遇,这个以为拿到独家新闻即将升职的主持人尹荣华,在与扬言要继续制造爆炸案的恐怖分子周旋的过程中,逐渐从不顾民众死活的总统、飞扬跋扈的警察局局长、只关心收视率的媒体上司的世界中清醒过来,最终认同于这个替作为工地工人的父亲索要总统道歉的恐怖分子的立场。这同样是两个世界的故事,对于30年生计没有改善的工人来说,想引起媒体、公众以及政府的关注,除了极端的恐怖袭击别无他途,而尹荣华的绝望在于，即便如此，也没有人真的把恐怖分子的"要挟"当回事。

如果说《恐怖直播》呈现了以中产阶层为主体的发达社会依然存在着无法忽视的弱势群体找回尊严的问题，那么《无法避免的战争》则讲述了印度这个最大的民主国家和新兴经济体内部存在的反政府游击队的故事。影片以警察安插在游击队里的卧底卡比尔从为警察卖命到认同于游击队理念为线索，正面阐释了为何游击队与警察之间的战争"无法避免"。这部影片很像好莱坞科幻巨片《阿凡达》中美国士兵杰克倒戈纳威人打败武装到牙齿的人类开发商的故事，只是《阿凡达》中美轮美奂的潘多拉星球是一种对原始部落、前现代文明的浪漫想象，而《无法避免的战争》中的"潘多拉"则是贫穷、不断遭受政府和大企业剥夺的、人活不下去的地方。影片也反思了政府与企业联手推动的工业化项目及其发展主义逻辑，不仅无法改善当地村民的生活，反而使他们变成失地农民，这恐怕是发展中国家经常面临的发展困境。

这样四部影片虽然风格各异，题材类型也不同，但它们都讲述了平行世界的故事。在全球化的时代，这样两种泾渭分明的世界不仅存在于第一世界和第三世界之间，而且在民族国家内部也同样存在，就像《无法避免的战争》一样，以政府、企业、警察所代表的城市文明和以暴力、贫穷、落后所代表的乡村世界是第三世界普遍存在的问题。这样两重空间的出现与 20 世纪下半叶全球产业分工有着密切关系，正如《极乐空间》、《逆世界》、《恐怖直播》中所呈现的以中产阶层为主体的既绿色又环保的上层世界，而这些承接工业化产能的第三世界则变成污染严重的代工工厂，工人成为下层世界的代表。如果说上层世界是消费的、物质丰裕的世界，那么下层则是生产性的、被忽视的空间。尽管两个平行的世界借助通天塔来沟通，但是两个世界中的人们彼此之间却充满了偏见和怨怼，就像《恐怖直播》中，没有谁会认真对待一个工厂工人的威胁，没有谁真正关心大桥上人质的安危，包括电视主播在内都想从这样一次"电视真人秀"中捞到好处。

这些电影正好给我们提供了想象平行世界的四种关系：第一种是最乐观的。《逆世界》中屌丝通过努力在上层世界与心爱的女孩喜结良缘。第二种是最有想象力的。重新改变《极乐空间》的操作系统让两个世界融为一体。第三种是最恐怖的。在《恐怖直播》中无助的弱势者发动个人恐怖袭击。第四种是最绝望的，就是无法避免的"战争"。在这个意义上，我们依然没有走出19世纪的幽灵，恰如漂浮在城市上空的雾霾，不仅意味着工业污染、保护环境，更重要的是能否穿越后工业的雾霾，真正看见另一个世界、另一个中国。

参 考 文 献

1. （美）爱德华·W. 萨义德. 东方学. 王宇根, 译. 北京：生活·读书·新知三联书店, 1999.

2. （美）米尔斯. 白领：美国的中产阶层. 杨小冬, 等译. 南京：南京大学出版社, 2006.

3. （美）伊曼纽尔·沃勒斯坦. 否思社会科学：19世纪范式的局限. 刘琦岩, 叶萌芽, 译. 北京：生活·读书·新知三联书店, 2008.

4. （美）大卫·波德维尔. 好莱坞的叙事方法：现代电影的故事与风格. 白可, 译. 南京：南京大学出版社, 2009.

5. （美）彭慕兰. 大分流：欧洲、中国及现代世界经济的发展. 史建云, 译. 南京：江苏人民出版社, 2010.

6. （美）马丁·贝尔纳. 黑色阿西娜：古典文明的亚非之根. 郝田虎, 程英, 译. 长春：吉林出版集团有限责任公司, 2011.

7. （美）巫鸿. 废墟的故事：中国美术和视觉文化中的"在场"与"缺席". 肖铁, 译. 上海：世纪出版集团, 上海人民出版社, 2012.

8. （美）李成. "中产"中国：超越经济转型的新兴中国中产阶层. 许效礼, 王祥钢, 译. 上海：上海译文出版社, 2013.

9. （英）杰克·古迪. 偷窃历史. 张正萍, 译. 杭州：浙江大学出版社, 2009.

10. （英）杰克·古迪. 烹饪、菜肴与阶级. 王荣欣, 沈南山, 译. 杭州：浙江大学出版社, 2010.

11. （德）哈贝马斯. 公共领域的结构转型. 曹卫东, 译. 上海：学林出版社, 1999.

12. （德）贡德·弗兰克. 白银资本：重视经济全球化中的东方. 刘北成，译. 北京：中央编译出版社，2005.

13. （法）鲍德里亚. 消费社会. 刘成富，全志钢，译. 南京：南京大学出版社，2008.

14. （英）德里克·希特. 何谓公民身份. 郭忠华，译. 长春：吉林出版集团有限责任公司，2007.

15. （意）乔万尼·阿里吉. 亚当·斯密在北京：21世纪的谱系. 路爱国，黄平，译. 北京：社会科学文献出版社，2009.

16. （意）艾伯特·马蒂内利. 全球现代化——重思现代性事业. 李国武，译. 北京：商务印书馆，2010.

17. （印）帕沙·查特吉. 被治理者的政治——思索大部分世界的大众政治. 田立年，译. 桂林：广西师范大学出版社，2007.

18. 戴锦华. 隐形书写——90年代中国文化研究. 南京：江苏人民出版社，1999.

19. 戴锦华. 书写文化英雄——世纪之交的文化研究. 南京：江苏人民出版社，2000.

20. 邓正来. 国家与市民社会：一种社会理论的研究路径. 北京：中央编译出版社，2002.

21. 公羊. 思潮——中国"新左派"及其影响. 北京：中国社会科学出版社，2003.

22. 甘阳. 通三统. 北京：生活·读书·新知三联书店，2007.

23. 黄平，崔之元. 中国与全球化：华盛顿共识还是北京共识. 北京：社会科学文献出版社，2005.

24. 黄平，崔之元，等. 中国模式与"北京共识"：超越"华盛顿共识". 北京：社会科学文献出版社，2006.

25. 黄宗智. 中国研究的范式问题讨论. 北京：社会科学文献出版社，2003.

26. 贺桂梅. "新启蒙"知识档案——80年代中国文化研究. 北京：北京大学出版社，2010.

27. 金观涛，刘青峰. 兴盛与危机——论中国封建社会的超稳定结构. 长沙：湖南人民出版社，1984.

28. 吕途. 中国新工人：迷失与崛起. 北京：法律出版社，2013.

29. 李玥阳. 现代性的悖反——当代中国影视文化研究（2005—2012）. 北京：人民出版社，2013.

30. 罗岗，倪文尖. 1990 年代思想文选. 桂林：广西人民出版社，2000.

31. 郎咸平. 郎感平说：新帝国主义在中国. 北京：东方出版社，2010.

32. 潘维. 中国模式：解读人民共和国的 60 年. 北京：中央编译出版社，2009.

33. 孙立平. 转型与断裂——改革以来中国社会结构的变迁. 北京：清华大学出版社，2004.

34. 孙立平. 重建社会——转型社会的秩序再造. 北京：社会科学文献出版社，2009.

35. 玛雅. 战略高度：中国思想界访谈录. 北京：中国出版集团，生活·读书·新知三联书店，2008.

36. 王小波. 沉默的大多数——王小波杂文随笔全编. 北京：中国青年出版社，1997.

37. 温铁军，等. 八次危机：中国的真实经验 1949—2009. 北京：东方出版社，2013.

38. 汪晖，陈燕谷. 文化与公共性. 北京：生活·读书·新知三联书店，1998.

39. 汪晖. 现代中国思想的兴起. 北京：生活·读书·新知三联书店，2004.

40. 汪晖. 去政治化的政治：短 20 世纪的终结与 1990 年代. 北京：生活·读书·新知三联书店，2008.

41. 王宝强. 向前进——一个青春时代的奋斗史. 北京：作家出版社，2008.

42. 薛涌. 仇富——当下中国的贫富之争. 南京：凤凰出版传媒集团，江苏文艺出版社，2009.

43. 新周刊杂志社. 向中产看齐——一个阶层和它引领的生活. 广州：广东人民出版社，2004.

44. 新周刊杂志社. 屌丝传. 桂林：漓江出版社，2013.

45. 郑永年. 中国模式经验与困局. 杭州：浙江人民出版

社，2010.

46. 邓正来. 国家与市民社会：一种社会理论的研究路径. 北京：中央编译出版社，2002.

47. 赵刚. 知识之锚. 桂林：广西师范大学出版社，2005.

48. 章柏青，贾磊磊. 中国当代电影发展史. 北京：文化艺术出版社，2006.

49. 中国电影艺术研究中心，中国电影资料馆. 启示——建国大业解密与剖析. 北京：中国电影出版社，2009.

后　　记

　　这部书稿整理完成已经进入 2014 年立秋时节，我从北京大学中文系博士毕业到中国艺术研究院工作也熬过了五个年头，时间不长不短。我先在《艺术评论》杂志社做了一年半的编辑工作，后到电影电视艺术研究所从事专职研究。在完成必要的工作和学术任务之外，我还经常给报刊撰写文化艺术方面的评论，这一方面是想为过于平静的书斋生活提供一种与社会接触的契机，另一方面，关心现实问题、关注中国与世界的变化也是我从事学术研究最初的动力。我深知，当今时代，个人的力量是微不足道的，所以，我并不期望这些杂七杂八的评论能产生什么影响，只是想着对社会、时代作些个人的特殊记录和分析。

　　本书绝大部分章节曾经以文章的形式公开发表在《读书》、《南风窗》、《天涯》、《天下》、《艺术评论》、《中国图书评论》、《艺术广角》、《文化纵横》、《热风学术》、《小说选刊》、"光影" 书系、"话题" 书系等刊物上，在此向它们致意！成书过程中，我对结构、内容、表述、观点等做了较大调整、增加、润饰和完善，使之能成为对新世纪以来大众文化现象研究的专著。

　　本书的出版得益于南开大学周志强老师的引荐和中山大学出版社邹岚萍老师的支持，在此深表谢意！此外，还要感谢家人、师长和朋友们一如既往的关爱！最后，借用郭敬明在《小时代》中的一句话 "我们依然在大大的绝望里小小地努力着" 来共勉，期待书中呈现的对当代中国文化与社会的观察能够得到读者真诚的批评。

张慧瑜
写于京郊百望山
2014 年 8 月底